Títulos relacionados

IFCT0209 SISTEMAS MICROINFORMÁTICOS
[DISPONIBLE CERTIFICADO COMPLETO]

AF274751

IFCT0110 OPERACIÓN DE REDES DEPARTAMENTALES
[DISPONIBLE CERTIFICADO COMPLETO]

Solicítalos en:
- Librería
- www.paraninfo.es
- Solicitudes nacionales +34 914 463 350
- Solicitudes fuera de España +34 913 308 907, +34 913 308 919

Instalación y configuración de los nodos de una red de área local

UF0854

Mauricio Matamala Peinado

Carlos Caballero González

© 2024 Ediciones Paraninfo, S. A.
© 2024 Mauricio Matamala Peinado y Carlos Caballero González

Diseño y maquetación: Ediciones Nobel, S. A.

Impresión: Liberdigital (Casarrubuelos, Madrid)
ISBN: 978-84-283-6695-3
Depósito legal: M-25858-2024

Impreso en España

Autores

Mauricio Matamala Peinado es ingeniero superior en Informática desde 2004 por la Universidad de Málaga. Mauricio empezó programar en Basic a los ocho años en su Commodore-64, aunque se ha centrado en la administración de sistemas durante los últimos quince años. Ha trabajado como administrador de sistemas en varias empresas del Parque Tecnológico de Andalucía, donde ha desarrollado diferentes actividades relacionadas con la administración de redes, administración de sistemas operativos, administración de bases de datos, desarrollo de aplicaciones y seguridad.

Empez. a experimentar con GNU/Linux en 1996 y su primer escritorio estable fue Red Hat Linux 4.9 en 1997. Desde entonces ha trabajado con varias decenas de distribuciones diferentes. Descubrió su pasión por la administración de sistemas tras montar un clúster de alto rendimiento utilizando cuatro máquinas virtuales GNU/Linux en el recién aparecido VMWare Workstation, en el año 2000. Desde entonces no ha dejado de estudiar diferentes aspectos sobre redes, sistemas operativos, bases de datos y seguridad. A pesar de ser especialista en sistemas GNU/Linux, también tiene larga experiencia en la administración de Windows Server, desde que en 2005 configuró su primer controlador de dominio Active Directory con Windows Server 2003. Su experiencia en la implantación y administración de redes se remonta a más de diez años atrás, cuando participó por primera vez en la implantación de una red corporativa. A día de hoy está especializado en el uso de productos Cisco, aunque también ha trabajado con otros fabricantes.

Actualmente es funcionario de carrera y enseña informática entre otros en el ciclo formativo de Administración de Sistemas en Red.

Carlos Caballero González es doctor e ingeniero en informática *cum laude* (2007 y 2013). Los estudios de doctorado realizados en Tecnologías Informáticas tienen mención especial de calidad por parte del Ministerio de Educación. Además, es titulado de varios másteres oficiales por la Escuela Técnica Superior de Ingeniería en Informática de Málaga (Inteligencia Artificial e Ingeniería del Software) y por la Escuela Técnica Superior de Ingenieros Industriales de la Universidad CEU-San Pablo.

Carlos Caballero es funcionario de carrera profesor titular de la especialidad de sistemas y aplicaciones informáticas dependiente de la Junta de Andalucía desde el año 2008, impartiendo docencia directa a alumnos de ciclo formativo de grado superior de la familia profesional de Informática y Comunicaciones (Desarrollo web en entornos cliente, Desarrollo web en entornos servidor, Diseño de interfaces web...). Además imparte docencia en el posgrado oficial de Desarrollo de Aplicaciones Móviles de la Universidad Oberta de Cataluña desde el curso 2013/2014 y es profesor del Ministerio de Educación en el proyecto Aula Mentor en el área de informática desde el curso 2012/2013.

Carlos Caballero ha buscado la excelencia en sus investigaciones tal y como avalan todas sus publicaciones en revistas del primer cuartil (dos publicaciones en la revista *Solar Physics*) y los congresos (más de diez) todos de primera línea. El candidato ha desarrollado trabajos en varios proyectos de investigación de excelencia de la Junta de Andalucía y el Ministerio de Ciencia e Innovación destacando "Sistemas de estimación de conectividad magnética Sol-Tierra y pronósticos de flujo de protones de altas energías (>10MEV)" y "Propuestas de actuación y parámetros de sostenibilidad en el acceso y la rehabilitación de la vivienda en Andalucía".

Índice

4. Instalación y configuración de los nodos de la red de área local 149

Introducción normativa

La Ley Orgánica 3/2022, de 31 de marzo, de ordenación e integración de la Formación Profesional, contiene una disposición derogatoria única que afecta a la regulación de los certificados de profesionalidad, ahora denominados **Certificados Profesionales.** La referida normativa deroga la Ley Orgánica 5/2002, de 19 de junio, de las Cualificaciones y de la Formación Profesional, y abre un escenario de cambios que se irán implementando progresivamente.

La Ley Orgánica 3/2022, de 31 de marzo, de ordenación e integración de la Formación Profesional implica que toda la formación es acumulable. La oferta formativa se estructura de forma escalonada, siendo los Certificados Profesionales un nivel intermedio (Grado C) de una escala que va desde el Grado A hasta el E.

En los artículos 35 a 38 de la Ley 3/2022 se describe en qué consisten estos Certificados Profesionales: su oferta, formación asociada, estructura, duración, acceso, titulación y validez. Posteriormente, esta normativa se completa con lo dispuesto en el Real Decreto 659/2023, de 18 de julio, que desarrolla la ordenación del sistema de Formación Profesional. Concretamente en los artículos 67 a 81 es donde se hace referencia a la oferta formativa de Grado C, correspondiente a los Certificados Profesionales.

Están agrupados en 26 familias profesionales con características comunes del sector. En la actualidad hay más de medio millar de Certificados Profesionales incluidos en el Repertorio Nacional. Esta cifra no deja de crecer. Además, cada certificado está específicamente regulado por un real decreto.

Un Certificado Profesional corresponde al Grado C de la oferta del Sistema de Formación Profesional. Es un documento oficial, con validez en todo el territorio nacional y debe constar en el Catálogo Nacional de Ofertas de Formación Profesional, que certifica la capacitación para el desarrollo de una actividad profesional.

Debe detallar los módulos profesionales superados y los estándares de competencia profesional asociados a él e incluidos en el **Catálogo Nacional de Estándares de Competencias Profesionales**, así como su correspondencia con el Marco Español de Cualificaciones.

Despliegan su validez en un doble ámbito, laboral y académico:

- En el contexto laboral tienen validez profesional, porque acreditan las competencias en una determinada profesión. Para poder trabajar en algunas profesiones, se exigen determinadas cualificaciones, y los certificados sirven para acreditarlas.

- Asimismo, tienen validez académica, puesto que permiten continuar un itinerario formativo siempre que se cumplan los requisitos de acceso para cursar la titulación deseada. De tal modo que, los Certificados Profesionales que sean parte de un Grado D permitirán la matrícula modular para completar los módulos establecidos en el currículo y obtener el correspondiente título de técnico básico, técnico o técnico superior con validez en todo el territorio nacional.

Para obtener un Certificado Profesional (Grado C) es preciso cumplir con los requisitos de acceso para realizar la formación.

Estructura de los Certificados Profesionales

I. Identificación: denominación, familia y área profesional a la que pertenecen; nivel de cualificación profesional (1, 2 o 3); cualificación profesional de referencia; entorno profesional y módulos formativos que esté previsto cursar junto con la duración de cada uno de ellos.

II. Perfil profesional: incluye las competencias profesionales requeridas en el mercado laboral. En todas ellas se concretan las realizaciones profesionales y los criterios de realización.

III. Formación: describe los módulos formativos que esté previsto cursar para adquirir las competencias requeridas. En cada uno de ellos se indican las capacidades que se pretende alcanzar y la duración del módulo de prácticas no laborales —PNL—, para el que cabe solicitar exención si se cumplen determinados requisitos.

IV. Prescripciones de las personas formadoras.

V. Requisitos mínimos de espacios, instalaciones y equipamiento.

Los Certificados Profesionales se identifican con una denominación concreta y un código alfanumérico propio, y sirven para acreditar una determinada cualificación profesional. Cada certificado está asociado a una relación de unidades de competencia que, a su vez, se vinculan con una serie de módulos formativos específicos. Algunos módulos están integrados por unidades formativas y tanto unos como otras son, en ocasiones, transversales, lo que significa que se trata de contenidos incluidos en más de un Certificado Profesional.

Los Certificados Profesionales se articulan en tres niveles de competencia profesional (1, 2 y 3) conforme a lo dispuesto en el que será el Catálogo Nacional de Estándares de Competencias Profesionales, anteriormente Catálogo Nacional de Cualificaciones Profesionales (CNCP), según los criterios establecidos de conocimientos, iniciativa, autonomía y complejidad de las tareas, en cada una de las ofertas de Formación Profesional.

La oferta formativa dirigida a la obtención de los Certificados Profesionales tiene carácter modular para favorecer la acreditación parcial acumulable de la formación recibida y posibilitar así el avance en el itinerario de Formación Profesional para cualquiera que sea la situación laboral de cada persona en cada momento.

En definitiva, el Grado C constituye la oferta, parcial y acumulable, del sistema de Formación Profesional, de varios módulos profesionales del catálogo modular de Formación Profesional por razón de su significado en el mercado laboral y conducente a la obtención de un Certificado Profesional.

Las ofertas de Grado C de Formación Profesional tendrán por objeto módulos profesionales incluidos previamente en el catálogo modular de formación profesional y asociados al Catálogo Nacional de Estándares de Competencias Profesionales.

Finalidad de los Certificados Profesionales

- Contribuir a la ordenación de un Sistema de Formación Profesional al servicio de un régimen de formación y acompañamiento profesionales que sea capaz de responder con flexibilidad a los intereses, expectativas y aspiraciones de cualificación profesional de las personas a lo largo de su vida.

- Combinar escuela y empresa situando a la persona en el centro del sistema.

- Facilitar el aprendizaje permanente de toda la ciudadanía mediante una formación abierta, flexible y accesible, estructurada de forma modular, a través de la oferta formativa asociada al certificado.

- Acreditar las cualificaciones profesionales o las unidades de competencia recogidas en estas, independientemente de su vía de adquisición, bien sea través de la vía formativa, o mediante la experiencia laboral o vías no formales de formación.

- Favorecer, tanto a nivel nacional como europeo, la transparencia del mercado de trabajo.

- Contribuir a la calidad de la oferta de Formación Profesional.

Este libro

El presente libro desarrolla la Unidad Formativa denominada *Instalación y configuración de los nodos de una red de área local,* UF0854.

Dicha unidad formativa está asociada a la Unidad de Competencia UC0220_2, forma parte del Módulo Formativo MF0220_2 Implantación de los elementos de la red local perteneciente a las Cualificaciones Profesionales de referencia IFC299_2, de nivel 2, incluida en el Certificado Profesional denominado Operación de redes departamentales; y IFC078_2, de nivel 2, incluida en el Certifi ado de Profesionalidad denominado *Sistemas microinformáticos.* Todas ellas se encuentran dentro de la familia profesional Comercio y marketing.

Según el Real Decreto 1531/2011, de 31 de octubre, modificado por el RD 628/2013, de 2 de agosto; RD 686/2011, de 13 de mayo, modificado por el RD 628/2013, de 2 de agosto, los contenidos que en esta obra se recogen se corresponden con una duración de 90 horas.

Tanto la estructura como el desarrollo del libro se ajustan a los citados reales decretos y más concretamente a los contenidos de la Unidad Formativa que le da título *Instalación y configuración de los nodos de una red de área local.*

Contenidos

1. **Arquitectura de redes de área local.**
   - Clasificación de las redes en función del territorio que abarcan.
   - Características de una red local.
     — Arquitectura de redes de área local.
     — Topologías básicas.
     — Topología lógica y física.
     — Método de acceso al cable.
     — Protocolos de comunicaciones.
     — Arquitecturas de redes de área local más usadas.
   - Normativa.
     — Comités de estandarización.
     — Estándares de redes de área local.
     — Infraestructuras comunes de telecomunicación.

- Ethernet.
  — Introducción a Ethernet.
  — Ethernet y el modelo OSI.
  — Direccionamiento MAC.
  — Trama Ethernet.
  — Tecnologías Ethernet.
- Otros protocolos de nivel de enlace: Token Ring, FDDI, etcétera.
- Protocolos de nivel de red.
  — Protocolo de Internet (IP).
    · Introducción a IP
    · Dirección IP.
    · Asignación de direcciones.
    · Enrutamiento
  — Otros protocolos de nivel de red (IPX, etcétera)
- Direcciones físicas y lógicas.

4. **Instalación y configuración de los nodos de la red de área local.**
- El armario de comunicaciones.
  — Elementos del armario de comunicaciones.
  — Representación en el armario de la tomas de red de los nodos.
- Instalación de adaptadores de red y controladores.
- Instalación y configuración de protocolos de red más habituales.
  — Parámetros característicos.
  — Configuración del protocolo TCP/IP.
    · Elementos de configuración de TCP/IP.
    · Dirección IP.
    · Mascara de subred.
    · Puerta de enlace.
    · Servidor DNS.
    · Servidor WINS.
    · Configuración de NetBIOS.
    · Asignación a un grupo de trabajo.
  — Procedimiento de configuración de otros protocolos: SPX/IPX, etcétera.
  — Configuración de la seguridad

- · Autenticación de identidad.
- · Cifrado de datos.
  - — Procedimientos sistemáticos de configuración.
- Instalación y configuración de servicios de red.
  - — Servicios de acceso a la red.
  - — Servicio de ficheros.
  - — Servicios de impresión.
  - — Servicio de correos.
  - — Otros servicios.
- Procedimiento de aplicación de configuraciones a *routers* y *switches*.
  - — Las aplicaciones de emulación de terminal.
  - — Configuración de las aplicaciones de emulación de terminal.
  - — Aplicación de configuraciones a *routers* y *switches*.

■ Nota del Editor

En Ediciones Paraninfo estamos comprometidos con la calidad de la formación e intentamos que nuestros materiales respondan fielmente y con rigor a las necesidades de todos cuantos confían en nuestro sello editorial.

Tratamos de dar respuesta a los currículos de las unidades formativas y de los módulos que integran los distintos Certificados Profesionales, equilibrando la parte teórica con la práctica para que los procesos de aprendizaje se conviertan en experiencias gratificantes, tanto para docentes como para las personas inmersas en los procesos formativos.

Nuestros objetivos son contribuir de forma decisiva a afianzar aprendizajes, ayudar a adquirir destrezas que tengan significado para el empleo y conseguir potenciar el desarrollo personal.

Para lograrlo contamos con excelentes autores, expertos en las materias que abordan, en la mayoría de los casos docentes de dichas especialidades con dilatada experiencia tanto profesional como académica, porque buscamos perfiles familiarizados con los contextos laborales concretos a los que se refieren nuestros manuales.

Confiamos en poder serte de ayuda y esperamos tus impresiones acerca de nuestro trabajo. Sean positivas o negativas, serán muy bien recibidas y, sin duda, nos ayudarán a seguir mejorando y trabajando con ilusión para continuar siendo un referente en formación para el empleo.

Agradecemos tu confianza en nuestros manuales. Todo nuestro equipo queda a tu total disposición. Puedes contactar con nosotros en esta dirección de correo electrónico:

info@paraninfo.es

1. Arquitectura de redes de área local

Contenido

Introducción

Hoy en día es normal que tanto las empresas como los particulares dispongan de más de un equipo en casa. No solamente se dispone de un equipo, también se dispone de dispositivos como teléfonos móviles, *smartTV* o *tablets* que se conectan a la misma red. Todos estos dispositivos tienen la necesidad de compartir recursos (datos o servicios) que se encuentran disponibles en la red. Para lograr este objetivo, se debe tener realizada la configuración de una red de área local de ámbito privado en nuestra oficina/casa. Las redes pueden llegar a ser determinantes para el correcto funcionamiento de una empresa. Por ejemplo, en un cine en el que se dispone de varias taquillas repartidas a lo largo de un centro comercial, es necesario que se comuniquen todos los terminales de punto de venta para conocer qué asientos han sido vendidos y cuáles no. En caso de que la red no funcione de modo correcto provocaría que alguno de los puntos de venta tuviera que ser cerrados por falta de comunicación.

En este capítulo se lleva a cabo una introducción teórica de la arquitectura de redes de área local. En la sección 1.1 se presenta la clasificación de las redes en función del territorio que abarcan. Entre las redes que existen, destacan las redes de área local. Las características de las redes de área local son descritas en la sección 1.2. En el siguiente punto del capítulo (sección 1.3) se profundiza en la arquitectura de las redes de área local presentando las topologías físicas y lógicas, métodos de acceso al medio y protocolos más importantes. Finalmente, el capítulo concluye (sección 1.4) con los comités que definen las normativas sobre las que se rigen las redes de área local, así como con la enumeración de las más importantes.

1.1. Clasificación de las redes en función del territorio que abarcan

Hoy en día no existe una única clasificación que defina todas las redes de computadores existentes. No obstante, las dos principales clasificaciones aceptadas por la comunidad son las que utilizan: 1) la tecnología de transmisión; y 2) la escala.

La primera clasificación será explicada y detallada en profundidad a lo largo del Capítulo 2, mientras que la segunda clasificación se detalla en esta sección. En la imagen de la Tabla 1.1 se muestra la clasificación más extendida según la escala (distancia existente entre los procesadores de los computadores). Las redes con una escala inferior son las redes de área personal (*Personal Area Network, PAN*), las cuales están destinadas exclusivamente para el uso unipersonal. Un claro ejemplo de estas redes son aquellas en las que se conecta un computador con sus dispositivos de entrada-salida (ratón, teclado o auriculares). El siguiente nivel de redes consiste en las redes más importantes: redes de área local (*Local Area Network*, LAN), redes de área metropolitana (*Metropolitan Area Network*, MAN) y redes de área amplia (*Wide Area Network*, WAN). El siguiente nivel consiste en la conexión de dos o más redes, conocido como interred. Hoy en día, Internet es la interred más popular para los usuarios finales. A continuación se va a detallar en mayor profundidad cada una de estas redes según la distancia que abarcan (escala).

Tabla 1.1. Clasificación de redes según su escala

Distancia entre equipos	Equipos ubicados en el mismo	Ejemplo
1 m	Metro cuadrado	**Red de área personal (PAN)**
10 m	Habitación	**Red de área local (LAN)**
100 m	Edificio	
1 km	Complejo residencial	
10 km	Ciudad	**Red de área metropolitana (MAN)**
100 km	País	**Red de área ampliada (WAN)**
1000 km	Continente	
10 000 km	Planeta	**Internet**

- **Red de área personal (*Personal Area Network*, PAN)**: las redes de área personal requieren de pocos metros. Son las redes más básicas y sirven para espacios reducidos. Hoy en día es normal que estas redes utilicen tecnología inalámbrica dando lugar a las WPAN (*Wireless PAN*). Por ejemplo, la conexión *bluetooth* que se establece en un vehículo con el teléfono móvil de un usuario. Estas redes son interesantes cuando se van a conectar pocos dispositivos que se encuentren cercanos entre sí. No obstante, estas redes no han tenido tanto éxito como las redes de área local, las cuales son utilizadas para estas funcionalidades en la mayoría de los casos.

- **Red de área local (*Local Area Network*, LAN)**: las redes de área local son las más populares y utilizadas hoy en día. Estas redes permiten la conexión de dispositivos en un área de doscientos metros llegando hasta un kilómetro utilizando repetidores. Estas redes son conocidas como WLAN (*Wireless LAN*) en el caso de utilizar tecnología inalámbrica. Al ser una de las redes más importantes en la actualidad, se detallan sus características en la sección 1.2.

- **Red de área metropolitana (*Metropolitan Area Network*, MAN)**: estas redes abarcan la distancia de una ciudad. Un claro ejemplo de este tipo de redes es el de las televisiones locales por cable. Es algo normal que cada ciudad disponga de sus propias cadenas de televisión.

- **Red de área ampliada (*Wide Area Network*, WAN)**: consiste en la unión de varias redes LAN o MAN. Estas redes alcanzan grandes distancias, normalmente entre ciudades, países o continentes. Estas redes son utilizadas por distribuidores o gobiernos que quieren ampliar su cobertura. Su funcionamiento está basado en enlaces punto a punto (cableado directo entre dos ubicaciones).

1.2. Características de una red local

Las redes de área local (LAN) son redes que tienen un alcance de un edificio o varios edificios. Estas redes son las que tienen mayor importancia en el ámbito profesional, puesto que son utilizadas para conectar los ordenadores personales de los usuarios con las estaciones de trabajo que permiten compartir recursos, tales como impresoras, servidores de datos o servidores de cálculo. Las redes de área local se diferencian de los otros tipos de redes en tres características:

1. **Tamaño.** Las LAN tienen un tamaño limitado, frente a otro tipo de redes. Esta característica permite conocer de antemano el peor de los casos en transmitir la información entre los computadores de la LAN. Este hecho permite establecer una serie de topologías que en otras redes no es posible al faltar esta información. Otra de las ventajas de que el tamaño de las LAN sea limitado es que permite simplificar la tarea de los administradores de red.

2. **Tecnología de transmisión.** La tecnología de transmisión de las LAN permite establecer unas velocidades mayores que las que se consiguen en las WAN debido a que las distancias son más cortas. Las velocidades de transmisión que se pueden alcanzar en redes LAN varía entre 10 Mbps

hasta 10 Gbps (aunque a fecha de escritura de este libro existen tecnologías que permiten transmitir a 100 Gbps sobre fibra óptica en entornos
con un alto nivel de exigencia).

3. **Topología.** Es posible establecer diferentes topologías para los computadores que forman la red, entre las que destacan: bus, anillo, árbol, estrella y malla. Estas topologías son descritas en mayor profundidad en la
sección 1.3.

1.3. Arquitectura de redes de área local

La definición estándar de arquitectura de red proporcionada por la mayoría de
expertos es la del diseño de una red de comunicaciones. Es decir, la arquitectura de una red especifica tantos los componentes físicos de la red como la organización y configuración funcional, incluyendo los procedimientos, principios
operacionales y los formatos de datos para su correcto funcionamiento.

En esta Sección se abordará la arquitectura de red de las redes de área local. En
primer lugar en la sección 1.3.1 se introduce el concepto de topología y se enumeran las topologías básicas que pueden ser configuradas en estas redes. En
la sección 1.3.2 se diferencian los conceptos de topología lógica y física, y se
describen las topologías básicas en mayor profundidad. El siguiente paso en la
arquitectura de redes consiste en describir los métodos de acceso al medio, los
cuales son descritos en la sección 1.3.3. La sección finaliza presentando las características de los protocolos de comunicación (sección 1.3.4) y las arquitecturas de protocolos más populares: TCP/IP y OSI (sección 1.3.5).

1.3.1. Topologías básicas

El concepto de topología de red es utilizado para referirse al mapa físico y/o
lógico de una red para intercambiar datos entre los ordenadores que componen la
red. Por lo tanto, las topologías permiten definir la disposición geográfica de
los equipos, el medio de comunicación de los conecta y el trayecto seguido por
los datos que se transfieren entre los equipos.

Se define como nodo a cada uno de los equipos que se conectan en la red. De
este modo las topologías de red se determinan por la configuración de las conexiones entre los nodos. El principal objetivo de las topologías de red es proporcionar la manera más económica y eficaz de conectar a todos los equipos entre
sí (y los recursos compartidos en la red).

La decisión sobre qué topología utilizar depende fundamentalmente de un conjunto de variables tales como el número de equipos, el tipo de acceso físico, la tolerancia a fallos que se pueda asumir, etcétera.

Hoy en día se dispone de siete topologías básicas (a nivel lógico) y dos topologías básicas (a nivel físico), que serán descritas en la siguiente sección:

- **Topologías lógicas:** punto a punto (*Point to Point*, PtP; *peer-to-peer*, P2P), bus, en estrella (*star*), en anillo (*ring*), en malla (*mesh*), en árbol (*tree*) o jerárquica e híbrida.

- **Topologías físicas:** punto a punto y multipunto.

1.3.2. Topología lógica y física

Las topologías de red pueden ser clasificadas utilizando dos categorías diferenciadas:

- **Topología física.** Hace referencia a la disposición física de los equipos, los dispositivos de red y el cableado. Las topologías físicas se clasifican en dos grupos:

  — **Punto a punto.** Existen conexiones directas entre parejas de estaciones adyacentes, sin que existan equipos intermedios. En la Figura 1.1 se muestra la conexión punto a punto de dos estaciones de trabajo.

  — **Multipunto.** Existe un único canal de conexión, el cual es compartido por todas las máquinas de la red. Cualquier dato que se envía una máquina es recibido por todas las demás máquinas. En la Figura 1.1 se muestra la conexión multipunto en la que existen varias máquinas en la red.

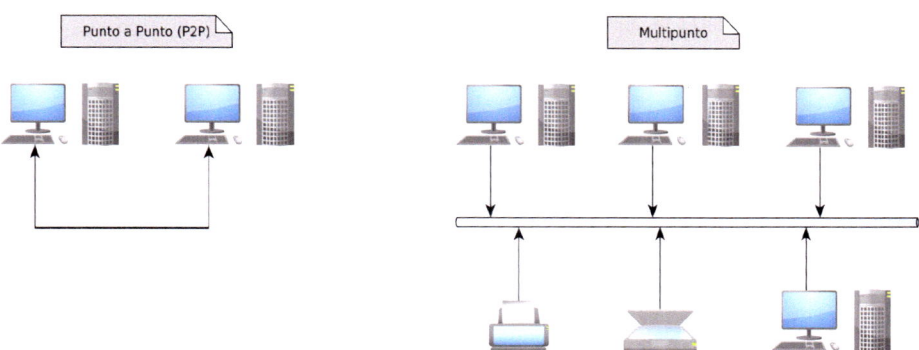

Figura 1.1. Topologías de red físicas: punto a punto y multipunto.

- **Topología lógica.** Hace referencia a la forma en que viajan los datos entre los equipos que componen la red. La utilización de una topología u otra depende de una gran cantidad de variables que la compañía o el particular deben tener en cuenta para utilizar una u otra. A continuación se describen las ocho topologías básicas que se utilizan.

  — **Punto a punto (***Point to Point***, PtP; *peer-to-peer*, P2P).** La topología punto a punto es la más simple y consiste en establecer dos nodos entre sí (punto a punto). Visualmente puede observarse la imagen de la Figura 1.1 que, aunque refleja la topología física, el concepto es similar para la topología lógica. Hoy en día existen dos clasificaciones de la topología punto a punto según el uso que se haga de la misma.

    - **Permanente/dedicada.** Se establecen de modo fijo las conexiones de los dos pares, de modo que los dos equipos solamente se puedan comunicar entre sí y con ninguno más.

    - **Conmutada.** Se utiliza la conmutación de paquetes de modo que se puede configurar de forma dinámica el destinatario. Este es el modo de trabajo de la telefonía convencional.

    Las ventajas e inconvenientes de utilizar las redes P2P son las siguientes:

    - **Ventajas**
      - ✓ Fáciles de configurar.
      - ✓ Menor complejidad.
      - ✓ Menor coste en *hardware* puesto que no se necesitan dispositivos de red ni servidores intermedios.

    - **Inconvenientes**
      - ✓ No son seguras.
      - ✓ Reducen el rendimiento (al actuar como cliente y servidor ambos dispositivos).
      - ✓ No son escalables.
      - ✓ Administración no centralizada.

  — **Bus.** En la topología en bus se dispone de un único canal de comunicación (bus) al que se conectan todos los dispositivos. En la Figura 1.2 se muestra la topología en bus de varios equipos interconectados por el mismo bus.

- **Ventajas**

  - ✓ Simplicidad de la topología.

  - ✓ La red no ocupa mucho espacio.

  - ✓ Facilidad de crecimiento e implementación.

- **Inconvenientes**

  - ✓ Existe un límite de equipos dependiendo de la calidad de la señal.

  - ✓ La señal se degrada con el aumento de equipos.

  - ✓ Complejidad en la reconfiguración y localización de los fallos.

  - ✓ Un problema en el canal degrada a todos los equipos de la red.

  - ✓ Poca eficiencia en el canal debido a las colisiones[1] entre los mensajes que viajan por el mismo bus.

— **En estrella (star).** La topología en estrella consiste en que todas las estaciones de trabajo están conectadas a un nodo central por el cual pasan todas las comunicaciones. Los dispositivos de la red no están conectados entre sí, sino que todos están conectados a este único nodo. Esta topología es ampliamente utilizada en las LAN en las que se utiliza un conmutador *(switch)*. En la Figura 1.2 se muestra la topología en estrella de varios equipos interconectados al nodo central.

- **Ventajas**

  - ✓ Se pueden agregar nuevos equipos sin complicaciones.

  - ✓ Reconfiguración rápida.

  - ✓ Red centralizada.

  - ✓ Fácil encontrar y aislar fallos.

- **Inconvenientes**

  - ✓ Si el nodo central falla, toda la red deja de funcionar.

  - ✓ Es costosa al necesitar de un nodo intermedio y mayor infraestructura.

---

[1] Una colisión se da cuando dos equipos emiten señales por el canal simultáneamente.

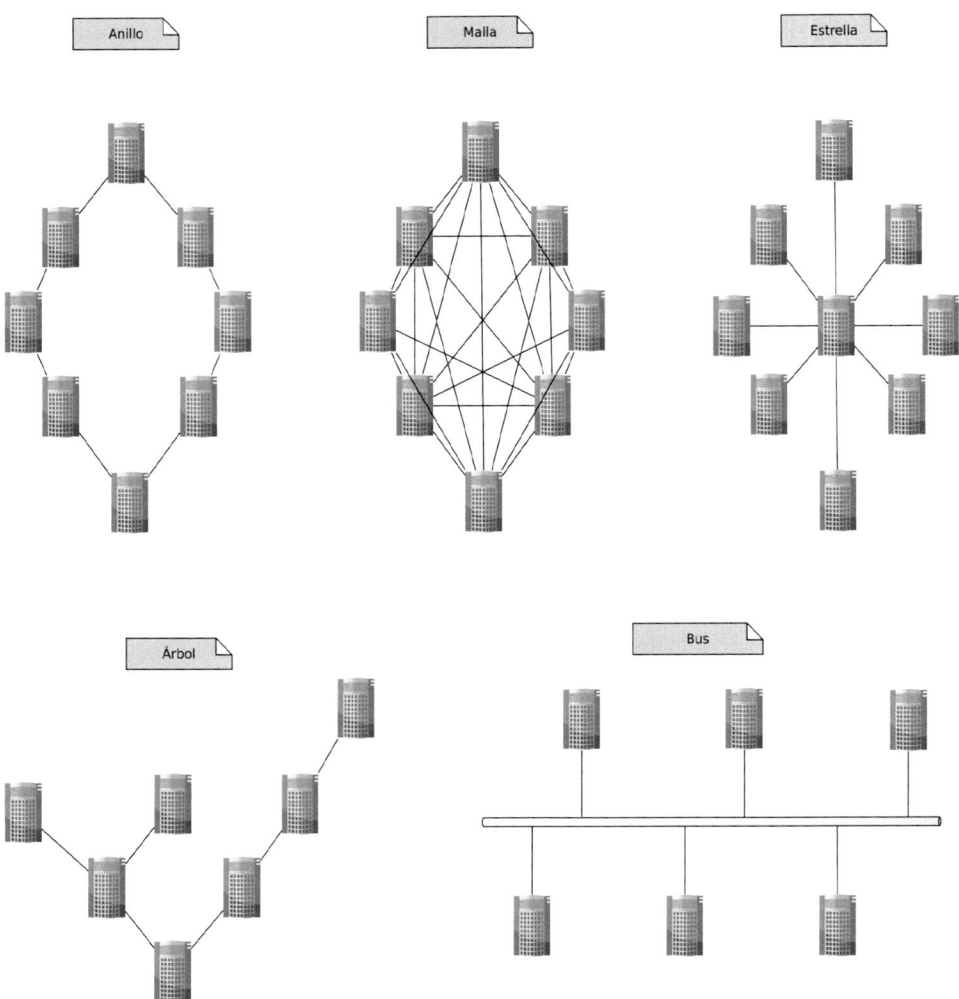

Figura 1.2. Topologías de red lógicas.

— **En anillo *(ring)*.** La topología en anillo tiene la forma de un anillo, tal y como indica su nombre. En la Figura 1.2 se puede observar la forma de esta topología. En esta topología cada equipo tiene una única conexión de entrada y otra de salida. La información viaja entre los nodos que sean necesarios para llegar al receptor del mensaje. En esta topología de red la comunicación se lleva a cabo utilizando un testigo *(token)* que permite evitar la pérdida de información y colisiones de datos, al darle permisos a un nodo para transmitir datos. Existen variantes en las que se envían datos en las dos direcciones del anillo.

- **Ventajas**

  - ✓ El rendimiento no se ve afectado cuando existen muchos nodos.

  - ✓ Arquitectura sólida.

  - ✓ Facilidad para la fluidez de datos.

  - ✓ La topología permite un acceso equitativo para todos los nodos de la red.

- **Inconvenientes**

  - ✓ Se deben enviar los paquetes de datos a nodos intermedios (indefinidos) para comunicar dos nodos de la red.

  - ✓ La transferencia se degrada a medida que el número de nodos crece, al tener que viajar los datos por más nodos intermedios.

  - ✓ Difícil de diagnosticar y reparar problemas en la red.

  - ✓ Los datos que se envían entre los nodos pueden ser vistos por los nodos intermedios por los que viajan los paquetes.

  - ✓ La transmisión de datos es más lenta que en otras topologías debido a que deben viajar por los diferentes nodos.

— **En malla *(mesh)*.** En esta topología cada nodo está conectado al resto de nodos de la red. De este modo, la comunicación es punto a punto entre cada nodo. En la Figura 1.2 se puede observar la forma de esta topología.

- **Ventajas**

  - ✓ No existen interrupciones entre las comunicaciones.

  - ✓ Si un nodo cae, no se ve afectada la red puesto que existen caminos alternativos.

- **Inconvenientes**

  - ✓ El coste de la red crece exponencialmente a medida que crece el número de nodos que hay en la red.

— **En árbol *(tree)* o jerárquica.** La topología en árbol consiste en que todos los nodos tienen un aspecto similar al de un árbol (estructura de datos). Esta topología es similar a disponer de un conjunto de redes en forma de estrella conectados en los que no existe un único nodo central, sino que los nodos centrales están conectados a otros nodos. Esta topología persigue aliviar la sobrecarga de la red, debido a que no es necesario que los datos atraviesen por todos los nodos de la red (como sucede en otras topologías). En la Figura 1.2 se puede observar la forma de esta topología.

- **Desventajas**

  - ✓ Es necesaria una mayor infraestructura (cableado y nodos centrales).

  - ✓ Si falla el nodo principal, fallarán todos los nodos conectados. Si falla un nodo intermedio central, fallarán todos los nodos que cuelguen de este dispositivo.

  - ✓ Requiere de un mayor conocimiento para su configuración por parte de los administradores.

- **Ventajas**

  - ✓ Fácil localizar y diagnosticar fallos.

  - ✓ Evita sobrecarga en la red al disponer de una segmentación de la misma.

  - ✓ Está ampliamente extendido por vendedores de *software* y *hardware* (lo que reduce su coste en la implementación).

— **Híbrida**. Esta topología consiste en utilizar diferentes topologías en una red. Es bastante frecuente que se utilicen varias topologías en la arquitectura de una red.

1.3.3. Método de acceso al cable

Los métodos de acceso son las reglas que definen la forma en la que los nodos envían o reciben los datos desde el cable. Los métodos de acceso deben ser consistentes en el emisor y receptor para que no existan problemas de comunicación. Además, los métodos de acceso controlan que se realicen accesos simultáneos al cable. De este modo, se evita que existan colisiones.

Los tres métodos que existen para realizar el acceso al medio son los siguientes:

- **Métodos de acceso múltiple con escucha de portadora y detección de colisiones** (*Carrier Sense multiple Access with Collision Detection*, CSMA/CD). En este método todos los nodos de la red comprueban que el cable está disponible para ser utilizado. Los nodos solamente hacen uso del cable si este está libre. Una vez que un nodo ha transmitido datos, ninguno podrá hacer uso del cable hasta que los datos lleguen a su destinatario. Lo normal es que varios nodos intenten transmitir datos (de ahí el nombre de *acceso múltiple*), previamente están escuchando por si existen colisiones. Estos métodos serán descritos en mayor profundidad en la sección 3.4.2.1.

- **Métodos de paso de testigo** *(token)*. En este método circula un paquete especial denominado testigo (*token*) entre los diferentes nodos. En el momento que un nodo requiere enviar datos, debe esperar a disponer de un testigo (puede haber más de uno en una red). En el momento que un nodo toma un testigo, puede enviar los paquetes por la red. El resto de los nodos no pueden enviar datos, a menos que dispongan de un testigo. De este modo no se producen colisiones debido a que el número de testigos está limitado por el número de conexiones disponibles en las que no habrá colisiones. Este método es descrito en mayor profundidad en la sección 3.4.2.2.

- **Métodos de prioridad de demandas**. En este método de acceso los repetidores gestionan el acceso a la red haciendo uso del algoritmo *round-robin*[2] de peticiones de envío de los dispositivos que hay en la red. El repetidor es el responsable de conocer las direcciones, enlaces y nodos finales. De este modo, recae la responsabilidad del correcto funcionamiento de la red en el repetidor. Es posible modificar el algoritmo de *round-robin* según necesidades específicas de la red. Este método es descrito en mayor profundidad en la sección 3.4.2.3.

1.3.4. Protocolos de comunicaciones

Los protocolos de comunicación son las reglas que permiten que dos o más entidades se comuniquen realizando una transferencia de información. Por lo tanto, los protocolos son las reglas que definen la sintaxis, semántica y sincronización de la comunicación. Además, los protocolos de red definen la forma en que los mensajes son transferidos a través de la red de ordenadores. Los protocolos pueden ser implementados por elementos *hardware* o *software*.

---

[2] El algoritmo *round-robin* permite seleccionar todos los elementos de un conjunto de manera equitativa. En su forma más habitual, se selecciona el primer elemento en primer lugar, después el segundo, y así sucesivamente hasta llegar al último. Después se vuelve a comenzar por el primero.

Otro concepto fundamental es el de la arquitectura para la comunicación entre ordenadores. En la comunicación entre diferentes ordenadores interactúan una gran cantidad de elementos *hardware* y *software,* lo cual requeriría de un gran esfuerzo si solamente existiera un único módulo que lleva a cabo todas estas tareas. Es por ello que este módulo se subdivide por tareas en diferentes módulos o niveles que se comunican entre sí. De ahí surgen los modelos basados en niveles. Los modelos o arquitecturas de redes más extendidas son el modelo OSI y TCP/IP, que serán descritas en mayor profundidad en la siguiente sección.

Las principales características de las arquitecturas por niveles o capas son las siguientes:

- La arquitectura por niveles o capas divide el problema y resuelve cada uno de los subproblemas en cada uno de los niveles.

- Cada uno de los niveles es responsable de una parte específica de la comunicación, lo cual permite localizar y aislar los fallos más rápidamente.

- Cada uno de los niveles solamente interactúa con los niveles inmediatamente superior e inferior.

- Cada nivel proporciona un conjunto de servicios, según la posición en que se encuentre respecto a los otros niveles. Estos servicios se definen utilizando protocolos estándares.

- Cada uno de los niveles inferiores proporciona servicios al nivel superior.

1.3.5. Arquitecturas de redes de área local más usadas

Hoy en día existen dos arquitecturas de redes que son determinantes en la evolución de las redes de comunicación: TCP/IP y el modelo OSI (*Open Systems Interconnection*). Las cuales se van a describir en detalle a lo largo de esta sección.

1.3.5.1. Arquitectura de protocolos TCP/IP

La arquitectura TCP/IP es la más utilizada para la interconexión de sistemas, la cual se puede ver en la imagen de la Figura 1.3. El protocolo TCP/IP surge como una tecnología de conmutación de paquetes para ARPANET[3]. Las investigaciones dieron lugar a una familia de protocolos que son los que rigen hoy en día

---

[3] Fue una red de computadoras creada por el Departamento de Defensa de los Estados Unidos para utilizarla como medio de comunicación entre instituciones académicas y estatales.

Internet. No existe un estándar de referencia para construir protocolos basados en TCP/IP, pero todas las tareas se organizan en los siguientes cinco niveles:

- **Nivel físico.** Este nivel define la interfaz física entre el dispositivo de transmisión de datos y el medio de transmisión. En este nivel se realizan las tareas más cercanas al medio de transmisión y a las propias señales de comunicación.

- **Nivel de acceso a la red.** Este nivel se encarga del intercambio de datos entre el sistema final y la red a la que está conectada. En este nivel el emisor debe suministrar a la red la dirección del destinatario; de este modo, la red puede enviar los datos hasta el destino adecuado. En este nivel se pueden solicitar servicios extras como puede ser mayor prioridad en el envío de paquetes. La implementación de *software* que se utiliza en este nivel es variada entre las que destacan X.25 y Ethernet.

- **Nivel Internet.** El nivel de Internet (diferente a la red Internet) permite enviar datos a través de varias redes. Aquí es donde el protocolo IP (*Internet Protocol*) es utilizado para realizar la transmisión de los datos entre diferentes redes.

- **Nivel de transporte.** El nivel de transporte es el que garantiza que los datos son intercambiados de modo seguro, es decir, que todos los datos llegan a su destino y en el orden correcto. El principal protocolo utilizado en esta capa es TCP (*Transmission Control Protocol*).

- **Nivel de aplicación.** El nivel de aplicación contiene la lógica necesaria para hacer llegar los datos de manera adecuada según la aplicación utilizada por el usuario. En este caso, cada una de las aplicaciones requerirá de un módulo diferenciado.

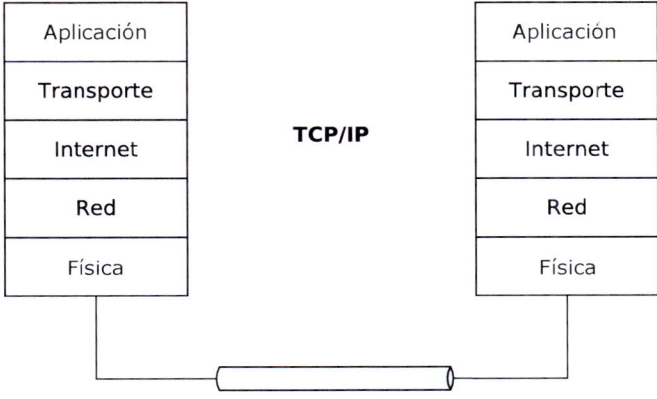

Figura 1.3. Arquitectura TCP/IP.

1.3.5.2. Modelo OSI

El modelo OSI (*Open Systems Interconnection*) es el modelo estándar para clasificar las funciones de comunicación de otras arquitecturas. Este modelo fue desarrollado por la organización de estandarización ISO (*International Organization for Standardization*) con el objetivo de ser el marco de referencia en el desarrollo de protocolos. Este estándar está compuesto principalmente por siete niveles claramente diferenciados. Los niveles que define el modelo, de arriba hacia abajo, son las siguientes:

- **Nivel de aplicación:** proporciona acceso a la pila de protocolos para los usuarios (ya sean humanos o *software*), ofrece servicios de información distribuida.

- **Nivel de presentación:** abstrae al nivel de aplicación de la representación de los datos. Es decir, utiliza una representación intermedia común para comunicarse con el nivel de presentación de otros sistemas, y los pasa a la representación concreta que utiliza el nivel de aplicación a la que presta servicios. Como analogía, podemos pensar en dos políticos que hablan en francés y japonés respectivamente, cuyos traductores se comunican en inglés.

- **Nivel de sesión:** gestiona el inicio, desarrollo, recuperación y cierre de las conexiones entre entidades de un nivel superior. Además, ofrece servicios de cifrado para garantizar la confidencialidad de las comunicaciones.

- **Nivel de transporte:** controla que los datos que llegan al sistema destino son los que se enviaron desde el sistema fuente. Es el nivel que detecta que los datos que han llegado al destino contienen errores, están desordenados o bien están incompletos, en cuyo caso lleva a cabo las gestiones necesarias para recuperar los datos originales. Además, proporciona servicios de control de flujo entre el sistema fuente y el destino para evitar la saturación de este último.

- **Nivel de red:** proporciona un servicio de envío entre el sistema fuente y el destino, incluso en el caso de que no estén directamente conectados. Este nivel establece, mantiene y cierra las conexiones necesarias entre los sistemas que forman parte del camino seguido por los datos.

- **Nivel de enlace de datos:** proporciona un servicio de transmisión de datos fiable a través del medio físico entre sistemas directamente conectados. Envía bloques de datos, mantiene el sistema fuente y el sistema destino sincronizados, controla que no se produzcan errores en los datos transmitidos y, de producirse, se recupera de ellos. También ofrece servicios de control de flujo.

- **Nivel físico:** transmite bits a través de un medio físico. Para conseguir que esta transmisión de bits sea efectiva, define los siguientes aspectos:

- Propiedades físicas de la interfaz con el medio de transmisión, como los conectores o las antenas, por ejemplo:

   — Tipo de ondas electromagnéticas utilizadas para representar los bits transmitidos.

   — Función que cumple cada circuito[4] de la interfaz física entre el sistema y el medio de transmisión.

   — Secuencia de eventos que se llevan a cabo en el intercambio de bits a través del medio físico.

En la Figura 1.4 se muestra una imagen en la que se realiza una comparativa del modelo OSI y la arquitectura de protocolos TCP/IP.

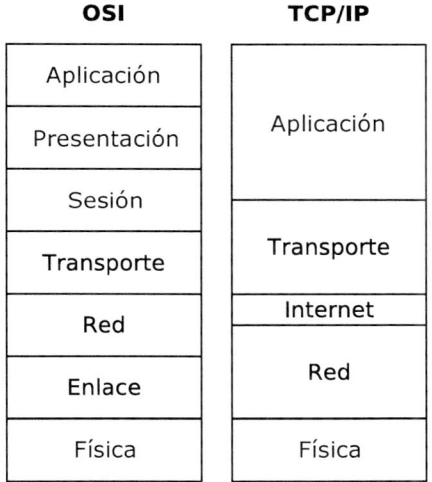

Figura 1.4. Comparativa entre el modelo OSI y la arquitectura TCP/IP.

1.4. Normativa

Las normativas son un elemento fundamental en la definición de la arquitectura de las redes. Las normativas permiten establecer consensos de cómo llevar a cabo implementaciones concretas de conceptos teóricos. Los organismos

---

[4] Cada uno de los conductores a través de los que el conector transmite los bits.

encargados de la estandarización son descritos en la sección 1.4.1, mientras que los estándares más relevantes respecto a las redes de área local son descritos en la sección 1.4.2. Finalmente, y no menos importante es la normativa española en relación a las infraestructuras comunes de telecomunicación para realizar instalaciones en los hogares españoles que entró en vigor en el año 1998.

1.4.1. Comités de estandarización

Los comités de estandarización más importantes respecto a las redes son los siguientes:

- **Organizaciones de Internet.** La Sociedad Internet es el comité encargado de coordinar el diseño, ingeniería y gestión de Internet. Este comité se divide en tres organizaciones:

  — **El comité para la arquitectura en Internet (Internet *Architecture Board*, IAB)**. Se encarga de definir toda la arquitectura de Internet.

  — **El comité para la ingeniería en Internet (*Internet Engineering Task Force*, IEFT)**. Se encarga del desarrollo de los protocolos de Internet.

  — **El comité para la investigación en Internet (*Internet Research Task Force*, IRTF)**. Se encarga de la gestión de las actividades del IEFT y del proceso de normalización.

- **Organización internacional para la normalización** (*International Organization for standardization,* ISO). Esta agencia abarca más ámbitos, al margen del de redes. Esta organización no tiene ánimo de lucro y está compuesta en su mayoría por instituciones gubernamentales. La agencia gubernamental más importante que pertenece a ISO es la del Gobierno de Estados Unidos (*American National Standards Institute*, ANSI). ISO se ha encargado de más de 10 000 normalizaciones desde su nacimiento en 1946; entre sus normalizaciones, destaca el modelo OSI en las redes de comunicación.

- **Unión Internacional de Telecomunicaciones** (*International Telecommunication Union,* UIT). Es el organismo encargado de las telecomunicaciones de la Organización de las Naciones Unidas (ONU). Es la organización intergubernamental más antigua del mundo (1865) y tiene su sede en Ginebra (Suiza). Históricamente regulaba la interconexión de los primeros telégrafos. No obstante, ha estado implicada en el desarrollo de normativas para el teléfono, radio, televisión y las redes de comunicaciones entre ordenadores.

- **Instituto de Ingenieros Eléctricos y Electrónicos** [*Institute of Electrical and Electronics Engineers,* IEEE]. Es la organización más grande del mundo y cuenta con numerosos estándares, revistas y conferencias de diferentes ámbitos. El IEEE tiene un comité dedicado exclusivamente a la estandarización de los tipos de redes LAN, el conocido como comité 802.

1.4.2. Estándares de redes de área local

Los estándares de redes de área local son llevados a cabo por el comité 802 del IEEE. La gran mayoría de estándares fueron llevados a cabo durante la década de los ochenta cuando comenzaron a aparecer las redes de área local. En la Tabla 1.2 se muestra un resumen de los grupos de trabajo más importantes en los que se divide el comité 802.

Tabla 1.2. Grupos de trabajo más importantes del comité 802 organizados por temática de trabajo

Número	Temática
802.1	Definición internacional de redes.
802.3	Ethernet.
802.5	Redes Token Ring.
802.11	Redes inalámbricas (wifi).
802.15	Redes de área personal (PAN) tales como *bluetooth*.
802.16	Banda ancha inalámbrica (WIMAX).

1.4.3. Infraestructuras comunes de telecomunicación

La infraestructura común de telecomunicación (ICT) es el conjunto de elementos (equipos, cables y medios técnicos) que transportan los servicios de comunicaciones desde los puntos de interconexión de los diferentes servicios (radio, televisión, teléfono y banda ancha) hasta las tomas de los usuarios finales, en el interior de las viviendas. Dentro de la ICT también se tienen en cuenta las canaletas y armarios donde se encuentra el cableado.

En España se han desarrollado una serie de normativas que permiten respetar las normas técnicas en las instalaciones comunes. De este modo, se garantiza un servicio de calidad a los usuarios finales. Todos los edificios construidos posteriormente de 1998 deben cumplir con dicha normativa. La cual está desarrollada en las siguientes normas:

- **Real Decreto-Ley 1/1998, de 27 de febrero**, sobre infraestructuras comunes en los edificios para el acceso a los servicios de telecomunicación.

- **Real Decreto 401/2003, de 4 de abril,** por el que se aprueba el reglamento regulador de las ICT para el acceso a los servicios de telecomunicación en el interior de edificios.

- **Orden de 14 de mayo de 2003**, por la que se desarrolla el reglamento regulador de las ICT.

- **Orden ITC/1077/2006, de 6 de abril**, por la que se establece el procedimiento a seguir en las instalaciones colectivas de recepción de televisión en el proceso de adecuación para la recepción de la televisión digital terrestre.

ACTIVIDADES

1.1. Realiza una clasificación de las redes que existen en función de la distancia que abarcan.

1.2. Cuando viajas en tu automóvil y conectas el teléfono móvil a través de *bluetooth*, ¿qué tipo de red estas utilizando?

1.3. El centro educativo en el que estudiaste dispone de varios edificios comunicados entre sí, ¿qué tipo de red se está utilizando?

1.4. Cuando llegas a casa y conectas el teléfono móvil a través del *router* a Internet, ¿qué tipo de red estás utilizando?

1.5. Internet, según la cobertura de territorio que abarca, ¿qué tipo de red es?

1.6. Describe las características de una red de área local (LAN).

1.7. ¿En qué dos grandes categorías se dividen las topologías de una red? Enumera las diferentes topologías que existen según esta clasificación.

1.8. Explica con un esbozo gráfico cada una de las topologías físicas.

1.9. Explica con un esbozo gráfico cada una de las topologías lógicas.

1.10. ¿Cuáles son los tres métodos de acceso al medio? Explica en qué consiste cada uno de ellos.

1.11. ¿Cuáles son las características de los protocolos de comunicación?

1.12. Define la arquitectura de protocolos TCP/IP y el modelo OSI.

1.13. Investiga la historia de ARPANET y DARPA. ¿Qué relación tienen estos dos términos?

1.14. ¿Qué es un comité de estandarización? ¿Cuáles son los más importantes en materia de redes de comunicación?

1.15. Investiga diferentes estandarizaciones que haya llevado a cabo ISO al margen de las propias en redes de comunicaciones.

1.16. ¿Cuál es el comité encargado de la estandarización de las redes de área local? ¿Cuáles son algunos de los grupos de trabajo más relevantes que trabajan en este comité?

1.17. ¿Qué es la infraestructura común de telecomunicaciones (ICT)? ¿En qué ámbito de actuación tiene lugar esta normativa?

2. Elementos de una red de área local

Contenido

Introducción

Una red de área local se compone de elementos muy diversos que cooperan entre sí para que el usuario final de la red pueda acceder a los servicios de la red sin que necesite conocer los detalles de su funcionamiento.

Imaginemos al usuario Pablo García (*pgarcia*), un administrativo, en su jornada laboral. Pablo García trabaja en la secretaría de un centro educativo, de forma que realiza tareas como dar de alta un nuevo alumno", "obtener el expediente académico de un alumno" o "modificar un cierto dato de un alumno".

Al llegar a su área de trabajo por la mañana y encender su ordenador, en primer lugar abre su bandeja de entrada del correo electrónico. Lee algunos correos y envía correos de respuesta. Después inicia una aplicación que conecta con una base de datos remota, donde va introduciendo información sobre las preinscripciones de los alumnos. Un estudiante llega a la secretaría para solicitar un expediente académico, de forma que debe extraer la información de la base de datos e imprimirla en una impresora en red. Un profesor le pide el domicilio de un alumno que dio de alta otro compañero. Dado que la aplicación que utiliza se conecta con una base de datos remota, puede comprobar dicha información fácilmente. Necesita un documento pdf que no está en su ordenador, por lo que accede a una unidad compartida en red y lo copia desde ahí.

Cualquiera de las tareas anteriormente citadas requiere una exquisita interacción entre elementos tan diversos como un cable, una tarjeta de red, un protocolo de red o un servicio de compartición de archivos. La magia de la red local es que el usuario *pgarcia* no sabe cómo funcionan estos elementos para hacer uso de ellos. Y en muchas ocasiones, ni siquiera es consciente de que los recursos que está usando no están en su propio ordenador.

En este tema se van a abordar los distintos elementos que podemos encontrar en una red de área local, a saber:

- Estaciones de trabajo.
- Servidores.
- Interfaces de red.
- Equipos de interconexión.
- Sistemas operativos, servicios y aplicaciones de red.
- Medios de red.
- Cableado estructurado.

2.1. Características y funciones

En la actualidad existen muchos tipos de redes diferentes en el mercado, las cuales deben ser conocidas por todo profesional que quiera realizar la instalación y configuración de las mismas. Todas las redes en general interconectan diferentes dispositivos y proporcionan un medio para el intercambio de información. Sin embargo, hay algunas diferencias entre una red de área local (*Local Area Network*, LAN) y el resto:

- **Cobertura**. Una LAN tiene una cobertura limitada, que puede incluir uno o varios edificios próximos. En la práctica, esta característica es una limitación que a veces es preciso soslayar. Por ejemplo, una empresa que incluye una oficina, cuyos locales se reparten por varias ciudades, necesitará que su red se comporte como si los locales estuviesen próximos. Para ello, se pueden utilizar tecnologías avanzadas, como VPN (*Virtual Private Network*).

- **Propiedad**. Una LAN suele ser propiedad de la misma entidad propietaria de los dispositivos conectados a la red. Esto tiene dos consecuencias:

  — La entidad propietaria es quien invierte el capital necesario para adquirir, instalar y mantener la red. Esta inversión puede llegar a ser alta, por lo que debe cuidar la elección de la LAN.

  — La responsabilidad de gestión de la LAN recae también sobre la entidad propietaria. Por lo que debe proporcionar los medios para su óptimo funcionamiento y para solucionar los problemas que vayan surgiendo.

- **Velocidad**. Las velocidades de transmisión de una LAN suelen ser mucho mayores las de otros tipos de redes. Esto es así por varias razones:

  — La limitación espacial de una LAN hace posible alcanzar mayores velocidades por las menores dificultades en la transmisión.

  — Cuando la LAN ha sido bien diseñada, las mayores cargas de tráfico de red no llegarán a salir hacia otras redes remotas.

Tener una LAN puede llegar a ser algo costoso:

- Requiere una inversión inicial que puede llegar a ser alta.

- Tiene un coste de mantenimiento en forma de personal encargado de gestionar los recursos, así como de reparación y reemplazo de componentes defectuosos.

Por ello, es importante que cumpla con algunos requisitos para que merezca la pena la inversión:

- **Funcionalidad:** la red ofrece al usuario acceso a sus servicios y recursos compartidos de manera amigable y transparente (sin que tenga que conocer los detalles de funcionamiento).

- **Rendimiento:** la red debe estar preparada para soportar los picos de máximo tráfico sin que el rendimiento requerido se vea comprometido.

- **Escalabilidad:** la red debe estar preparada para un aumento de tamaño sin tener que hacer cambios drásticos en su arquitectura.

- **Flexibilidad:** la red debe poder adaptarse a las tecnologías que vayan apareciendo. Es decir, deberían reducirse las limitaciones para implementar nuevas tecnologías y funcionalidades a largo plazo[5].

- **Seguridad:** todo sistema de la información que garantiza la seguridad, garantiza tres aspectos: confidencialidad, integridad y disponibilidad (*Confidentiality, Integrity and Availability*, CIA) de los datos.

  — **Confidencialidad:** es la cualidad de privacidad de un mensaje, comunicación o datos para que solo sean leídos (y en caso de ser leídos solo puedan ser comprensibles) por la persona o sistema que esté autorizado.

  — **Integridad:** es la cualidad de un mensaje, comunicación o datos que permite comprobar que no se ha producido manipulación alguna en el original. Es decir, garantiza que la información es precisa y fiable.

  — **Disponibilidad:** indica que un servicio, unos datos o un sistema son accesibles a los usuarios autorizados en el momento en que lo necesiten. Cuando no se cumple esta cualidad, se dice que hay *Negación del Servicio* o DoS.

- **Facilidad de administración:** para que los administradores de la red sean eficaces, la red debe facilitar su monitorización, así como el reemplazo de componentes.

---

[5] Una red de área local se diseña pensando en un plazo de entre diez y veinte años de vida útil. Pasado este periodo, la red es susceptible de ser rediseñada.

2.2. Estaciones de trabajo

Los usuarios de una red de área local acceden a la misma a utilizando cierto tipo de dispositivos de usuario final (*host*). Durante bastantes años las estaciones de trabajo han dominado el mercado de los *hosts* de una red.

Una estación de trabajo es un ordenador de medias/altas prestaciones que permite al usuario acceder a los servicios y periféricos de la red. Normalmente se presentan en forma de un conjunto de elementos:

- **Caja:** es la estructura que alberga los componentes internos del ordenador, como por ejemplo CPU, memoria RAM, placa base, fuente de alimentación, tarjetas de expansión y unidades de almacenamiento secundarios (habitualmente disco duro y unidad de disco óptico). Los formatos más habituales son la torre, la semitorre y la caja de sobremesa.

- **Periféricos:** dispositivos *hardware* a través de los que el ordenador se comunica con el exterior. Habitualmente son elementos como la pantalla, el ratón, el teclado, la cámara, el micrófono/auriculares, impresora, etc. También se puede considerar periférico a una unidad de almacenamiento externo.

Las primeras redes de ordenadores no contaban con estaciones de trabajo. En su lugar existían terminales *tontos*, llamados así por su nula capacidad de cómputo. Consistían en una pantalla y un teclado conectados a un ordenador remoto. Su única función era enviar información sobre las teclas pulsadas por el usuario y desplegar en pantalla los datos desde el ordenador remoto.

Las estaciones de trabajo supusieron en los años noventa una evolución respecto a los terminales tontos, ya que tienen suficiente potencia para realizar gran cantidad de trabajos sin necesidad de acceder a la red. Esto reduce el tráfico de red y permite aumentar su rendimiento en general. Sin embargo, en la actualidad están volviendo a utilizarse los *terminales ligeros*.

Los terminales ligeros son dispositivos de reciente aparición (empezaron a proliferar en los años 2000) combinan lo mejor de una estación de trabajo y del terminal tonto, de forma que tienen mucha menor capacidad de cómputo que una estación de trabajo, aunque más que un terminal tonto. Dependen al igual que un terminal tonto de un ordenador remoto para realizar una parte de las tareas de procesamiento, pero llegan a ser capaces de ejecutar un sistema operativo y programas como un navegador web.

Otro fenómeno de reciente aparición es BYOD (*Bring Your Own Device*). Se trata de una política empresarial que dispone las medidas necesarias para que los usuarios puedan llevar a su lugar de trabajo sus propios dispositivos, como portátiles, tabletas o móviles, sin que ello suponga un compromiso de la seguridad de la red.

En resumen, las estaciones de trabajo no son los únicos *hosts* en una red actual. De hecho, las redes en la actualidad (desde el punto de vista del usuario final) suponen un complejo ecosistema de dispositivos muy diversos cuyas ventajas y desventajas se complementan mutuamente.

2.3. Servidores

Los servidores son ordenadores, al igual que las estaciones de trabajo, aunque no están orientados al uso directo por parte del usuario final. En cambio, se destinan a prestar uno o más servicios a los clientes[6] una red. Los servicios más habituales en una LAN son:

- **Servicio de directorio:** mantiene una base de datos con los recursos presentes en la red y con las credenciales de los usuarios, así como sus configuraciones.

- **Servicio DNS:** traduce nombres a direcciones IP. Es importante porque a los usuarios les resulta más fácil recordar un nombre que una dirección IP.

- **Servicio DHCP:** asigna dinámicamente direcciones IP a los *hosts* que se lo solicitan.

- **Servicio de archivos:** almacena y distribuye un conjunto de archivos accesibles desde la LAN.

- **Servicio de impresión:** gestiona la impresión de documentos en una o varias impresoras compartidas en red.

- **Servicio de correo electrónico:** servicio de envío y recepción de correos electrónicos.

- **Servicio FTP:** permite transferir archivos entre el cliente y el servidor.

- **Servicio HTTP:** permite la visualización de documentos de hipertexto y la ejecución de aplicaciones web.

---

[6] En la terminología de las redes, un *cliente* es un ordenador o una aplicación que utiliza un cierto servicio prestado por un *servidor*. De hecho, se suele llamar arquitectura *cliente-servidor* al modelo de aplicaciones distribuidas en el que los servidores prestan un servicio y los clientes hacen uso de él.

- **Servicio de gestión de bases de datos:** permite insertar, leer, actualizar y eliminar datos de una base de datos.

Los servidores se ubican en habitaciones especiales, llamadas salas de servidores o centros de procesamiento de datos (CPD o *datacenter*), que proporcionan las condiciones adecuadas para el funcionamiento de los servidores. Por ejemplo, en un *datacenter* podemos encontrar:

- Medidas para garantizar la estanqueidad del habitáculo, para evitar inundaciones por agua.

- Sistemas de control ambiental para garantizar una temperatura y nivel de humedad adecuados.

- Sistemas de detección y extinción de incendios poco agresivos con los equipos.

- Suelo técnico y bandejas de cables para garantizar una disposición ordenada del cableado.

- Sistemas de detección de agua bajo suelo.

- Sistemas eléctricos de doble circuito y grupos electrógenos.

- Sistemas de control de acceso físico y control de presencia.

- Gran ancho de banda disponible.

Se puede tener un *datacenter* propio o bien alquilar los servicios de uno externo. En cualquier caso, el uso de un *datacenter* conlleva un coste económico.

Desde el punto de vista del *software*, los servidores utilizan sistemas operativos específicamente preparados para llevar a cabo su tarea. En general, los sistemas operativos de servidor dedican menos recursos a la interfaz gráfica y se centran más en las tareas relativas a los servicios que prestan. De hecho, es bastante habitual ver servidores que no ejecutan un entorno gráfico y solamente tienen una consola de texto como interfaz de usuario para ahorrar así recursos en tareas innecesarias.

Desde el punto de vista del *hardware* un servidor está habitualmente dotado de componentes de mayor calidad (y coste) que los de una estación de trabajo. Tradicionalmente un servidor era un ordenador central *(mainframe)* de gran volumen al que se conectaban los *hosts* de la red para hacer uso de sus recursos de cómputo, ofrecidos en forma de servicios, como acceso a archivos compartidos en red, bases de datos, ejecución de procesos por lotes, etc. En la actualidad la forma y el tamaño (a lo que se llama factor de forma) de los servidores se ha diversificado. Los factores de forma más populares son los siguientes:

- **Servidores *mainframe*:** las *mainframe* son el modelo de servidor tradicional, grande, pesado, costoso y con una gran capacidad de cómputo. La principal compañía que explota este factor de forma en la actualidad es IBM. Este tipo de servidor se suele encontrar en organizaciones de gran tamaño con unos requerimientos computacionales y de seguridad altos, como por ejemplo bancos, grandes empresas y organismos gubernamentales. Para dar una idea de qué es una *mainframe* en la actualidad, podemos hablar de la IBM z13, el último modelo de IBM presentado en 2015. esta *mainframe* puede tener hasta 20 microprocesadores de 8 núcleos a 5 GHz, 10 TB de memoria RAM, 16 interfaces de red de 10 Gbps y es capaz realizar 2500[7] millones de transacciones comerciales al día. Este tipo de servidor suele llevar aparejados potentes servicios de soporte 24 × 7 × 365, que garantizan la disponibilidad del sistema al 99,999 %, es decir, pérdidas de servicio de 5,26 minutos/año como máximo.

- **Servidores *enracables*:** el coste del metro cuadrado en un *datacenter* puede ser alto, por lo que poder apilar verticalmente servidores reporta ventajas desde el punto de vista económico. Los servidores *enracables* deben su nombre al tipo de armario donde se alojan: los armarios *rack*. Los armarios *rack* están específicamente diseñados para el atornillamiento de equipamiento electrónico sobre dos perfiles frontales dispuestos verticalmente. Debido a que no es posible colocar un teclado y un monitor para cada servidor (en un solo *rack* puede haber varias decenas de servidores), se suele instalar en el *rack* un único conmutador de teclado/monitor/ratón (KVM data *switch*) para todos[8]. El tamaño de los servidores *enracables* está normalizado, teniendo un ancho de 19" (48,26 cm aproximadamente) y una altura variable que se mide en número de U[9]. Por lo general, los servidores *enracables* son más caros que los servidores de torre, por lo que solo tienen sentido si se requiere un alto número de ellos para compensar su precio con el ahorro que supone su apilamiento vertical en un *rack*.

---

[7] Según la CNMT, en el último trimestre de 2015 se realizaron 74 millones de transacciones comerciales *online* en España. El IBM z13 podría gestionar en un solo día 33 veces esa cantidad.

[8] Algunas empresas proporcionan pequeñas mesas portátiles que incluyen un teclado, un ratón y un monitor, que se pueden conectar a un servidor en cualquier momento.

[9] Una U equivale a 1,75" (4,445 cm).

- **Servidores de torre:** los servidores de torre están en la gama de servidor básico, con un coste y un rendimiento ajustado. A simple vista pueden parecer estaciones de trabajo con caja de tipo torre, pero son servidores, ya que ofrecen prestaciones superiores en varios aspectos: mayor capacidad de expansión, sistemas redundantes de ventilación, alimentación y almacenamiento, soporte para sistemas de almacenamiento intercambiables en caliente (discos *hotswap*), etc. Su factor de forma puede ser visto como una ventaja o una desventaja, dependiendo del contexto. Supone una ventaja para una empresa que no dispone de un armario *rack* donde instalar verticalmente sus servidores. Supone una desventaja en cuanto a que ocupan más espacio y a que suelen tener un monitor, un ratón y un teclado dedicados, lo que implica más cables de los deseados. Son los servidores recomendados para pequeñas empresas que necesitan uno o dos servidores y no desean hacer una gran inversión en equipamiento.

- **Servidores *blade*:** son el tipo más moderno de servidor incorporado a la industria. Un servidor *blade* tiene un diseño muy delgado, de ahí su nombre, *blade* ('cuchilla' en español). Para que un servidor *blade* funcione, hay que insertarlo dentro de un chasis especial, llamado chasis *blade*, en el que tienen cabida habitualmente entre 10 y 20 servidores *blade*, ocupando todo el conjunto únicamente el espacio de 4 servidores *enracables*. El chasis *blade* es instalado en el armario *rack* igual que se haría con un servidor *enracable*. Los servidores *blade* comparten ciertos recursos *hardware* ubicados en el chasis, por cuestiones de coste y eficiencia principalmente. Por ejemplo, comparten una misma fuente de alimentación. Este tipo de servidor ofrece algunas ventajas y algunas desventajas también. Por ejemplo, como desventajas tiene que la inversión necesaria en el chasis y en los servidores es mayor que la necesaria para un servidor *enracable* o uno de torre. Además, están bastante limitados en cuanto a extensión del *hardware* por sus restricciones en cuanto a ranuras de expansión. Como ventajas tienen la mayor potencia de cómputo y el menor consumo eléctrico respecto a los servidores *enracables* y los de torre, ya que su densidad es mucho mayor. Además, el fallo en uno de los servidores *blade* no implica un fallo general del chasis, y se puede cambiar el servidor *blade* averiado por otro mientras el resto sigue funcionando. En general, se recomienda este tipo de servidor cuando se van a necesitar más de 20 servidores y cuando la potencia de cómputo prima sobre otras consideraciones.

2.4. Tarjetas de red

Las tarjetas de red o adaptadores de red (*Network Interface Card* o *Network Interface Controller*, NIC) son dispositivos que permiten la conexión entre diferentes dispositivos en una red actuando como interfaz (intermediario) entre ambos dispositivos. Las tarjetas de red tienen un identificador único de 48 bits llamado dirección MAC (*Media Access Control*) que permite la identificación de cada una de ellas.

Las tarjetas de red para Ethernet han ido evolucionando con el tiempo y una de las características *hardware* que ha ido desarrollando han sido los conectores de las mismas. Hoy en día es frecuente que su conector sea el denominado RJ-45 (*Registered Jack*), pero han convivido otros conectores como son BNC (*Bayonet Neill-Concelman*), AUI (*Attachment Unit Interface*), MII (*Media Independent Interface*) y GMII (*Gigabit Media Independent Interface*).

Los equipos pueden disponer de un conjunto de tarjetas de red variable, en algunos casos las placas bases para hogares ya disponen de dos a cuatro tarjetas de red las cuales pueden operar desde 10 Mbps hasta los 1000 Mbps. En la imagen de la Figura 2.1 se muestra una tarjeta de red que dispone de dos chips capaces de gestionar dos interfaces de red diferentes. También existen tarjetas de red inalámbricas que son tratadas en la sección 2.5.7.

Figura 2.1. Tarjeta de red con dos chips que permiten gestionar dos interfaces de red.

2.5. Equipos de conectividad

Los equipos de conectividad son variados y han ido evolucionando a la par que las necesidades de los usuarios han ido creciendo. Los dispositivos que se presentan están ideados para trabajar en una capa del modelo de OSI, pero como sucede con TCP/IP, no se ha respetado en la práctica la teoría, y un dispositivo ideado para trabajar en un nivel dispone de funcionalidades de una capa superior o inferior. En las siguientes subsecciones se presentan los dispositivos más relevantes para la configuración y gestión de redes de área local.

2.5.1. Repetidores

Las señales que se envían a través de un medio de comunicación sufren distorsiones que hacen que se vuelvan más débiles a medida que se amplía la distancia entre las partes de la comunicación (emisor y receptor).

Un repetidor es un dispositivo que permite retransmitir una señal a una potencia o nivel más alto que el recibido. De este modo, la principal funcionalidad que cubre un repetidor es la de permitir que la señal tenga una mayor distancia sin que se degrade la señal. Según el modelo OSI los repetidores se encuentran trabajando en la capa física (nivel 1).

Otra de las funcionalidades que aportan los repetidores es que permite comunicar dos medios físicos diferentes, ya que el repetidor actúa como intermediario entre estos dos medios. Por ejemplo, el repetidor puede poner en comunicación par trenzado y una línea de fibra óptica.

2.5.2. Concentradores *(hubs)*

Un concentrador *(hub)* es un dispositivo que permite centralizar una red de computadores para posteriormente ampliarla (igual que el repetidor). Los concentradores también trabajan en la capa física del modelo OSI (nivel 1). Los concentradores operan del mismo modo que los repetidores, puesto que reciben una señal que es ampliada a través de los puertos del concentrador. Hoy en día los concentradores han sido sustituidos por conmutadores *(switches)*.

Los concentradores no disponen de la funcionalidad de dirigir el tráfico a un computador concreto, sino que, los paquetes recibidos son repetidos a toda la red (a través de los puertos del concentrador). Este hecho hace que la red sufra una saturación innecesaria en la mayoría de los casos, puesto que hay que controlar las posibles colisiones de paquetes.

2.5.3. Conmutadores *(switches)*

Un conmutador *(switch)* es un dispositivo que permite la interconexión de equipos en la misma red. Los conmutadores permiten construir una red de área local, existiendo una gran variedad de modelos en los que el precio puede variar desde 10 € hasta 10 000 € en función de las características y los equipos que permiten conectar. Los conmutadores trabajan en la capa de enlace de datos según el modelo OSI (nivel 2). Una breve clasificación de los tipos de conmutadores es la siguiente:

- **Conmutador troncal/perimetral:** los conmutadores están conectados entre sí en forma de árbol/jerarquía. Se denomina conmutador troncal al conmutador utilizado como elemento central en la instalación de la red. Por otro lado, los conmutadores que se encuentran en los niveles inferiores son conocidos como conmutadores perimetrales.

- **Conmutador gestionable (*managed*)/no gestionable (*unmanaged*):** los conmutadores que proporcionan características extras de configuración y gestión son denominados como conmutador gestionables, mientras que los que no ofrecen estas características se denominan no gestionables. Algunas de las características adicionales son acceso por el protocolo SSH, monitorización gestión por SNMP (*Simple Network Management Protocol*), puerto de consola, monitorización *port mirroring* o características de configuración como son QoS (*Quality of Service*), VLAN, *Port Trunking* o *Spanning Tree*.

En la imagen de la Figura 2.2 se muestra un *router* que actúa como *switch*.

Figura 2.2. *Router* que actúa como *switch*.

2.5.4. Encaminadores *(routers)*

Un encaminador (*router*) es un dispositivo que permite la conectividad a nivel de red entre los dispositivos. Los encaminadores se encuentran en la capa de red según el modelo OSI (nivel 3). El principal objetivo de los encaminadores es enviar los datos de una red a otra. Es decir, son los encargados de comunicar las redes entre sí. Existe una clasificación de encaminadores que los divide en dos grupos principalmente:

- **Encaminadores de acceso**: son los encaminadores encargados de unir dos redes. Aunque la principal función de estos encaminadores es la de encaminar/enrutar, los datos también ofrecen otras características como son cortafuegos, NAT (*Network Address Translation*), balanceo de carga, etcétera.

- **Encaminadores de distribución**: son los encaminadores que permiten unir más de dos redes. Estos encaminadores están preparados para un gran tránsito de datos y su principal y prioritaria función es la de encaminar los datos entre las diferentes redes.

Los *routers* han tomado un papel importantísimo en las redes de área local, tal es el punto que han ido incorporando funcionalidades extras a su principal objetivo. Algunas de estas funcionalidades son las siguientes:

- **Intermediario entre diferentes tecnologías de transmisión**: los *routers* actúan de intermediario entre los operadores de telecomunicaciones y los servicios de Internet (módem), trabajando con tecnologías de redes locales como son Ethernet y wifi y operando con fibra óptica si es necesario.

- **Proporciona servicios extras**: como son DHCP para organizar la red local o cortafuegos para dar un nivel extra de seguridad a la red.

- **Traducción de direcciones de red**: Utiliza el método NAT que permite el uso de direcciones privadas conectadas a Internet.

- **Otras características**: puede actuar como balanceador de carga, servidor *proxy,* redireccionar puertos, etcétera.

Hoy en día existe una gran confusión entre los *routers* y los *switches* debido a que a nivel práctico no se ha respetado lo que dice la teoría al respecto. Es posible encontrar *switches* con funcionalidades de *router*, los cuales se denominan *switches* de nivel 3 y por otro lado se encuentran *routers* con puertos que permiten hacen las funcionalidades de un *switches* (normalmente los *routers* que hay en los hogares). En la imagen de la Figura 2.2. se muestra un *router* que actúa como *switch*.

2.5.5. Pasarelas *(gateways)*

La pasarela *(gateway)* o puerta de enlace es un dispositivo que permite la conexión entre dispositivos. Las pasarelas tienen como objetivo traducir la información de un protocolo (red inicial) u otro protocolo (red destino).

Las pasarelas pueden ser un equipo informático (o un *router*) que permiten a las máquinas de una red de área local conectarse a este equipo, tener acceso hacia otra red exterior (normalmente Internet). Las pasarelas utilizan la técnica conocida como enmascaramiento de IP, la cual permite dar acceso a Internet a varios equipos de una LAN compartiendo una única dirección IP externa.

En el supuesto de que se haga uso de un ordenador como pasarela, es necesario que este disponga de dos tarjetas de red para un correcto funcionamiento.

2.5.6. Puentes *(bridges)*

Un puente *(bridge)* es un dispositivo que permite conectar dos redes que operan con el mismo protocolo. Los puentes operan en la capa lógica del modelo OSI (nivel 2). Al operar en este nivel los puentes pueden filtrar tramas para que vayan a su destinatario. Los puentes son utilizados para segmentar una red y reducir las colisiones en cada una de las redes que se forman, consiguiendo aumentar el rendimiento y la seguridad en las redes. Una de las principales características de los puentes es que no requiere configuración alguna, sino que utiliza un mecanismo de aprendizaje automático para saber por dónde debe enviar las tramas.

Los puentes pueden ser clasificados según varias categorías:

- **Según la interfaz**.
  - — **Puentes homogéneos:** interconectan LAN con el mismo protocolo. Estos puentes solamente almacenan y reenvían las tramas.
  - — **Puentes heterogéneos:** disponen de una entidad superior que se encarga de transformar las cabeceras entre diferentes interfaces. De este modo, se reciben tramas de una interfaz (Por ejemplo, Ethernet) y se envían por otra (wifi).
- **Localización**.
  - — **Puentes locales:** relacionan redes físicamente cercanas.
  - — **Puentes remotos:** relacionan redes locales para formar redes de área extensa.

2.5.7. Dispositivos inalámbricos

Los dispositivos de conexión para establecer redes de área local pueden ser cableados o inalámbricos. La mayoría de los dispositivos descritos en la Sección anterior disponen de su propia versión inalámbrica, normalmente utilizando la norma IEEE 802.11 (wifi). A continuación se hace un repaso por los dispositivos inalámbricos más representativos:

- **Repetidor wifi/puntos de acceso**: un repetidor wifi cumple las mismas funcionalidades que su homólogo cableado, es decir, recibe una señal y la amplifica con el objetivo de ampliar el rango de la señal. Los repetidores suelen tomar la señal proveniente de un *router* wifi. Por regla general los repetidores son muy fáciles de instalar y suelen tener configuraciones automatizadas. Los repetidores trabajan a nivel físico (nivel 1 según el modelo OSI). Además de los repetidores, se encuentran los puntos de acceso. A diferencia de los primeros, estos trabajan a nivel de enlace (nivel 2 según el modelo OSI), por lo que, además de amplificar, reconstruyen eliminando los ruidos de la señal. Además, un punto de acceso puede determinar qué dispositivos pueden conectarse a la red inalámbrica.

- *Router* **inalámbrico**: los *routers* inalámbricos tienen la misma función que los *routers* no inalámbricos, lo que sucede es que normalmente un *router* inalámbrico actúa de intermediario entre tecnologías, puesto que suelen estar conectados por cable a una red y proporcionan la comunicación a través de wifi con otros equipos de la red.

- *Bridge* **inalámbrico**: los *bridges* inalámbricos son normalmente asimilados en los *routers;* el funcionamiento y los métodos de trabajo de estos dispositivos son exactamente los mismos que los presentados en sus versiones no inalámbricas.

- **Tarjetas de red wifi:** las tarjetas de red wifi normalmente cumplen con la normativa IEEE 802.11 y alguna de sus variantes b/g/n/ac. La evolución lógica de la tecnología ha hecho que cada una de las versiones vaya mejorando progresivamente el ancho de banda; de este modo, las redes 802.11b permiten transferencias de 11 Mbps; las 802.11g, 54 Mbps; las 802.11n hasta 600 Mbps; y las 802.11ac alcanzan hasta los 1300 Mbps.

Una vez presentados los elementos inalámbricos de una red de área local, se muestran las principales ventajas e inconvenientes de la utilización de las mismas:

- **Ventajas**

  — No existen cables físicos.

— Son más baratas que las cableadas.

— Permiten la movilidad de los usuarios.

— Son más fáciles de instalar que las cableadas.

- **Inconvenientes**

— Son más inseguras, puesto que cualquier dispositivo puede acceder a ellas. No es necesario físicamente estar conectado a un cable.

— El ancho de banda conseguido, a fecha de hoy, depende en gran medida de los puntos de acceso y repetidores.

— No hay estudios científicos sobre la posible peligrosidad de las radiaciones sobre los seres humanos.

2.6. Sistemas operativos de red

Un sistema operativo (SO) es el *software* instalado en un ordenador que actúa como intermediario entre el usuario y el *hardware*. De esta forma, un usuario puede usar un ordenador sin conocer los detalles de funcionamiento de su *hardware*, porque el sistema operativo se encarga de lidiar con él. Además, hay que tener en cuenta que cada ordenador puede tener un *hardware* distinto. Una tarea aparentemente sencilla, como abrir un archivo, implica tareas muy diversas, entre otras:

- Buscar la ubicación física del archivo en el disco.

- Leer el contenido del archivo desde el disco duro.

- Reservar el espacio en memoria RAM para colocar el contenido, los datos.

- Gestionar la cola de procesos en ejecución para que se abra el programa de edición sin que los demás procesos se detengan.

- Mostrar por pantalla el contenido del archivo.

El sistema operativo orquesta estas y otras acciones, haciendo que para el usuario implique un simple clic.

En la actualidad es imposible encontrar un sistema operativo que no utilice servicios ofrecidos por la red. Pensemos en un usuario de una LAN que trabaja como administrativo en una oficina y llega por la mañana a su puesto de trabajo. Nada más encender el ordenador, el sistema operativo solicita al servidor DHCP una dirección IP para poder acceder a la red. Una vez que el sistema operativo ha terminado de cargarse, el usuario introduce sus credenciales en la pantalla de *login*, lo que lleva al sistema operativo a consultar la validez de sus credenciales al controlador de dominio. Una vez iniciada la sesión, el usuario probablemente haga cosas como enviar varios correos electrónicos, descargar un documento desde una unidad compartida en red, imprimir un informe en una impresora en red o trabajar con una aplicación web para registrar los documentos que tiene sobre su mesa. Y lo más interesante de todo es que el usuario realiza todas estas tareas sin ser muy consciente[10] de los detalles de la red.

Un sistema operativo en red siempre cumple dos condiciones básicas:

- Tiene instalado algún tipo de *hardware* de comunicaciones y sus correspondientes *drivers*. La misión final de este *hardware* es poder emitir bits a través de un medio de transmisión hasta el dispositivo receptor.

- Tiene instalado algún *software* de control de las comunicaciones. Transmitir bits no basta para que haya comunicación entre dos ordenadores, del mismo modo que pronunciar sílabas no implica comunicación entre dos personas. Este *software* de control de comunicaciones conoce y aplica las reglas de la comunicación entre ordenadores a distintos niveles (direccionamiento, control de flujo, manejo de errores y pérdidas de datos, establecimiento de sesiones, etcétera).

Podemos clasificar los sistemas operativos en red en dos categorías principales:

- **Sistemas operativos cliente:** son sistemas utilizados por uno o varios usuarios finales. En general estos sistemas operativos cuidan mucho su interfaz gráfica. Podemos a su vez encontrar dos tipos:
  — Sistemas operativos de escritorio.
  — Sistemas operativos móviles.
- **Sistemas operativos servidor.**

2.6.1. Sistemas operativos de escritorio

Existen tres sistemas operativos de escritorio principales: Windows, OS X y GNU/Linux. La cuota de mercado de Windows es superior al 90 %. El siguiente con más presencia es OS X con una cuota del 5 %. El tercero, GNU/Linux, tiene una cuota de mercado del 1,4 %. La Tabla 2.1 muestra la cuota de mercado de los principales sistemas operativos en el final del primer semestre de 2024:

---

[10] Por lo general, el usuario es más feliz cuantos menos detalles necesite conocer sobre el funcionamiento de la red. Y un usuario feliz dará menos trabajo al administrador de la red.

Tabla 2.1. Cuota de mercado de los principales sistemas operativos de escritorio del primer semestre de 2024 (datos extraídos de statista.com)

Sistema operativo	Cuota de mercado
Windows 10	44,27 %
Windows 11	23,93 %
OS X	15,76 %
GNU/Linux	5,1 %
Windows 7	3,87 %
Windows 8.1	0,66 %
Windows XP	0,56 %
Windows 8	0,35 %
Otros	5,5 %

Microsoft es la empresa que fabrica las diferentes versiones de Windows. En la actualidad tienen soporte las versiones Windows 10 (15/10/25) y Windows 11. No obstante, las otras versiones de Windows siguen teniendo presencia en el mercado, a pesar de no tener soporte. El sistema operativo Windows es el preferido por los usuarios en las redes empresariales, gracias a los siguientes aspectos:

- Facilidad de uso.

- Su integración en dominios Active Directory ahorra mucho trabajo a los administradores de sistemas.

- Muchas aplicaciones están disponibles únicamente para esta plataforma.

- La industria del *hardware* siempre proporciona *drivers* para Windows.

OS X es el sistema operativo de escritorio fabricado por Apple y viene incluido en los ordenadores que vende la compañía. Es específico para ordenadores Apple, y, aunque hay experimentos para instalarlo en ordenadores con un *hardware* diferente[11], suele dar bastantes problemas cuando el ordenador no es fabricado por Apple. A diferencia del sistema operativo Windows, OS X es un valor añadido al *hardware*. Es decir, Apple utiliza OS X como una forma de hacer más atractiva

---

[11] A estos ordenadores se les llama Hackintosh.

la compra de un equipo Apple. Los usuarios de ordenadores Apple valoran las siguientes ventajas:

- Cuidado de los detalles en todos los aspectos, tanto *hardware* como *software*.

- Mayor estabilidad que Windows: OS X proviene de Unix, que es un sistema operativo especialmente estable.

- Mayor rendimiento que el mismo *hardware* con Windows: Apple optimiza OS X para trabajar con un conjunto limitado de *hardware*, frente a Windows, que puede funcionar en prácticamente cualquier hardwar*e*.

- Menor vulnerabilidad frente al *malware*: provenir de Unix hace de OS X un sistema operativo muy seguro. Esto, junto al hecho de que hay menos usuarios de OS X que de Windows, hace que los desarrolladores de *malware* presten poca atención a OS X.

GNU/Linux es un sistema operativo libre[12]. Se trata de un proyecto colaborativo en el que participan empresas del sector privado así como comunidades de voluntarios, que ofrecen su trabajo y conocimientos gratuitamente por diferentes razones[13]. Las características del *software* libre han propiciado que GNU/Linux se haya diversificado en diferentes distribuciones. Una distribución GNU/Linux típica contiene el *kernel*, herramientas GNU, librerías, un intérprete de comandos, *software* adicional (como una *suite* ofimática, navegador web, editor de texto, etc.), documentación, un gestor de ventanas y un entorno de escritorio. La comunidad responsable de una distribución puede además ofrecer a sus usuarios repositorios de *software* precompilado, que simplifica la instalación de nuevos programas. A nivel de escritorio, las distribuciones más valoradas actualmente son[14]:

- Linux Mint: derivada de Ubuntu y centrada en su usabilidad y facilidad de instalación.

---

[12] El *software* libre respeta cuatro libertades básicas:
Libertad 0. Libertad para usar el *software* con cualquier propósito.
Libertad 1. Libertad para estudiar/modificar el programa para adaptarlo a nuestras necesidades.
Libertad 2. Libertad para distribuir copias del programa.
Libertad 3. Libertad para mejorar el programa y hacer públicas las mejoras.

[13] Los voluntarios que ayudan de crear GNU/Linux suelen tener entre 20 y 30 años y buscan incrementar sus conocimientos y/o su prestigio entre otros desarrolladores. En muchos casos, estos voluntarios terminan siendo contratados por empresas privadas.

[14] Lista obtenida en DistroWatch correspondiente al primer semestre de 2016.

- Debian: una de las primeras distribuciones que aparecieron a principios de los noventa y que se centra en maximizar la estabilidad.

- Ubuntu: derivada de Debian y auspiciada por Canonical LTD. Se centra en su usabilidad y facilidad de instalación.

- openSUSE: derivada de RedHat y auspiciada por SUSE Linux GmbH y por AMD. Se centra en ofrecer una experiencia profesional, centralizando gran parte de los aspectos del sistema operativo en una única consola (YaST).

- Manjaro: derivada de Arch Linux, Manjaro busca combinar la eficiencia de Arch Linux con una mayor usabilidad y facilidad de instalación. En principio está pensada para usuarios ya iniciados en GNU/Linux, aunque sus desarrolladores afirman que puede usarla cualquiera.

- Fedora: derivada de RedHat y auspiciada por la misma empresa, se centra en ofrecer un sistema estable y fácil de usar.

El usuario medio de GNU/Linux tiene conocimientos medios/avanzados de informática, siendo su mayor nicho de mercado el de los informáticos profesionales. Las ventajas que aportan los sistemas GNU/Linux sobre sus competidores son:

- Es gratuito, aunque algunos proveedores ofrecen servicios de soporte de pago.

- Alta robustez, estabilidad y velocidad: prueba de ello es su cuota de mercado del 98,8 % en el mundo de las supercomputadoras[15].

- Es muy seguro: GNU/Linux cuenta con un sistema seguro gracias a su filosofía colaborativa[16], pero además está favorecido por su menor cuota de mercado combinada con el nivel de conocimientos de informática de su usuario medio.

- Cuenta con grandes comunidades de usuarios: hay mucha documentación disponible, siempre hay personas dispuestas a prestar ayuda a quien lo necesita.

---

[15] Dato obtenido de www.top500.org.

[16] Diferentes organizaciones ofrecen diferentes perspectivas de la seguridad. Por ejemplo, SELinux es una característica desarrollada por la NSA y AppArmor por Novell. Además, su filosofía *open* ayuda a que los problemas de seguridad sean detectados y corregidos rápidamente.

- Es altamente configurable: prueba de ello son los múltiples entornos gráficos disponibles[17].

2.6.2. Sistemas operativos móviles

Los sistemas operativos móviles están destinados a dispositivos más pequeños que las estaciones de trabajo, que priman su portabilidad[18]. Los principales sistemas operativos móviles en desarrollo actualmente son:

- Android: proyecto de *software* libre en cuyo desarrollo participa la Open Handset Alliance[19] (liderada por Google).

- iOS: sistema operativo desarrollado por Apple y destinado a dispositivos como el iPhone, el iPad, el iPod Touch o el Apple TV.

Por otro lado, existieron alternativas a los dos sistemas operativos anteriores que tuvieron una gran implantación en el mercado que fueron:

- Windows Phone: sucesor de Windows Mobile. Tenía como principal cliente a la empresa Nokia.

- BlackBerry OS: sistema operativo que la empresa Research In Motion (RIM) instalaba en los dispositivos BlackBerry. Se enfocaba principalmente al sector profesional.

Tabla 2.2. Cuota de mercado de los sistemas operativos móviles en el primer semestre de 2024, según www.netmarketshare.com

Sistema operativo móvil	Cuota de mercado
Android	58,05 %
iOS	41,92 %
Otros	0,03 %

---

[17] KDE Plasma, GNOME, MATE, Trinity, Xfce, LXDE, Enlightenment, Cinnamon, Unity y Pantheon son los principales actualmente.

[18] Esto implica un *hardware* de menor tamaño y potencia y especial interés por las comunicaciones inalámbricas.

[19] Consorcio liderado por Google, formado por operadoras de telefonía, fabricantes de dispositivos móviles, fabricantes de circuitos integrados y empresas de desarrollo y comercio electrónico.

2.6.3. Sistemas operativos de servidor

Los sistemas operativos de servidor corren en un ordenador destinado a actuar como servidor[20]. Los sistemas operativos de servidor sacrifican parte de su usabilidad y su estética en favor de las tareas que van a llevar a cabo. Un servidor permanece normalmente encendido permanentemente, por lo que la estabilidad y la seguridad es uno de los aspectos que más preocupa a los fabricantes. El rendimiento es otro de los aspectos a cuidar en un sistema operativo de servidor, razón por la cual es habitual encontrar servidores que no tienen entorno gráfico, y en su lugar solamente ejecutan una consola de comandos.

Existen principalmente tres opciones en cuanto a sistemas operativos de servidor se refiere: Windows Server, GNU/Linux y UNIX. Cada uno de ellos tiene mayor presencia en sectores diferentes de la industria:

- UNIX es el claro vencedor en el mundo de las *mainframes,* con sistemas operativos como AIX y z/OS (ambos sistemas propietarios de IBM).

- En la industria de las supercomputadoras GNU/Linux es el vencedor, siendo Ubuntu Server el sistema operativo para el Tianhe-2[21].

- Windows Server es el claro vencedor en la oficina, gracias a su servicio de directorio Active Directory.

- No hay un claro vencedor entre los servidores web, teniendo una cuota de mercado[22] similar Windows, GNU/Linux y UNIX, con entre un 30 % y un 40 % cada uno.

Microsoft publica periódicamente nuevas versiones de sus sistemas operativos Windows Server. Actualmente cada versión tiene soporte hasta diez años, y se está publicando una nueva versión anualmente. Cada versión de Windows Server tiene varias ediciones. Por ejemplo, Windows Server 2023 tiene cuatro ediciones:

- **Foundation:** preinstalado por el fabricante y destinado a empresas con menos de quince usuarios.

---

[20] Esta es una afirmación muy general, ya que bastaría con ejecutar una aplicación servidor en cualquier sistema operativo (cliente o servidor) para tener un servidor. Por ejemplo, Windows XP con el servidor Apache instalado es un servidor web, aunque Windows XP no sea un sistema operativo de servidor. Sin embargo, en un entorno empresarial es importante ser cuidadoso con la elección del sistema operativo, y asegurarse de que la versión elegida es específica para servidores, y soporte correctamente las cargas de trabajo esperadas.

[21] Supercomputador más potente del mundo en el último trimestre de 2015 según www.top500.org.

[22] Datos obtenidos de w3techs.com.

- **Essentials:** versión básica para un máximo de veinticinco usuarios.

- **Standard:** versión completa de Windows Server 2023, con algunas limitaciones en la virtualización.

- **Datacenter:** versión completa de Windows Server 2023 sin limitaciones.

En cuanto a GNU/Linux, existen algunas distribuciones especialmente orientadas al mundo del servidor. Aunque hay más, las siguientes son muy populares:

- **Red Hat Enterprise Linux:** distribución de gran éxito comercial desarrollada por la empresa Red Hat. Sus ingresos provienen principalmente de los servicios de soporte.

- **SUSE Linux Enterprise Server:** distribución desarrollada por SUSE. Sus ingresos provienen principalmente de los servicios de soporte.

- **Ubuntu Server:** distribución desarrollada por Canonical LTD. Sus ingresos provienen de servicios de soporte y de donaciones.

- **CentOS:** versión gratuita, obtenida a partir del código fuente de Red Hat. Obtiene ingresos a través de *merchandising*, y donaciones particulares de servidores dedicados.

- **Debian:** distribución gratuita desarrollada por la comunidad Debian. Obtiene sus ingresos a través de donaciones.

La elección de una u otra distribución dependerá de las preferencias personales y conocimientos[23] de cada administrador.

Unix es un sistema operativo que data de los años setenta, y fue desarrollado inicialmente por Dennis Ritchie y Ken Thompson. Durante la década de los ochenta y noventa fue el campeón absoluto del mundo de los servidores, aunque fue perdiendo cuota de mercado con la aparición de GNU/Linux[24] y Windows Server.

En la actualidad Unix sigue estando presente en el mundo de los servidores:

- **AIX:** versión de Unix propietaria de IBM, utilizado especialmente en *mainframes* de la misma empresa.

- **HP-UX:** versión de Unix propietaria de Hewlett-Packard, utilizado especialmente en *mainframes* de la misma empresa.

---

[23] Un servicio de soporte es conveniente para administradores con pocos conocimientos.

[24] GNU/Linux es un clon del sistema Minix, que a su vez es un clon de Unix, por lo que se suele decir que GNU/Linux es un clon de Unix.

- **FreeBSD:** proyecto libre y colaborativo cuyo objetivo principal es producir *software* que pueda usarse con cualquier propósito y sin ningún tipo de restricción. OS X se basa en este sistema operativo.

- **OpenBSD:** proyecto libre y colaborativo que presta especial atención a la portabilidad, el cumplimiento de normas y estándares, la corrección y la seguridad y la criptografía. Es el sistema seguro por excelencia.

- **NetBSD:** proyecto libre y colaborativo que se centra en la claridad del código, el diseño cuidado de la arquitectura, la seguridad, la inclusión de características avanzadas[25] y la portabilidad sobre diferentes arquitecturas. Estas características lo hacen muy apropiado para su uso en sistemas embebidos[26].

2.7. Medios de transmisión

En un modelo muy simplificado de comunicación existen tres elementos básicos:

- El emisor, que envía la información.

- El medio de transmisión, que es el sustrato a través del cual viaja la información.

- El receptor, que recibe la información.

Vamos a describir desde una perspectiva general lo que ocurre en una LAN cuando un usuario envía un archivo a un servidor mediante FTP. El archivo que el usuario desea enviar es una secuencia de bits[27]. Utilizando una aplicación cliente FTP, el usuario indica el archivo que desea transmitir. La estación de trabajo almacena temporalmente en memoria el archivo y va enviando bit a bit a un adaptador de red que está conectado directamente al medio de transmisión. Cada bit se desplaza por el medio de transmisión en forma de señales electromagnéticas hasta llegar al adaptador de red del servidor FTP. Durante el tránsito de las señales se producirán dificultades que pueden llegar a alterar las señales, de forma que los bits recibidos pueden diferir de los enviados. Será tarea del servidor corregir estos errores. El adaptador de red del servidor pasa los bits

---

[25] Fue el primer sistema en implementar IPv6.

[26] La NASA utiliza NetBSD en sus investigaciones sobre TCP para su uso en redes satelitales; en concreto, en la NASA Lewis Research Center - Satellite Networks and Architectures Branch.

[27] *Bit* proviene del término inglés *BInary digiT*, que significa 'dígito binario', es decir, un 0 o un 1.

recibidos al servidor, que va componiendo el archivo original conforme va llegando cada bit. Cuando el archivo ha sido reconstruido, el servidor guarda el archivo en la carpeta destino. En este apartado vamos a hablar sobre los medios de transmisión, a través de los cuales viajan los datos desde la estación de trabajo hasta el servidor en nuestro ejemplo.

Los medios de transmisión permiten la propagación de señales electromagnéticas de un punto a otro. Dichas señales representan los datos que se desean transmitir. Existen muchas consideraciones alrededor de la transmisión de señales por un medio de transmisión. En esta introducción se van a tratar los siguientes aspectos:

- Terminología básica.

- La naturaleza analógica/digital de la señal de transmisión.

- Las dificultades en la transmisión.

Hay una serie de términos que todo administrador de redes debe conocer:

- **Frecuencia:** una señal electromagnética es un tipo de onda[28]. En una onda, la frecuencia es el número de oscilaciones por unidad de tiempo, y se mide en hercios[29] (Hz).

- **Amplitud:** es el valor máximo de la señal en el tiempo. En el caso de las ondas electromagnéticas, este valor se medirá en voltios (V).

- **Fase:** indica el desplazamiento relativo de la señal desplazada respecto a la original.

- **Ancho de banda:** se trata del intervalo de frecuencias (banda) en la que se concentra la mayor parte de la energía de la señal, y se mide en Hz. Este término se suele confundir con la capacidad del canal.

- **Ruido:** señales no deseadas que se introducen en el medio de transmisión.

- **Tasa de errores de un medio:** es la frecuencia con la que se recibe el valor 1 habiendo transmitido el valor 0, o se recibe el valor 0 habiendo transmitido el valor 1 en un cierto medio. Los medios con altas tasas de error tienen menor capacidad.

---

[28] Una onda es una propiedad física que se propaga por el espacio o la materia. Se mide en grados.

[29] 1 Hz es un ciclo por segundo.

- **Capacidad de un canal:** es la velocidad máxima a la que se puede transmitir por un canal. Se mide en bits por segundo (bps). La capacidad depende de las características del medio y está muy relacionada con el ancho de banda, la tasa de errores y el ruido medio a través del canal.

- **Dificultades de transmisión:** fenómenos físicos que impiden la correcta transmisión de los datos a través del medio.

Las señales pueden ser analógicas o digitales. Las señales analógicas varían continuamente y pueden tomar un gran número de valores diferentes. En cambio, las señales digitales solamente permiten transmitir pulsos de tensión, que representan 0 y 1. Dependiendo del medio de transmisión, será apropiado enviar señales digitales o señales analógicas.

Los datos transmitidos mediante señales electromagnéticas pueden ser, a su vez, analógicos o digitales. Cuando la información que tratamos de transmitir se compone de bits, los datos son digitales. En una LAN, los datos transmitidos son siempre digitales, por ser esta la forma en que un ordenador trata la información. Por ello, no hablaremos más de los datos analógicos, ya que carecen de interés en las redes, y utilizaremos la palabra *dato* para referirnos a un dato digital. Sin embargo, sí seguiremos hablando de las señales analógicas y las señales digitales, ya que ambas tienen cabida en la transmisión de datos digitales.

No todos los medios de transmisión permiten señales analógicas, ni todos permiten señales digitales. Puesto que nuestros datos siempre van a ser digitales, es preciso realizar una conversión de los datos antes de ser transmitidos para que la señal generada sea adecuada al medio en cuestión.

Cuando los datos se transmiten en forma de señales analógicas, se utiliza un dispositivo llamado módem[30] para codificar los datos. Un módem modula la señal portadora[31], modificando uno de sus tres parámetros fundamentales, la amplitud, la frecuencia o la fase:

- ASK (modulación por desplazamiento de la amplitud): en esta técnica solamente se modifica la amplitud de la señal, dejando la frecuencia y la fase de la señal portadora intactas. En su forma más básica, uno de los dígitos binarios se representa mediante la presencia de portadora a amplitud constante, y el otro mediante la ausencia de portadora.

---

[30] Abreviatura de modulador-demodulador.

[31] Señal senoidal inicial, que es modificada para la transmisión de datos.

- BFSK (modulación binaria por desplazamiento de la frecuencia): se modifica únicamente la frecuencia, dejando la amplitud y la fase intactas. De este modo, uno de los dígitos binarios se representa mediante una frecuencia f_1 y el otro mediante otra frecuencia f_2.

- BPSK (modulación binaria por desplazamiento de fase): se mantienen constantes la amplitud y la frecuencia, y se utiliza la fase para transmitir cero y uno utilizando diferentes ángulos de fase.

Existen otros métodos de codificación además de los mencionados, que se basan en extenderlos y combinarlos entre sí:

- QPSK (modulación de fase en cuadratura): en lugar de utilizar dos ángulos de fase, utiliza cuatro, pudiendo así transmitir dos bits para cada ángulo de fase diferente.

- QAM (modulación de amplitud en cuadratura): combina ASK y PSK, transportando así dos señales independientes sobre una misma portadora. De esta forma se incrementa en número de estados posibles de modulación, pudiendo así incrementar el número de bits transmitidos. Este tipo de codificación es utilizada en las líneas ADSL.

Cuando los datos se transmiten en forma de señales digitales se utiliza una secuencia de pulsos de tensión discretos y continuos. La forma más sencilla de transmitir datos de este modo mantiene una correspondencia directa entre cada bit y cada pulso de tensión. El método más complejo utiliza un esquema de codificación, que aumenta las prestaciones[32] de la transmisión. Algunas de estas codificaciones son las siguientes:

- NRZ (no retorno a cero): se utiliza un nivel de tensión diferente para cada uno de los dígitos binarios. En su forma más pura, un dígito binario se representa mediante una tensión constante, y el otro mediante la ausencia de tensión. Existen variantes dentro de esta codificación, como NRZ-L (no retorno a nivel cero), que utiliza una tensión negativa para representar un valor binario y una positiva para representar el otro, y como NRZI (no retorno a cero invertido) que representa un 1 como una transición[33]

---

[32] Algunas codificaciones muestran mejor comportamiento que otras en aspectos como la sincronización en los extremos, la detección de errores, la inmunidad al ruido y a las interferencias o su coste de implementación.

[33] En una transición, se pasa desde un nivel de voltaje hasta el otro. Se puede hablar de transición *de bajo a alto* cuando se pasa del voltaje más bajo al más alto, o de transición *de alto a bajo* cuando se pasa del voltaje más alto al más bajo.

del nivel de voltaje y un cero como la ausencia de transición. Esta codificación dificulta la sincronización, por lo que no suele usarse en la transmisión de datos.

- Manchester: en esta codificación siempre hay una transición en mitad del intervalo que dura el bit. Una transición de bajo a alto representa un 1, mientras que una transición de alto a bajo representa un 0. Además, esta transición en mitad del bit ayuda a la sincronización entre los extremos. Esta codificación es utilizada habitualmente en el estándar Ethernet, con velocidades de 10 Mbps.

- Manchester diferencial: la transición a mitad del intervalo se utiliza únicamente para proporcionar sincronización entre los extremos. La codificación de un 1 se representa por la ausencia de una transición al principio del bit, y un 0 se codifica mediante una transición.

- 4B/5B: en esta codificación se mapean grupos de 4 bits en grupos de 5 bits. La Tabla de codificación está especialmente pensada para evitar secuencias demasiado largas sin transiciones, garantizando que en cada código 4B5B haya al menos una, y así poder garantizar la sincronización. Esta codificación se utiliza en el estándar 100BASE-TX, que permite velocidades de hasta 100 Mbps.

- 4D-PAM5: este tipo de codificación utiliza cinco niveles diferentes de voltaje. Cuatro de esos niveles son para enviar información. El nivel restante se utiliza como señal de control, para la detección de errores. 4D-PAM5 se usa en el estándar 1GbE (Gigabit Ethernet) para transmitir a velocidades de 1 Gbps.

En esta introducción se ha mencionado que existen dificultades de transmisión en los medios. Estas dificultades generan bits erróneos durante la transmisión, de forma que un 1 se transformará en un 0 y viceversa. Las principales dificultades de transmisión son las siguientes:

- **Atenuación:** la energía de la señal transmitida va disminuyendo con la distancia, llegando un punto en que la señal original es irrecuperable. Por esta razón, cada cierta distancia dependiente del medio utilizado, se utilizan dispositivos repetidores que reconstruyen la señal original. Mayor frecuencia implica mayor atenuación, lo que limita la máxima velocidad de transmisión del medio (ya que mayores frecuencias implican mayor velocidad de transmisión).

- **Distorsión de retardo:** una señal puede componerse de diferentes frecuencias. El problema está en que las diferentes componentes de frecuencia viajan a diferente velocidad por el medio de transmisión. Esto puede provocar que el receptor reciba la señal con sus componentes de frecuencia desplazadas, pudiendo llegar a ser ininteligible. Esta distorsión limita la velocidad de transmisión máxima que soporta un medio.

- **Ruido:** los ruidos son señales no deseadas que se introducen en el medio de transmisión. Podemos hablar varios tipos de ruido:

  — **Ruido térmico (o ruido blanco)**, que se debe a la agitación de los electrones por la temperatura del medio.

  — **Ruido de intermodulación**, debido a la interferencia entre señales de distintas frecuencias que comparten el mismo medio.

  — **Diafonía**, producido por la inducción[34] magnética entre cables vecinos.

  — **Ruido impulsivo**, consistente en pulsos o picos irregulares de corta duración. Se suelen deber a perturbaciones electromagnéticas, que pueden provenir de un motor cercano al cable hasta de una tormenta eléctrica.

A continuación, veremos los medios de transmisión más importantes en una red de transmisión de datos.

2.7.1. Medios de cobre: cables de par trenzado y coaxial

Dentro de la categoría de medios de transmisión guiados, podemos encontrar los cables de cobre. Durante mucho tiempo, el cobre ha sido el material más utilizado en sistemas de comunicación de corto y largo alcance, y ha disfrutado de un crecimiento estable durante los últimos cincuenta años. Sus ventajas son el bajo coste, la facilidad de instalación y su baja resistencia a la corriente eléctrica. Sin embargo, el cobre también tiene desventajas. Las señales sufren de una alta atenuación y además son sensibles a las interferencias[35].

Los dos medios de transmisión de cobre más representativos son el **cable de par trenzado** y el **cable coaxial**.

---

[34] Toda corriente eléctrica genera un campo magnético y viceversa. Por eso, una corriente eléctrica en un cable puede inducir una corriente eléctrica inversa en un cable vecino.

[35] El cobre es sensible a las interferencias electromagnéticas (EMI), las de radiofrecuencia (RFI) y a la diafonía. Estas interferencias pueden estar provocadas por cosas como motores eléctricos cercanos, ondas de radio, luces fluorescentes, cables eléctricos cercanos, etcétera.

El cable de par trenzado consiste en dos cables de cobre recubiertos por un aislante plástico, que se entrelazan formando una espiral. Los estándares para transmisión de datos en LAN utilizan cuatro pares trenzados, aunque para otras aplicaciones de larga distancia pueden llegar a tener cientos de pares. La razón de ser del trenzado de los pares es su menor exposición a la diafonía. Cuanto mayor es la densidad del trenzado, más resistente es el cable a la diafonía, y por ello el trenzado se hace más denso para mayores velocidades. En la Figura 2.3 se puede ver la estructura de un cable de par trenzado.

Figura 2.3. Estructura de un cable de cobre UTP.

Cada uno de los pares se puede diferenciar de los otros por el color. Los colores son definidos por el estándar TIA/EIA-568 son los siguientes:

- Un par con un hilo naranja y el otro blanco con franjas naranjas.

- Un par con un hilo verde y el otro hilo blanco con franjas verdes.

- Un par con un hilo azul y el otro hilo blanco con franjas azules.

- Un par con un hilo marrón y el otro hilo blanco con franjas marrones.

Podemos encontrar varios tipos de cable de par trenzado:

- STP (Shielded Twisted Pair): el haz de los cuatro pares está envuelto de una hoja metálica (blindaje), así como cada par de hilos, que también está blindado. Además, este cable combate los ruidos RFI y RMI por medio del blindaje, y la diafonía mediante el trenzado.

- FTP (*Foiled Twisted Pair*): el apantallamiento solamente se aplica a todo el haz de cables, dejando sin apantallar cada par independiente.

- UTP (*Unshielded Twisted Pair*): el cable no incluye ningún tipo de apantallamiento.

La terminología UTP, STP y FTP es la más habitual en el mercado. Sin embargo, el estándar ISO/IEC 11801[36] especifica un esquema de nombrado diferente. El tipo de cable viene determinado por tres partes, que aparecen en el siguiente orden:

- Dos caracteres que indican el apantallamiento global:

  — U: sin apantallamiento.

  — F: apantallamiento global con hoja metálica.

  — S: apantallamiento global con malla metálica.

  — SF: apantallamiento global tanto con hoja metálica como con malla metálica.

- Un carácter que indica el apantallamiento de los pares:

  — U: sin apantallamiento.

  — F: con apantallamiento.

- Los caracteres TP hacen referencia al par trenzado (Twisted Pair).

Siguiendo esta nomenclatura, el cable STP se denomina F/FTP, y el cable FTP se denomina F/UTP. Además, se pueden describir otras modalidades de cable diferente, como U/FTP.

Habitualmente, el cable apantallado incluye un cable adicional de tierra, que está conectado al apantallamiento. Si no se conecta correctamente a tierra, el apantallamiento puede actuar como una antena y captar señales no deseadas.

El estándar ISO/IEC 11801 define también diferentes categorías de cable. Cada categoría está diseñada para una aplicación específica.

---

[36] ISO/IEC 11801 (*generic cabling for customer premises*) especifica sistemas de cableado para telecomunicaciones de diversa consideración.

En la Tabla 2.3 se pueden ver las categorías existentes:

Tabla 2.3. Categorías de cable de cobre de par trenzado según ANSI/EIA/TIA 568-C

Nombre	Formato habitual	Ancho de banda	Aplicaciones
Cat. 3 (obsoleta)	-	16 MHz	10BASE-T y 100BASE-T4
Cat. 4 (obsoleta)	-	20 MHz	Tokenring
Cat. 5 (obsoleta)	-	100 MHz	10BASE-T, 100BASE-TX
Cat. 5e	UTP	100 MHz	100BASE-TX, 1000BASE-T
Cat. 6	UTP	250 MHz	10GBASE-T [38]
Cat. 7	F/FTP,S/FTP	600 MHz	10GBASE-T
Cat. 7a	F/FTP,S/FTP	1000 MHz	10GBASE-T

Las categorías 4 y 5 ya no se recogen en la norma ANSI/EIA/TIA 568-C (a diferencia de la categoría 3) y se han indicado con propósitos didácticos. Existen otros estándares en desarrollo, como Cat 8, Cat 8.1 o Cat 8.2.[37]

El conector que se utiliza comúnmente para el cable de cobre de par trenzado es el RJ-45. Un cable de par trenzado se termina en sus extremos con conectores de este tipo. Su instalación requiere del uso de herramientas específicas:

- **Pelacables:** herramienta especial diseñada para cortar la cubierta de los cables, sin tocar el hilo metálico.

- **Crimpadora:** herramienta con forma de tenaza utilizada para crimpar (o engastar) los hilos en un conector RJ-45.

El procedimiento de instalación de un conector RJ-45 es el siguiente:

1. Pelar el cable en un extremo haciendo un corte superficial con el pelacables. Es importante asegurarse de que no se ha cortado ningún par. Al retirar la cubierta, aparecerán los cuatro pares trenzados.

2. Destrenzar los extremos de cada par. No debe destrenzarse más de lo necesario para insertar los hilos en el conector, ya que estaríamos contribuyendo a la diafonía en el cable.

---

[37] Distancia recomendada de 37 metros al utilizar 10 Gbps.

3. Los cables deben alisarse y colocarse en paralelo siguiendo un orden específico. Este orden queda establecido en las normas EIA/TIA 568A y EIA/TIA 568B. En la Figura 2.4 se pueden apreciar los códigos de colores propuestos por cada norma.

4. Insertar los cables por los conductos del conector RJ-45 hasta que cada hilo llegue al fondo[38] de su conducto.

5. Una vez que los hilos han llegado al fondo de sus respectivos conductos, hay que asegurarse de que la cubierta del cable queda dentro del conector. De este modo el cable será más resistente a las tracciones, sin perder[39] conectividad.

6. Por último, se inserta el conector RJ-45 en la crimpadora, que presionará una parte del conector contra la cubierta del cable, fijándolo definitivamente.

Es preciso repetir el mismo procedimiento en ambos extremos.

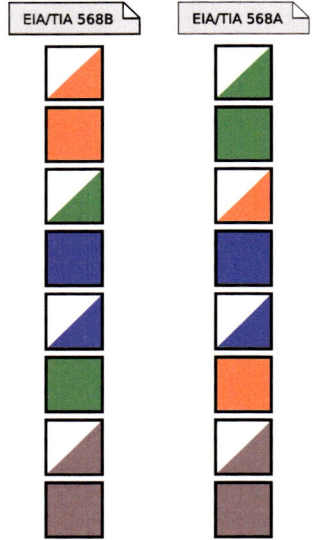

Figura 2.4. Códigos de color de las normas EIA/TIA 568B y EIA/TIA 568A.
Los colores se asignan a los pines 1 a 8 según su aparición de arriba hacia abajo.

---

[38] Al ser transparente, el conector RJ-45 permite ver si un hilo ha llegado al fondo del conducto o no. Si un hilo no llega al fondo del conducto, podría hacer mal contacto con la cuchilla del conector, provocando problemas de conectividad.

[39] Si se aplica tracción sobre el cable, los hilos podrían desprenderse de sus cuchillas, lo que en el peor caso impediría la transmisión por dicho hilo.

El otro tipo de cable de cobre usado en comunicaciones es el **cable coaxial**. Este cable debe su nombre a los dos conductores metálicos que comparten un mismo eje central. El cable coaxial tiene la siguiente estructura:

- Un conductor de cobre en la parte central recubierto por un aislante plástico.

- Sobre el material aislante, hay una malla de cobre que actúa como segundo conductor y como blindaje para el conductor interno.

- Sobre la malla hay un aislante plástico.

El cable coaxial se utilizó en las primeras instalaciones Ethernet, bajo los estándares 10BASE5[40] y 10BASE2[41], durante los años ochenta y principios de los noventa. En la actualidad no es utilizado para comunicaciones en LAN. El cable coaxial soporta varios tipos de conectores: BNC, tipo N y tipo F.

En la actualidad el cable coaxial es empleado para instalaciones inalámbricas[42] y para instalaciones de Internet por cable con tecnología HFC[43].

2.7.2. Medios ópticos: cables de fibra óptica

La fibra óptica es un hilo muy fino de material transparente, capaz de confinar un haz de luz. Un cable de fibra óptica tiene forma cilíndrica y está formado por tres secciones concéntricas:

- **Un núcleo**, ubicado en el centro del cable, contiene un hilo muy fino que puede tener un diámetro de entre 8 y 100 micrones[44].

- **Un revestimiento**, que rodea al núcleo, y que tiene unas propiedades ópticas diferentes a las del núcleo.

---

[40] Estándar IEEE 802.3, definido en 1983, utilizaba cable coaxial grueso en distancias de 500 metros a 10 Mbps.

[41] Estándar IEEE 802.3a, definido en 1985, utilizaba cable coaxial fino en distancias de 185 metros a 10 Mbps.

[42] Para conectar antenas con los dispositivos inalámbricos se utiliza cable coaxial.

[43] La tecnología HFC (*Hybrid Fiber Coaxial*) combina el uso de cable de fibra óptica y cable coaxial para crear una red de banda ancha. Esta tecnología es utilizada habitualmente por operadores como ONO en sus instalaciones de fibra óptica.

[44] Un micrón es la milésima parte de un milímetro.

- **Una cubierta plástica** para aislar el cable del exterior.

La fibra óptica se puede construir utilizando diversos materiales:

- **Vidrio de sílice (SiO2)**: las fibras ópticas de mayor calidad se fabrican utilizando vidrio de sílice, al que se le añaden otras sustancias para modificar el índice de refracción.

- **Plástico**: para ciertas aplicaciones se pueden utilizar fibras de menor calidad construidas con plástico (poliestireno y polimetilmetacrilato).

La idea de la transmisión de datos por fibra óptica se basa en un fenómeno llamado refracción[45]. El núcleo de la fibra se construye con un índice de refracción diferente al del revestimiento. De este modo, la luz viaja por el núcleo reflejándose en el límite con el revestimiento.

La fibra óptica presenta importantes ventajas respecto a los medios de cobre:

- **Mayor capacidad**: el ancho de banda de la fibra óptica es mucho mayor que el del cobre. En laboratorio[46] se han conseguido velocidades de 43 Tbps en una sola fibra.

- **Menor tamaño y peso**: su menor peso y tamaño comparado con los hilos de cobre reduce las infraestructuras necesarias para la instalación del cable.

- **Menor atenuación**: una atenuación menor permite utilizar cables de mayor longitud manteniendo la velocidad de transmisión.

- **Aislamiento electromagnético**: la fibra óptica no es sensible a los campos electromagnéticos exteriores. Por ello, no le afectan las interferencias, los ruidos impulsivos ni la diafonía.

También presenta algunas desventajas:

- **Fragilidad de las fibras**: aunque la fibra presenta una gran resistencia a la tracción, resulta muy frágil a la flexión. Dependiendo del

---

[45] Se llama refracción de la luz al cambio que se produce en su dirección de propagación cuando atraviesa oblicuamente la superficie de separación de dos medios transparentes con diferente índice de refracción. El índice de refracción de un material responde a sus propiedades físicas. Por ejemplo, los espejismos se producen cuando la luz atraviesa capas de aire a distinta temperatura. La misma idea es aplicable a la fibra óptica.

[46] La Universidad Técnica de Dinamarca (DTU) anunció en 2014 que había logrado transmitir a 43 Tbps por una fibra de 67 kilómetros usando un único láser. La fibra empleada no era convencional, ya que contenía 7 núcleos, lo que multiplica por 20 la velocidad de un único núcleo.

cable tendrá un cierto límite[47], que, si se supera, provoca la fractura del cable.

- **Mayor coste**[48]: el coste del cable de fibra, los componentes y el *hardware* necesarios son más costosos que en el caso del cobre.

- **No se puede transmitir electricidad**: esto impide la alimentación de repetidores intermedios a través del cable de fibra óptica. Por ello, la energía debe proveerse por cables de alimentación separados.

- **El agua corroe la fibra de vidrio**.

Los emisores de luz que se utilizan para transmitir datos a través de la fibra óptica pueden ser de dos tipos:

- Láseres[49].

- Diodos led.

Los cables de fibra óptica pueden clasificarse según las trayectorias[50] que puede seguir un haz de luz a través de la fibra:

- **Fibra óptica monomodo (SMF)**: la fibra óptica monomodo tiene un núcleo con un diámetro muy pequeño[51] y transporta un único haz de láser que viaja paralelamente al eje de la fibra. Se utiliza para conseguir altas tasas de transmisión de datos en largas distancias[52].

---

[47] La fibra se puede curvar hasta un cierto límite, a partir del cual se parte. Las curvas en la fibra pueden, además, provocar atenuación de la señal, por lo que se recomienda que sean suaves y nunca creando ángulos cerrados.

[48] El coste a corto plazo es mayor, aunque a largo plazo podría ser menor dados sus menores costes de mantenimiento, el mayor ancho de banda respecto del cobre y una menor necesidad de *hardware* dada su menor atenuación.

[49] El láser utilizado en la fibra óptica es infrarrojo, lo que quiere decir que no es visible y además puede dañar el ojo humano. Por ello, nunca se debe mirar directamente al interior del extremo de una fibra conectada a un dispositivo en su otro extremo. Tampoco se debe mirar directamente hacia el interior del puerto de transmisión en una interfaz de red, *switch* o *router*. Deben usarse cubiertas protectoras en los extremos de la fibra e insertarlos en los puertos de fibra óptica de *switches* y *routers* para evitar accidentes.

[50] A cada trayectoria que puede seguir un haz de luz se le llama modo.

[51] La fibra monomodo tiene un núcleo de entre 8,3 a 10 micrones.

[52] Hasta 400 kilómetros usando láser de alta intensidad.

- **Fibra óptica multimodo (MMF)**: la fibra óptica multimodo tiene un núcleo de mayor[53] diámetro que la fibra monomodo. Utiliza emisores led para enviar pulsos de luz. Los haces de luz pueden entrar a la fibra en diferentes ángulos, lo que provoca que vayan rebotando por los límites del núcleo, produciéndose así mayor pérdida de señal. Se puede utilizar también para aplicaciones de larga distancia, pero más reducidas (menores a 2 kilómetros) que las posibles con fibra monomodo. La fibra multimodo se suele utilizar en LAN, por el menor coste de los emisores led.

Para describir una fibra, es preciso dar información sobre el diámetro del núcleo, del revestimiento y el modo de la fibra. Por ejemplo, un cable de fibra 50/125 multimodo indica que la fibra tiene un núcleo de 50 micrones de diámetro, un revestimiento de 125 micrones y es de tipo multimodo, mientras que una fibra 9/125 monomodo tiene un núcleo de 9 micrones de diámetro, un revestimiento de 125 micrones y es de tipo monomodo. Los tamaños diámetros de núcleo y revestimiento más habituales son 9/125, 50/125 y 62.5/125.

Existen diferentes tipos de conectores para la fibra. Las diferencias principales son de material de fabricación, tamaño y métodos de acoplamiento mecánico. Los tipos de conectores más populares[54] en el mercado:

- **ST (*Straight Tip* o punta recta)**: es el tipo de conector más usado especialmente con cables multimodo para transmisión de datos.

- **SC (*Subscriber Connector*, *Square Connector* o conector de suscriptor)**: es un conector con bajas pérdidas que se suele utilizar en la transmisión de datos, televisión por cable, interfaces GBIC[55] y redes PON[56].

- **LC (*Lucent Connector* o conector pequeño)**: conector de pequeñas dimensiones, utilizado en transceptores y equipos de comunicación de alta densidad de datos.

---

[53] La fibra multimodo tiene entre 50 y 100 micrones de diámetro en el núcleo.

[54] Si se tienen en cuenta todas las generaciones de conectores de fibra, existen alrededor de setenta conectores diferentes de fibra óptica.

[55] GBIC (*GigaBit Interface Converter*) se refiere a un transceptor intercambiable en caliente usado habitualmente en Gigabit Ethernet y Fibre Channel.

[56] PON (*Passive Optical Network*) es una tecnología que permite reemplazar los elementos activos de una red de fibra (como *switches* y *routers*) por elementos pasivos (*splitters*) que no requieren corriente eléctrica. Esto reduce su coste de instalación y mantenimiento.

- **FC (*Ferrule Connector* o conector férula):** se suele utilizar para equipos OTDR[57] y para televisión por cable.

Además del tipo de conector, es importante conocer los tipos de pulidos en los conectores. El pulido de la fibra hace referencia a la forma que tiene el extremo de la fibra, lo que condiciona la configuración de las soluciones elegidas. Podemos encontrar los siguientes tipos:

- **Pulido plano**: acabado manual empleado en fibras multimodo. Provoca pérdidas de retorno[58] mayores a 20 dB, debido a las irregularidades de las superficies de las fibras acopladas.

- **Pulido PC** [*Physical Contact*]: utilizado en fibras multimodo y monomodo. Se caracteriza por tener un pulido esférico en el revestimiento y plano en el núcleo. Solo existe contacto físico entre los núcleos. La pérdida de retorno, mayor a 30 dB, es mejor que en el pulido plano.

- **Pulido SPC** [*SuperPC*]: pulido mejorado sobre PC con una pérdida de retorno superior a 45 dB.

- **Pulido UPC** [*UltraPC*]: utilizado en fibras monomodo, con un pulido extendido, mejora las pérdidas de retorno sobre el pulido PC, siendo mayores a 55 dB.

- **Pulido APC** *(AngularPC)*: la zona de contacto presenta un ángulo de 8 grados. Esto hace que la reflexión de luz en la transición de una fibra a otra no vuelvan a entrar en el núcleo de la fibra, lo que aumenta la pérdida de retorno por encima de los 65 dB. Se utiliza en fibras monomodo únicamente, ya que su núcleo es suficientemente pequeño para que la señal reflejada salga fuera del núcleo.

Al adquirir fibra con los conectores montados, encontraremos en la nomenclatura[59] una parte para describir el tipo de conector, y otra parte para describir el pulido, como por ejemplo SC/APC, SC/UPC, FC/SPC, LC/PC o LC/UPC.

---

[57] OTDR [*Optical Time Domain Reflectometer*] es una herramienta de diagnóstico en redes de fibra. Se utiliza para calcular la longitud de la fibra, su atenuación y roturas o defectos que pueda tener.

[58] La pérdida de retorno de una señal es una medida que indica la razón entre la señal de entrada y la señal reflejada. Se mide en decibelios (dB) y cuando mayor sea menor es la cantidad de señal reflejada. $RL(dB) = 10 \log 10 (Pi/Pr)$, donde Pi es la potencia incidente y Pr es la potencia reflejada.

[59] La descripción de la fibra óptica incluye más aspectos (algunos ya mencionados) además del tipo de conector y el pulido, como la longitud del cable, el tamaño del núcleo y del revestimiento, y el modo de la fibra.

Se necesitan dos fibras para operar en *full duplex*[60], ya que la luz solo puede viajar en una dirección a través de un cable. Por ello, algunos conectores se presentan unidos en parejas y son denominados *duplex*.

El montaje de conectores de fibra requiere equipamiento especial[61] y un procedimiento más complejo que el utilizado para el cable de cobre de par trenzado, al que se llama conectorización. Cuando la conectorización se ha llevado a cabo de manera incorrecta, se producen pérdidas en la transmisión que reducen la distancia máxima del cable e incluso la pérdida total de conectividad. Los problemas que se dan ante una mala conectorización son:

- **Desalineación de las fibras**: las fibras en los conectores no se alinean con precisión al unirlos.

- **Separación de los extremos**: no hay contacto entre las superficies de los extremos de la fibra.

- **Pulido mal realizado**: si hay un defecto o exceso de pulido, la superficie de contacto de la fibra presentará impurezas.

- **Suciedad**: la suciedad en la terminación dificulta la transmisión.

Las unidades OTDR permiten realizar comprobaciones sobre cada segmento de fibra para obtener la atenuación de la señal y el punto en que ocurre.

2.7.3. Comunicaciones inalámbricas

La comunicación inalámbrica es la que se da a través de antenas, tanto en la emisión como en la recepción. Para emitir datos, una antena genera una radiación electromagnética, que se propaga a través del aire, el agua o el espacio exterior. Para recibir datos, una antena capta las ondas electromagnéticas del medio que le rodea.

Los estándares de transmisión inalámbrica definen aspectos como la codificación de los datos mediante señales de radio, frecuencias de transmisión y características que deben cumplir las antenas. Los más habituales son:

- **IEEE 802.11:** define los detalles de implementación de las LAN inalámbricas o WLAN (*Wireless LAN*) en el rango de frecuencias de 900 MHz, 2,4 GHz,

---

[60] La comunicación *full duplex* describe una comunicación bidireccional, de forma que se pueden enviar y recibir señales simultáneamente.

[61] Pelacables, pinzas de corte, crimpadora, varios tipos de lija, alcohol isopropílico, adhesivo de dos componentes y microscopio para la fibra.

5 GHz y 60 GHz, comúnmente llamadas wifi[62]. Este estándar utiliza un método de acceso al medio CSMA/CA[63] para evitar las colisiones.

- **Bluetooth**: define un estándar de red inalámbrica de área personal (WPAN) que permite intercambiar datos entre dispositivos que están a poca distancia que no requieren un gran ancho de banda.

- **IEEE 802.16**: estándar comúnmente conocido como WiMAX[64], específicamente diseñado para proporcionar conexiones de banda ancha en un rango de cobertura de varios kilómetros.

Existen muchos más estándares de transmisión inalámbrica, orientados a diferentes aplicaciones. En el contexto de las redes de área local tiene especial importancia el estándar 802.11. En una WLAN, las comunicaciones inalámbricas presentan algunas ventajas sobre los medios guiados como el cobre y la fibra óptica:

- Mayores opciones de movilidad.

- Menor complejidad y coste de instalación y mantenimiento, ya que no precisan de la instalación de cableado. Esta es la principal razón de que la tecnología inalámbrica es la preferida en las redes domésticas.

También presenta algunas desventajas:

- Área de cobertura: las señales inalámbricas sufren atenuación ante las barreras físicas de un edificio. Funcionan bien en entornos abiertos, pero esto no siempre es posible.

- **Vulnerabilidad a las interferencias**: la tecnología inalámbrica es más propensa a sufrir interferencias que la transmisión por medios guiados. De hecho, diferentes dispositivos inalámbricos pueden provocar interferencias entre sí.

---

[62] Wi-Fi® proviene del término *wireless fidelity* ('fidelidad inalámbrica'). Es una marca comercial de la Wi-Fi Alliance, una asociación de empresas de la industria tecnológica, entre las que están Apple, Broadcom, Cisco, Dell, Intel o Samsung entre muchas otras, cuyo objetivo es promover la tecnología inalámbrica. Wi-Fi® es un sello de calidad que esta asociación otorga a dispositivos certificados. Esto no significa que un dispositivo que no lleve el sello Wi-Fi® no pueda implementar correctamente el estándar 802.11.

[63] CSMA/CA es un protocolo cuyos detalles veremos más adelante que garantiza que solamente puede emitir un dispositivo a la vez y resuelve los conflictos que puedan surgir cuando varios dispositivos tratan de hacerlo simultáneamente.

[64] WiMAX es el nombre comercial que asigna la WiMAX Forum a los dispositivos certificados con el estándar 802.16.

- **Mayor inseguridad**: las señales inalámbricas no viajan por un cable sino que están disponibles para cualquiera que pueda captarla.

- **Menor velocidad de transmisión**: las tecnologías de WLAN tienen un rendimiento inferior que las tecnologías cableadas. El estándar 802.11ac proporciona una velocidad teórica de 1,3 Gbps, lo que en principio es más de lo que ofrece una red cableada de 1 Gbps. Si además pensamos en un *router* 802.11ac tribanda[65], podemos obtener en teoría 3,2 Gbps. A pesar de todo, una red cableada de 1 Gbps sigue siendo más rápida y más estable que una red inalámbrica proporcionada por un *router* 802.11ac tribanda por la propia naturaleza *half duplex*[66] de las comunicaciones inalámbricas. A esto, hay que añadir que la velocidad depende de la señal, que está expuesta a diferentes variables como las interferencias, las barreras físicas y la distancia entre el emisor y el receptor.

Las tecnologías inalámbricas son cada vez más populares en la conectividad de escritorio. Sin embargo, el cobre y la fibra óptica siguen siendo los medios preferidos por los administradores de redes para su implementación más allá del escritorio por los inconvenientes comentados anteriormente.

Para disponer de una WLAN, se requiere un mínimo de *hardware*:

- **Adaptador de red inalámbrico**: es necesario contar con un adaptador inalámbrico que implemente uno o más[67] estándares 802.11. Los adaptadores inalámbricos se presentan en forma de tarjeta PCI o USB principalmente.

- **Punto de acceso**: es un dispositivo al que se conectan los adaptadores de red. Habitualmente un punto de acceso se conecta a la red cableada, aunque también puede conectarse a otros puntos de acceso, de forma que es un punto de transición entre la red inalámbrica y la red cableada.

Un elemento fundamental en las comunicaciones inalámbricas es la antena. El administrador de la red debe conocer los aspectos básicos de los diferentes

---

[65] Un *router* 802.11ac tribanda utiliza una banda de 2,4 Ghz a una velocidad máxima de 300 Mbps, y dos bandas a 5 Ghz, a una velocidad máxima de 1,3 Mbps.

[66] En las redes inalámbricas solamente puede emitir un dispositivo a la vez, mientras los demás esperan o escuchan.

[67] Muchos adaptadores implementan más de un estándar por cuestiones de compatibilidad. En las especificaciones de los adaptadores se indica qué estándares implementa, utilizando una notación similar a la siguiente: IEEE 802.11 a/b/g/n/ac (de esta forma se indica que un hipotético adaptador implementa los estándares a, b, g, n y ac).

tipos de antenas, para poder así elegir el tipo más conveniente dado un cierto problema. En general, las antenas pueden clasificarse en dos grandes grupos:

- **Omnidireccionales**: emiten la señal inalámbrica en todas las direcciones. Idealmente la energía de la señal se distribuye de manera esférica. Tienen mayor cobertura pero menor alcance.

- **Unidireccionales**: concentran la energía de la señal en una dirección específica. Idealmente el patrón de radiación sería un haz de energía. Tienen menor cobertura pero mayor alcance.

En la práctica, el patrón de radiación de una antena nunca es ideal. De este modo, ni una antena omnidireccional emite de manera completamente esférica ni una direccional emite en un único haz. Existe una medida, indicada en las especificaciones de las antenas, que permite conocer cómo de diferente es respecto a un modelo ideal. Esta medida, llamada ganancia, se expresa en dBi[68] (decibelios sobre radiador isotrópico). Cuanto más esférica es la señal emitida por una antena, menor es la ganancia de la antena. Cuando más concentrada esté la señal en una única dirección, mayor será la ganancia. Por ello, una antena omnidireccional no superará los 12 dBi de ganancia, mientras que una direccional puede tener ganancias de más de 30 dBi.

Para conocer el alcance de una antena, se necesita también saber la potencia de transmisión, que se puede expresar en vatios o en dBm[69] (decibelio-milivatio). Cuando mayor potencia tenga la transmisión, mayor será el alcance.

Además de la potencia y la ganancia, existen otros parámetros que definen el alcance de una antena en condiciones ideales. En Internet existen múltiples calculadoras que permiten hacer una aproximación. Uno de esos parámetros es el canal de emisión. Las señales inalámbricas utilizan frecuencias en las bandas de 2,4 GHz[70] y 5 GHz[71]. Cada una de estas bandas está dividida en canales.

La banda de 2,4 GHz se divide en 14 canales, numerados del 1 al 14, tal y como se puede ver en la imagen de la Figura 2.5.

---

[68] Relación entre la ganancia de una antena y la de un radiador isotrópico. Un radiador isotrópico es un modelo ideal de antena que emite energía en forma esférica perfecta, con la misma intensidad de señal en todas las direcciones.

[69] Dada una potencia de P mW (milivatios), la potencia en dBm se obtiene de la expresión $10 \cdot \log 10 \, P/1$ mW.

[70] La banda de 2,4 GHz es utilizada por los estándares 802.11b, 802.11g y 802.11n.

[71] Utilizada por los estándares 802.11n y 802.11ac.

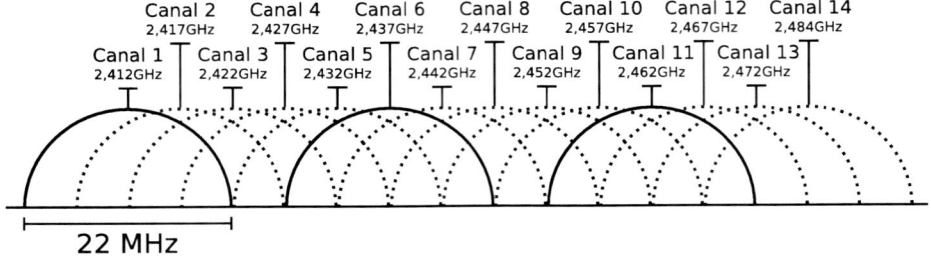

Figura 2.5. Canales en la banda de los 2,4 GHz.

Cada canal tiene un ancho de banda de 22 MHz, ocupando dos canales por la izquierda y otros dos por la derecha, lo que limita el número de canales disponibles en un mismo lugar a 3. Esto se debe a que dos puntos de acceso no pueden utilizar el mismo canal en el mismo lugar, ya que se producen interferencias capaces de provocar problemas de conectividad.

La banda de los 5 GHz ofrece un espacio de frecuencia mucho mayor, lo que posibilita su división en canales desde el 36 hasta el 165. La desventaja de esta banda es que tiene menor alcance, dada la mayor atenuación de la señal por tener mayor frecuencia. Para evitar el solapamiento de canales, los puntos de acceso permiten elegir solamente canales que no se superponen (36, 40, 44, etc.). Los canales tienen un ancho de banda de 40 MHz u 80 MHz, dependiendo[72] del estándar usado.

La mayoría de los puntos de acceso actuales tienen la capacidad de elegir el mejor canal de entre los disponibles, dependiendo de los canales que están siendo utilizados por otros puntos de acceso cercanos. En cualquier caso, aun estando disponible esta opción, se deben utilizar herramientas para analizar las ondas de radio, como NetStumbler[73].

2.8. El cableado estructurado

El cableado estructurado es un enfoque sistemático del cableado. Utilizarlo significa seguir un conjunto de reglas al llevar a cabo tareas relacionadas con los cables de la red y todos los elementos que se utilizan alrededor de él.

---

[72] El estándar 802.11n puede utilizar 12 canales de 40 MHz que no se superponen. El estándar 802.11ac puede utilizar 6 canales de 80 MHz que no se superponen.

[73] NetStumbler es una aplicación para Windows, pero existen alternativas para GNU/Linux, Android, OS X y iOS.

El cableado estructurado requiere planificación y seguir ciertas normas durante su instalación. ¿Qué ocurre si no se aplica? Si la instalación y el mantenimiento de la red responden a la improvisación, el cableado se volverá más difícil de entender conforme vaya creciendo o se vayan haciendo cambios. Esto suele incrementar la frecuencia con que ocurren problemas y el tiempo para resolverlos. Llegado un punto, puede ser imposible la normal operación de la red.

Existen estándares de cableado estructurado. Seguir estos estándares tiene grandes ventajas respecto a no seguirlos:

- Es más fácil mantener la red y hacer cambios a largo plazo.

- Se tiene en cuenta el crecimiento futuro de la red.

- La red ofrece el rendimiento y la fiabilidad esperados a largo plazo.

- Las normas de cableado estructurado son independientes de los proveedores, de forma que podemos elegir los componentes con libertad.

2.9. Subsistemas de cableado estructurado

El cableado estructurado divide el cableado en seis[74] subsistemas. Cada subsistema tiene su función específica y sus propias normas. Los subsistemas son:

- **Punto de entrada (EF):** es el cableado, elementos de interconexión y resto de equipamiento de red que se conecta al ISP[75]. El punto de entrada también es llamado punto de demarcación, donde la responsabilidad del propietario de la red termina. Los dispositivos de protección eléctrica del cableado vertical[76] y las antenas deben ubicarse en la EF. Por lo general, está dentro de los primeros 15 metros del punto de presencia[77].

- **Sala de equipamiento (ER):** el cableado proveniente del punto de demarcación entra al resto de la red por la sala de equipamiento. Esta sala es el centro de la red de voz y datos de la red. Alberga armarios *rack*, servidores, equipos de *networking*, centralitas telefónicas (PBX), tomas de tierra, dispositivos de protección, etcétera.

---

[74] Información basada en los estándares ANSI/TIA/EIA 568-C.0 y ANSI/TIA/EIA 568-C.1.

[75] El ISP (*Internet Service Provider*) es la empresa encargada de proporcionar servicios de telefonía y acceso a Internet.

[76] El cableado vertical es uno de los subsistemas del cableado estructurado.

[77] El punto de presencia (PoP) es el punto donde un edificio (o un conjunto de ellos) se conecta a la red del ISP.

- **Sala de telecomunicaciones (TR) y armario de telecomunicaciones (TE)**: el cableado estructurado se articula a través de las TR y las TE, que albergan elementos de interconexión para un área concreta de la LAN, como paneles de parcheo (*patch-panel*), ordenadores de cable, electrónica de red (*routers*, *switches*, puntos de acceso, etc.). La diferencia entre de TR y TE es de tamaño del área a la que prestan servicio. El estándar ANSI/TIA-568-C.1 indica que debe haber un mínimo de una TR por planta (o bien una TR por cada 1000 metros cuadrados), que está complementada por la presencia de varias TE, que pueden ser desde un armario *rack* lleno de electrónica de comunicaciones hasta un pequeño gabinete[78] de red. La mayoría de las redes tienen varias TR y TE. Este hecho responde los siguientes factores:

  — **Limitación en los medios**: los medios de transmisión prescriben unas longitudes máximas, fuera de las cuales la señal empieza a atenuarse. La electrónica de red de la TR reconstruye las señales recibidas por un cable y las reenvía por el siguiente, pudiendo así abarcar distancias mayores a las que permiten los medios.

  — **Estructura de la red**: las TR y las TE establecen los límites entre el área de trabajo, el cableado vertical y el horizontal. De esta forma el cableado queda organizado, simplificando así su mantenimiento.

  Las TR (y las TE en su caso) se presentan de tres maneras:

  — **MC (*Main Cross-connect*)**: es la TR principal, desde donde se distribuye el cableado hacia el resto de la red. Puede compartir espacio con la sala de equipamiento.

  — **IC (*Intermediate Cross-connect*)**: es una sala de tamaño mediano (respecto a la *i*) que se conecta directamente al MC. Una IC es una TR que alberga el equipamiento de un edificio.

  — **HC (*Horizontal Cross-connect*)**: es una TR o una TE que interconecta el cableado de un piso con el resto. Se suele presentar en forma de gabinete de red.

- **Cableado vertical (troncal o *backbone*)**: es el cableado principal, que conecta la MC con las IC y las IC con las HC. A través de él fluyen las señales

---

[78] Un gabinete de red es un pequeño armario *rack* (los hay en anchos de 19" y 10") que suelen instalarse en la pared. Contienen elementos como *switches,* bandejas de cableado y *patch-panels.*

entre los *hosts* y el núcleo[79] de la red, por lo que es comparable a la médula espinal de la red. Puede utilizarse par trenzado de cobre o fibra óptica, lo que determina la distancia máxima de los tendidos. La capacidad del cableado vertical es mayor que la del resto del cableado, dado el mayor volumen de señales que transporta.

- **Cableado horizontal**: el cableado horizontal se extiende entre el área de trabajo y un HC. Normalmente empieza en un punto de red de pared (o de otro tipo) y termina en un *patch panel* de una TR. Este cableado está más expuesto a cambios, por lo que existen mecanismos para articular el cableado, como los puntos de consolidación. Un punto de consolidación es un dispositivo mecánico de interconexión similar a un *patch-panel* ubicado en algún punto del cableado horizontal, que no deja de ser una suerte de empalme. Si hay que sustituir un cable, solo hay que hacerlo hasta el punto de consolidación, reduciendo así costes y complejidad del trabajo.

- Área de trabajo: se trata de la zona de cobertura de una TR o una TE que está conectada al cableado horizontal. Dependiendo de los medios de transmisión empleados, el tamaño de dicha zona variará. Si el cableado horizontal está compuesto de par trenzado de cobre (como suele ser habitual), el radio de esta zona variará entre los 50 y los 90 metros. La razón está en que el cable de par trenzado tiene una longitud máxima de 100 metros, a los que hay que restar 10 metros perdidos[80] en la TR y en la zona del usuario, junto con los metros que se invierten en la trayectoria del tendido (probablemente no rectilínea). Por razones de diseño, se suele usar un radio de 50 metros, lo que da un margen para cambios.

2.9.1. Estándares TIA/EIA sobre cableado estructurado

Existen varias normativas sobre cableado estructurado. Cada normativa se circunscribe a una zona geográfica concreta. La primera normativa sobre cableado, ANSI/TIA/EIA 568, fue desarrollada en 1991 conjuntamente por la ANSI (American National Standards Institute), la EIA (Electronic Industries Alliance) y

---

[79] El núcleo está formado por cableado y electrónica de red de alta velocidad cuya misión es desviar el tráfico lo más rápidamente posible hacia los servicios apropiados, estén dentro de la misma red o no. Está ubicado en el MC.

[80] La norma ANSI/TIA/EIA 569-C establece que puede haber una parte del cableado en la TR dedicado a interconexión en *patch-panel*, latiguillos y a cableado de reserva. y otra parte desde el punto de red hasta el *host*.

la TIA (Telecommunications Industry Association). En 1995 se publicó la versión ANSI/TIA/EIA 568-A, que fue revisada periódicamente durante los años noventa hasta ser sustituida por la norma ANSI/TIA/EIA 568-B, que se publicó entre 2000 y 2001. Probablemente esta es la norma más conocida sobre cableado estructurado. Fue revisada varias veces hasta 2005 y está dividida en:

- **ANSI/TIA/EIA 568-B.1:** establece los subsistemas del cableado y los criterios de diseño, instalación y prueba del cableado en edificios comerciales.

- **ANSI/TIA/EIA 568-B.2:** especifica los requisitos mínimos para los componentes del cable de par trenzado, definiendo aspectos como la estructura del cable, las características de transmisión, los conectores, el *hardware* de conexión, etcétera.

- **ANSI/TIA/EIA 568-B.3:** es similar a la ANSI/TIA/EIA 568-B.2, aunque se centra en la fibra óptica.

La norma ANSI/TIA/EIA 568-B ha sido actualizada por la norma ANSI/TIA/EIA 568-C publicada por partes a partir de 2009. También se subdivide en:

- **ANSI/TIA/EIA 568-C.0:** es una nueva norma que establece los criterios generales de diseño, instalación y prueba de cableado en cualquier entorno.

- **ANSI/TIA/EIA 568-C.1:** actualiza la norma ANSI/TIA/EIA-568-B.1.

- **ANSI/TIA/EIA 568-C.2:** actualiza la norma ANSI/TIA/EIA-568-B.2.

- **ANSI/TIA/EIA 568-C.3:** actualiza la norma ANSI/TIA/EIA-568-B.3.

Otros estándares que se aplican en cableado son:

- **ANSI/TIA/EIA 568-C.2-10:** establece los requisitos para el cableado de categoría 6A.

- **ANSI/TIA/EIA 569-C:** establece la trayectoria que debe seguir el cableado, los espacios en los que se deben colocar, las estructuras sobre las que discurren los cables, las terminaciones de red y otros detalles.

- **ANSI/TIA/EIA 570-C:** define el cableado para instalaciones residenciales.

- **ANSI/TIA/EIA 606-B:** especifica unas normas básicas para la identificación, etiquetado y documentación del cableado.

- **ANSI/TIA/EIA 607:** establece el sistema de toma de tierra en edificios comerciales.

A raíz de la publicación del estándar ANSI/TIA/EIA 568-A en Norteamérica, la ISO (International Standards Organization) y la IEC (International Electrotechnical

Commission) publicaron conjuntamente la norma ISO/IEC 11801 en el año 1994. Aunque esta norma se basa en la primera, guarda algunas diferencias de nomenclatura y clasificación del cableado y sus componentes. La versión 2.2 fue publicada en 2011.

Otras normas internacionales son:

- **ISO/IEC 14763-1:** es equivalente a la ANSI/TIA/EIA-606-B, pero en el marco de la ISO/IEC 11801.

- **ISO/IEC 14763-2:** recoge aspectos sobre la planificación, instalación, prueba y mantenimiento del cableado dentro del marco de la ISO/IEC 11801. Esta norma incluye las recomendaciones de prueba para el cableado de cobre.

- **ISO/IEC 14763-3:** describe los procedimientos de prueba del cableado de fibra óptica en concordancia con la norma ISO/IEC 11801.

En Europa es la CENELEC (Comité Europeo de Normalización Electrotécnica) la responsable de la estandarización en cuestiones de ingeniería eléctrica. El estándar CENELEC para el cableado de red es la norma EN 50173, que se basa en la ISO/IEC 11801, pero adaptándola a la legislación europea. Se divide en cinco partes:

- **EN 50173-1:** define la terminología y los subsistemas del cableado en áreas de oficina.

- **EN 50173-2:** aporta detalles sobre la instalación del cableado de cobre y de fibra óptica.

- **EN 50173-3:** especifica la estructura del cableado para instalaciones industriales pensado para monitorización y control de procesos.

- **EN 50173-4:** está destinada a las instalaciones de cableado en hogares.

- **EN 50173-5:** se centra en el cableado de los centros de datos.

Otras normas de la CENELEC son:

- **EN 50310:** especifica los requisitos para las redes de toma de tierra en edificios que albergan cableado y equipamiento electrónico.

- **EN 50346:** define procedimientos de instalación y prueba del cableado.

Las normativas que son publicadas en el contexto europeo son traducidas al castellano y publicadas por AENOR (Asociación Española de Normalización y Certificación). Las normativas son publicadas con el prefijo UNE (Una Norma Española), de manera que la norma UNE EN 50173-1 es equivalente a la EN 50173-1. De esta forma, la normativa relativa al cableado estructurado en España es:

UNE EN 50173-1, UNE EN 50173-2, UNE EN 50173-3, UNE EN 50173-4, UNE EN 50173-5, UNE EN 50310 y UNE EN 50346.

2.9.2. Estándares de cable UTP/STP

Existen dos tendencias principales para clasificar el cable de par trenzado: las categorías (según ANSI/TIA/EIA 568) y las clases (según ISO/IEC 11801).

La norma ANSI/EIA/TIA 568-C.2 establece las siguientes categorías de cable de par trenzado:

- **Cat 3:** diseñado para frecuencias de hasta 16 MHz y transmisiones de 10 Mbps.

- **Cat 5e:** se creó como una mejora de la categoría 5. Soporta frecuencias de hasta 100 MHz y velocidades de hasta 1000 Mbps.

- **Cat 6:** soporta frecuencias de hasta 250 MHz y transmite holgadamente a 1000 Mbps. Las interfaces de 10GBASE-T[81] están diseñadas para cable de categoría 6A, pero funcionan sobre esta categoría.

- **Cat 6A:** soporta frecuencias de hasta 500 MHz y transmisiones de 10 Gbps.

- **Cat 7:** soporta frecuencias de hasta 600 MHz y transmisiones de 10 Gbps. Utilizan un tipo de conectores diferentes a los RJ45 y no está recogida oficialmente en la norma ANSI/EIA/TIA 568-C.2.

- **Cat 7A:** soporta frecuencias de 1000 MHz y transmisiones de 10 Gbps. Al igual que la categoría 7, utilizan conectores diferentes a los RJ45 y no están oficialmente recogidos en la norma ANSI/EIA/TIA 568-C.2.

NOTA: Las categorías 1, 2, 4 y 5 han sido descatalogados y no se incluyen en esta norma.

Sobre los requisitos mecánicos, se indica que los cables deben estar construidos con pares trenzados de conductor unifilar (macizo) o multifilar[82]. Cada hilo

---

[81] Estándar definido para transmitir a 10 Gbps sobre par trenzado.

[82] El cable multifilar está compuesto de multitud de hebras metálicas independientes. Suele tener mayor atenuación que el cable unifilar, y por eso se restringe su uso para la construcción de cables cortos o también llamados *latiguillos,* ya que son más fáciles de manipular. Los latiguillos tienen su uso principal para la conexión de un *host* a un punto de red, y para la interconexión de elementos en una TR o una TE.

debe tener un tamaño de entre 24 AWG[83] y 22 AWG, con aislamiento termoplástico.

La norma ANSI/EIA/TIA 658-C.2 también recoge las dos normas principales de códigos de colores usados para crimpado los conectores RJ-45: T568A y T568B. La Tabla 2.4 muestra los colores asignados a cada pin:

Tabla 2.4. Códigos de color T568A y T568B

N.º de pin	T568A	T568B
1	Blanco-verde	Blanco-naranja
2	Verde	Naranja
3	Blanco-naranja	Blanco-verde
4	Azul	Azul
5	Blanco-azul	Blanco-azul
6	Naranja	Verde
7	Blanco-marrón	Blanco-marrón
8	Marrón	Marrón

Cuando se crimpan los extremos de un cable se puede elegir el mismo código de color en los dos extremos, o bien utilizar un código distinto en cada uno. Cuando los extremos utilizan el mismo código de color, se dice que el cable es directo. Cuando los cables tienen un código diferente en cada extremo, se dice que es un cable cruzado. Los cables cruzados se utilizan para conectar dispositivos semejantes[84] como dos PCs o dos *switches*. En la Tabla 2.5 se pueden ver los códigos empleados en ambos tipos:

---

[83] AWG (*American Wire Gauge*) es un estándar estadounidense para la clasificación del diámetro de los cables. 24 AWG equivale a 0,51 milímetros y 26 AWG equivale a 0,4 milímetros.

[84] En este contexto, se considera semejantes dos dispositivos que funcionan en la misma capa del modelo de referencia OSI. Este punto se verá más adelante.

Tabla 2.5. Códigos de color empleados en los extremos de los cables de cobre de par trenzado directo y cruzado

Tipo	Extremo 1	Extremo 2
Directo	T568A	T568A
	T568B	T568B
Cruzado	T568A	T568B
	T568B	T568A

En la práctica, la mayoría de las interfaces de red Ethernet actuales implementan la característica MDIX (*Medium Dependent Interface Crossover*) que permite al puerto de red detectar el tipo de cable requerido (directo o cruzado) y configurarse automáticamente conforme a esa información sin necesidad de cambiar el cable. Es decir, actualmente solo son necesarios los cables cruzados para dispositivos antiguos.

La otra forma de clasificar el cable de par trenzado de cobre viene definida por la norma según ISO/IEC 11801:

- **Clase D:** equivalente a la categoría 5e.
- **Clase E:** equivalente a la categoría 6.
- **Clase EA:** equivalente a la categoría 6A.
- **Clase F:** equivalente a la categoría 7.
- **Clase FA:** equivalente a la categoría 7A.

Los conectores que se utilizan habitualmente para el cable de par trenzado son los siguientes:

- **RJ45:** es la denominación que se suele usar para conectores de tipo 8P8C. Se incluye en esta denominación tanto el conector macho como los hembra. Se utilizan para las categorías 5e, 6 y 6A.
- **GG45:** conector específico (tanto macho como hembra) para par trenzado de categoría 7 y superior. Su diseño es compatible con los conectores de tipo RJ45, de forma que un conector RJ45 macho se puede insertar en un GG45 hembra, pero no al revés. Esto permite instalar una infraestructura 7/7A y utilizar equipamiento y latiguillos 5e, 6 y 6A.

- **Tera:** conector específico (tanto macho como hembra) para par trenzado de categoría 7 y superior. Su diseño no es compatible con los conectores de tipo RJ45, lo que obliga a que toda la red sea de categoría 7 o superior.

- **ARJ45:** conector específico (tanto macho como hembra) para par trenzado de categoría 7 y superior. Un conector RJ45 macho se puede insertar en uno ARJ45 hembra, pero no al revés, por lo que ofrece la misma compatibilidad que el conector GG45.

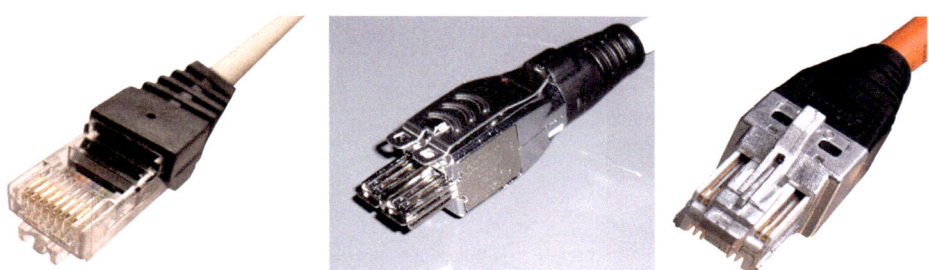

Figura 2.6. Conectores utilizados con el cable de cobre de par trenzado.
De izquierda a derecha: RJ45, Tera y GG45.

2.9.3. El mapa físico y lógico de una red de área local

Al documentar una red, se incluyen entre otras cosas diagramas que representan la red desde diferentes puntos de vista. El mapa físico y lógico de una red describen su topología. Pero lo hacen desde puntos de vista complementarios:

- **Mapa físico:** representa la ubicación física de los diferentes elementos de la red. Observando este mapa podemos saber qué recorrido hace un determinado cable, dónde se localiza un cierto dispositivo o dónde se encuentra un cierto punto de red.

- **Mapa lógico:** se abstrae de la ubicación física de los elementos y se centra en mostrar claramente las direcciones IP asignadas a cada parte de red y los dispositivos que puede tomar una, como *routers*, servidores, impresoras, *firewalls*, etc. En este tipo de diagrama, es habitual representar cada subred como una nube o una línea, obviando elementos como *hubs* y *switches*. No es preciso mantener una correspondencia con la ubicación física de los elementos mostrados.

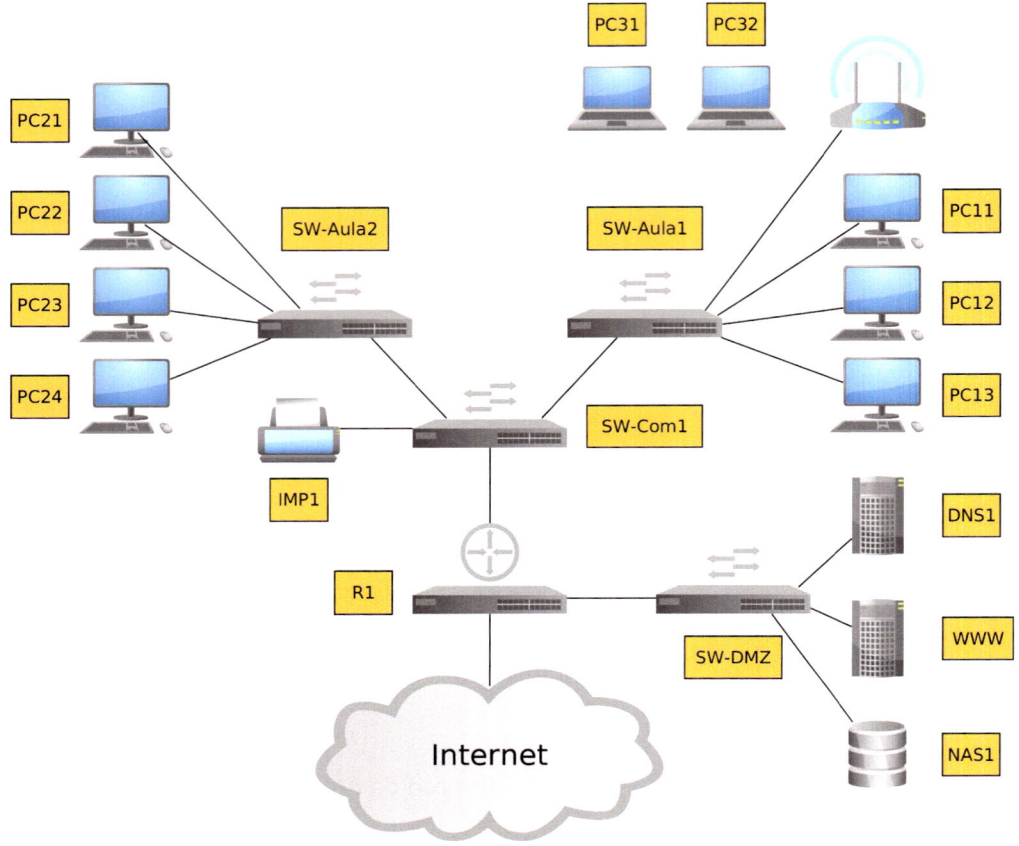

Figura 2.7. Mapa físico de una red.

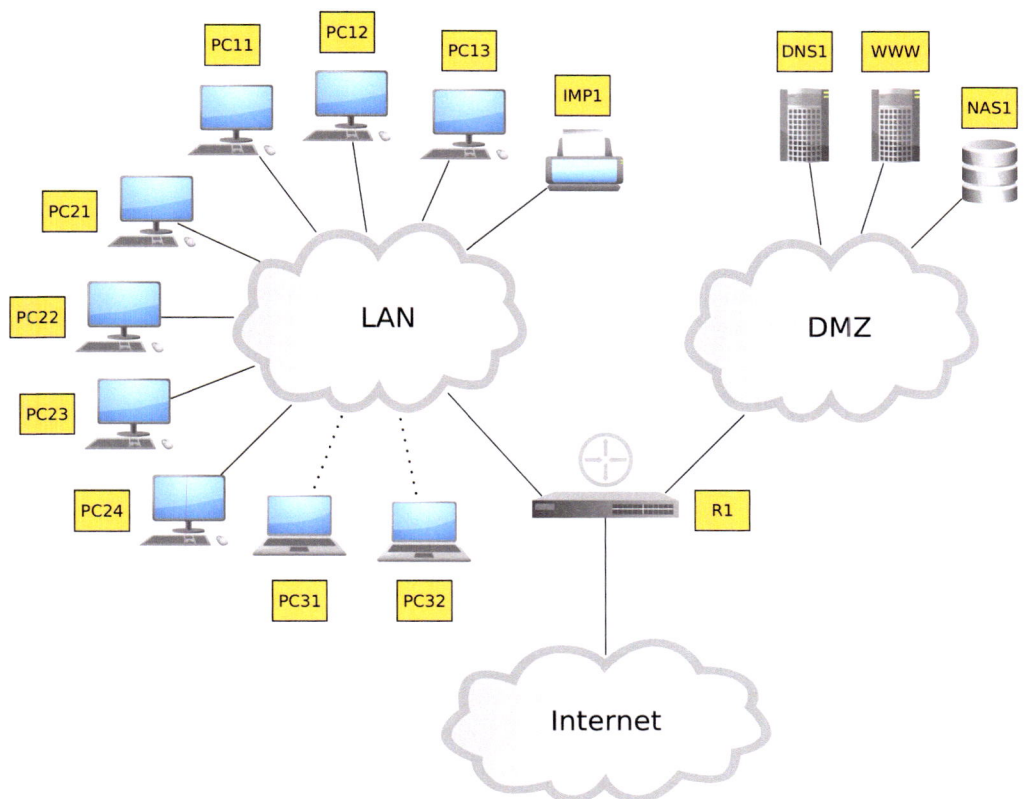

Figura 2.8. Mapa lógico de la misma red.

ACTIVIDADES

2.1. ¿Qué requisitos básicos debe cumplir una LAN?

2.2. Explica qué significan las siglas CIA en el campo de la seguridad.

2.3. ¿Qué es un terminal ligero? ¿Se usa actualmente?

2.4. Busca información sobre la política BYOD y detalla algunas de sus ventajas e inconvenientes.

2.5. ¿Qué es un cliente en terminología de redes?

2.6. Busca en Internet la página de una empresa que ofrezca información sobre las características de su *datacenter* y las medidas de seguridad que ofrece.

2.7. ¿Qué diferencia hay entre un servidor *hardware* y uno *software*?

2.8. Busca en Internet un servidor enracable y un servidor de torre y detalla su modelo y fabricante. Crea también una Tabla donde se puedan comparar las características principales de ambos, como precio, dimensiones, espacio de almacenamiento, memoria RAM, interfaces de red, etcétera.

2.9. ¿Qué es una tarjeta de red? ¿Existen tarjetas de red cableadas e inalámbricas? ¿Cuáles son los tipos de conectores que han existido y existen para una tarjeta de red Ethernet? ¿Cuál es el conector más extendido hoy en día?

2.10. ¿Qué es MAC en una tarjeta de red y cuál es su funcionalidad?

2.11. Enumera los principales equipos de conectividad que existen.

2.12. ¿Cuál es la funcionalidad de un repetidor y en qué nivel según el modelo OSI trabaja?

2.13. ¿Qué es un concentrador? ¿Por qué otro dispositivo de conectividad ha sido sustituido?

2.14. ¿Cuál es la funcionalidad de un conmutador (*switch*) y en qué nivel según el modelo OSI trabaja?

2.15. Describe los tipos de conmutadores que existen según la clasificación proporcionada.

2.16. ¿Cuál es la funcionalidad de un encaminador (*router*) y en qué nivel según el modelo OSI trabaja? ¿Qué dos tipos de *routers* existen?

2.17. Describe las funcionalidades que cumple un *router* en un sistema de comunicación.

2.18. ¿Cuál es la funcionalidad de una pasarela *(gateway)* y en qué nivel según el modelo OSI trabaja? ¿Y un puente *(bridge)*? ¿Cuál es la diferencia entre estos dos dispositivos?

2.19. Describe los dispositivos de comunicación inalámbricos más populares hoy en día. ¿Qué ventajas e inconvenientes tienen los dispositivos inalámbricos?

2.20. ¿Para qué sirve el sistema operativo?

2.21. ¿Qué hace que Microsoft Windows sea el sistema operativo preferido entre los usuarios?

2.22. Enumera las veinte distribuciones más utilizadas según la web distrowatch.com.

2.23. ¿Por qué crees que muchos administradores de redes prefieren GNU/Linux a pesar de tener una cuota de mercado baja en el mercado de los sistemas de escritorio?

2.24. ¿Por qué GNU/Linux domina en el mundo de los supercomputadores?

2.25. Descarga desde la página https://www.virtualbox.org/wiki/Downloads el programa VirtualBox en tu ordenador. Después descarga el sistema operativo Ubuntu Desktop desde la página http://www.ubuntu.com/download. Crea una máquina virtual e instala Ubuntu en dicha máquina.

2.26. ¿Qué relación hay entre el ancho de banda y la capacidad de un canal? ¿Es correcto decir que un medio tiene un ancho de banda de 1 Gbps?

2.27. Enumera las principales dificultades de transmisión de señales.

2.28. Busca en Internet imágenes que representen los diferentes esquemas de codificación comentados en la sección 2.7. Confecciona con dichas imágenes una tabla donde se puedan comparar.

2.29. ¿Qué limitaciones introduce la atenuación en un medio?

2.30. En un entorno industrial puede haber muchos motores. ¿De qué modo puede afectar esto a un medio de transmisión?

2.31. Enumera los principales medios de transmisión guiados utilizados actualmente en redes.

2.32. Busca el precio de dos bobinas de cable de cobre de par trenzado de 305 metros. La primera bobina debe ser de tipo U/UTP de categoría 5e. La segunda debe ser de tipo S/FTP de categoría 6.

2.33. Crimpa un cable de cobre de tipo UTP. Para realizar esta actividad necesitarás:

- Un cable de cobre de tipo UTP de medio metro aproximadamente.
- Dos conectores RJ45.
- Un pelacables.
- Una crimpadora para conectores RJ45.

El cable debe cumplir los siguientes requisitos:

- El código de colores en ambos extremos es EIA/TIA 568B.
- Cada hilo llega hasta el fondo de su conducto.
- La cubierta debe estar aprisionada dentro del conector.

2.34. ¿Por qué los cables de fibra óptica utilizan dos hilos?

2.35. ¿Por qué no se debe comprobar visualmente la recepción de señales luminosas cuando se trabaja con fibra óptica?

2.36. ¿Por qué el pulido APC introduce un ángulo de 8 grados en la zona de contacto?

2.37. ¿Qué problemas se pueden presentar cuando la conectorización del cable de fibra es defectuosa?

2.38. ¿Qué ventajas e inconvenientes presenta la fibra óptica respecto a otros medios de transmisión guiado?

2.39. ¿Por qué puede tener mayor capacidad una red cableada de 1 Gbps que una red inalámbrica 802.11ac de 3,2 Gbps?

2.40. ¿En qué medida se expresa la ganancia de una antena? ¿Qué expresa dicha medida?

2.41. ¿Qué tipo de antena utilizarías en un enlace entre dos puntos distantes (varios cientos de metros)?

2.42. ¿Cuál es el máximo número de canales sin solapar que pueden usarse en una misma zona en la banda de los 2,4 GHz? ¿Por qué?

2.43. ¿De qué forma puedes averiguar los canales inalámbricos en uso en un determinado lugar?

2.44. ¿Por qué es aconsejable usar cableado estructurado?

2.45. ¿Qué estándar define los subsistemas del cableado estructurado? Cita dichos subsistemas.

2.46. ¿Qué normas definen el cableado estructurado en España?

2.47. ¿Qué diferencia hay entre el cable de par trenzado unifilar y el multifilar? ¿Para qué se suele utilizar cada tipo?

2.48. ¿Cuándo se debe utilizar cable de par trenzado cruzado?

2.49. ¿En qué consiste la tecnología MDIX? ¿Qué relación tiene con el uso de cable de par trenzado cruzado?

2.50. Realiza un mapa físico y otro lógico de la red en la que te encuentras.

3. Protocolos de una red de área local

Contenido

Introducción

Las comunicaciones están llenas de protocolos. Incluso cuando hablamos por teléfono utilizamos ciertos protocolos para garantizar que la información se ha transmitido correctamente. Una conversación telefónica tiene un problema: no vemos a la otra persona. Por eso, no sabemos qué está haciendo; no sabemos si nos está escuchando. Por eso utilizamos un protocolo para resolver este obstáculo. Por ejemplo, durante una conversación telefónica, la persona que está escuchando dice periódicamente "sí" para confirmar a la persona que habla que sigue al teléfono y que está escuchando. Si deja de decir "sí", la persona que está hablando se detendrá y preguntará "¿Sigues ahí?", en cuyo caso la persona que escucha responderá "sí-sí-sí-sí, estoy escuchando". Las comunicaciones entre sistemas de información también están llena de estos protocolos, cada uno pensado para resolver un cierto problema.

3.1. Introducción a los protocolos

Un modelo de comunicaciones simplificado entre dos sistemas de información incluye los siguientes elementos:

- **Fuente:** sistema donde se generan los datos a transmitir.
- **Transmisor:** dispositivo que transforma y codifica los datos generando señales electromagnéticas susceptibles de ser transmitidas a través de algún sistema de transmisión.
- **Sistema de transmisión:** puede ser una simple línea o un complejo sistema en red. En definitiva es el canal por donde las señales electromagnéticas discurren desde el transmisor hasta el receptor.
- **Receptor:** dispositivo que acepta las señales provenientes del sistema de transmisión y las transforma en datos que pueda procesar el sistema destino.
- **Destino:** sistema que recibe y procesa los datos que envió la fuente.

Imaginemos estos elementos aplicados a una historia real. Un usuario sentado frente a su estación de trabajo descarga un archivo desde un servidor FTP de la red local. La información que se envía desde la estación de trabajo es el nombre del archivo que se va a descargar (en un escenario real hay mucha más información que tener en cuenta). El nombre del archivo es una secuencia de caracteres. La estación de trabajo dispone de una interfaz de red Ethernet de 1 Gbps, que codifica la secuencia de caracteres utilizando 4DPAM5 y después envía el código resultante en forma de una secuencia de niveles de voltaje sobre un cable de categoría 6. Los niveles de voltaje son recogidos por un *switch* a través de uno de sus puertos de red, son despojados de ruidos y son reenviados por otro puerto de red. De nuevo, las señales en forma de voltaje viajan por uno de los cables en dirección a la interfaz de red del servidor FTP en forma de niveles de voltaje. Los voltajes son decodificados obteniendo así la secuencia de caracteres que componen el nombre del archivo. Esta secuencia de caracteres son pasados desde la interfaz al servidor y este la interpreta como el nombre de un archivo alojado en su disco duro. El proceso de envío del archivo hacia la estación de trabajo es similar, solo que recorriendo el camino inverso. Esta explicación es fácil de entender, pero obvia muchas consideraciones implícitas en la comunicación:

- **Interfaz física entre los medios de transmisión:** debe existir acuerdo sobre las características mecánicas de los diferentes elementos físicos que conforman la red. Por ejemplo, una tarjeta de red Ethernet de 1 Gbps debe contar con una ranura adecuada para un conector RJ45.

- **Características de la señal:** no todas las señales son adecuadas para todos los medios. Es preciso determinar las características, forma, intensidad y demás aspectos de la señal sobre cada tipo de medio.

- **Sincronización entre la fuente y el destino:** supongamos que se envía la frase *Hola mundo* a razón de dos caracteres por segundo, pero el destino consulta el carácter enviado solamente una vez por segundo. Entonces el mensaje recogido sería *Hl ud*. Para que esto no ocurra, el transmisor y el receptor deben saber exactamente con qué frecuencia han de consultar la señal enviada por la fuente para obtener la información original.

- **Control de acceso al medio:** en una red probablemente habrá más de dos dispositivos, así que es bastante probable que varios dispositivos quieran enviar información simultáneamente. Por ello, es preciso contar con algún protocolo que ponga orden y que garantice que las comunicaciones no interfieran entre sí.

- **Gestión del intercambio:** toda comunicación tiene un inicio, un desarrollo y un fin que deben ser correctamente señalizados. Retomando la analogía de la conversación telefónica, cuando recibimos una llamada no descolgamos y escuchamos sin más, sino que preguntamos: "¿Dígame?" y esperamos que la otra persona empiece a hablar. Del mismo modo, durante la conversación intercambiamos mensajes de control del tipo: "¿Puedes repetir eso último?" y al terminar la conversación la señalizamos con una frase del tipo "gracias, hasta luego".

- **Detección y corrección de errores:** las comunicaciones están expuestas a dificultades como ruidos o datos extraviados que provocan que los datos recibidos por el destino difieran de los enviados por la fuente. Por ello, deben existir mecanismos que permitan detectar los errores en los datos y en caso de producirse recuperar los datos originales.

- **Control del flujo de datos:** en ocasiones la fuente envía datos a mayor velocidad de la que el destino puede procesar. Cuando esta situación se da, se dice que el destino está saturado, y para que los datos sean recibidos y procesados correctamente, la fuente deberá reducir el flujo de datos hasta que el destino se reponga.

- **Direccionamiento y encaminamiento:** cada dispositivo de una red debe poder ser identificado y los datos deben poder enviarse a un dispositivo concreto. Llamamos a esto direccionamiento. En una red es habitual que exista más de un camino posible para que los enviados por la fuente lleguen al destino. Por ello, también debemos poder garantizar que la red elige el mejor camino posible atendiendo a algún criterio.

- **Recuperación ante interrupciones:** si una comunicación se interrumpe antes que la totalidad de los datos hayan sido enviados, debe existir algún procedimiento que permita continuar en el punto en que se produjo la interrupción.

- **Formato de mensajes:** hay mucha información que debe acompañar a los datos, como, por ejemplo, el dispositivo de destino y de origen, el orden en que van los datos, la prioridad que tienen, etc. Hay que tener en cuenta que la comunicación entre sistemas se produce en forma de una secuencia de ceros y unos. Así que la fuente y el destino deben estar de acuerdo sobre qué información transporta cada parte de esa cadena de ceros y unos, es decir, debe haber un acuerdo sobre el formato de los mensajes.

- **Seguridad:** es deseable que la fuente y el destino puedan asegurarse de que la otra parte es quien dice ser y de que la comunicación es confidencial.

Todas estas consideraciones, junto con otras, hacen que lo que en principio parecía algo sencillo se convierta en todo un reto de la ingeniería lleno de obstáculos. La solución a estos obstáculos son los protocolos de comunicaciones.

Los protocolos se organizan en estructuras divididas por capas o niveles, llamadas *pila de protocolos*. Cada nivel de la pila presta uno o varios servicios al nivel superior y cada servicio está definido por un protocolo estándar. Cada nivel presta uno o más servicios al nivel superior y obtiene los servicios del inferior.

Cuando dos sistemas de información se comunican, el nivel n del primer sistema se comunica con el nivel n del segundo. En la imagen de la Figura 3.1 se puede ver una representación de una pila de protocolos.

Supongamos que contamos con los siguientes elementos:

- **Sistema A:** es el sistema fuente de los datos.

- **Sistema B:** es el sistema destino de los datos.

- **Pila de protocolos**: supongamos que existe una pila de protocolos de tres niveles, a los que llamaremos C1, C2 y C3. C1 está en el nivel inferior y tiene definido el protocolo P1. C2 está en el nivel intermedio y cuenta con el protocolo P2. C3 está en el nivel superior y contiene P3. Supongamos también que tanto el sistema A como el sistema B implementan la misma pila de protocolos.

Si el sistema A desea enviar ciertos datos al sistema B, entonces los entregará al nivel C3. El nivel C3 añade a los datos información adicional llamada cabecera. La cabecera que añade el nivel C3 a los datos es semejante a la etiqueta que se pega a una caja que va a ser enviada por correo. El nivel C3 entrega los datos junto con la cabecera (a lo que llamamos PDU[85] o unidad de datos de protocolo) al nivel C2. El nivel C2 trata la PDU que le pasa C3 como un todo, sin distinguir entre cabecera y datos, ya que la información de la cabecera que añade al nivel C3 del sistema A está destinada al nivel C3 del sistema B. El nivel C2 añade su propia cabecera a la PDU del nivel C3 generando así su propia PDU. Este procedimiento se llama *encapsulamiento*[86]. C2 pasa su PDU al nivel C1. Una vez que el nivel C1 recibe la PDU del nivel, la encapsula de nuevo creando una nueva PDU. Finalmente el nivel C1 envía su PDU hacia el sistema B. El primer nivel en recibir la PDU en el sistema B es C1, que examina la cabecera y la separa de los datos. Tras interpretar la información de control de la cabecera, pasa los datos al nivel C2. El nivel C2 vuelve a repetir la operación, separando la cabecera que añadió el nivel C2 del sistema A de los datos. Después de interpretar la información de control de la cabecera pasa los datos al nivel C3, que, una vez más, separa los datos de la cabecera, interpreta la información de control y termina pasando los datos al sistema B. En la imagen de la Figura 3.1 se ilustra el trayecto de la información desde el sistema A hasta el sistema B, pasando por los niveles de una pila de protocolos.

---

[85] PDU (*Protocol Data Unit*) es el conjunto formado por los datos de control de la cabecera, la información que se desea transmitir y opcionalmente un tráiler.

[86] Cada nivel compone su propia PDU a partir de una cabecera y de la PDU que le entrega el nivel superior. A este proceso se le llama *encapsulamiento*.

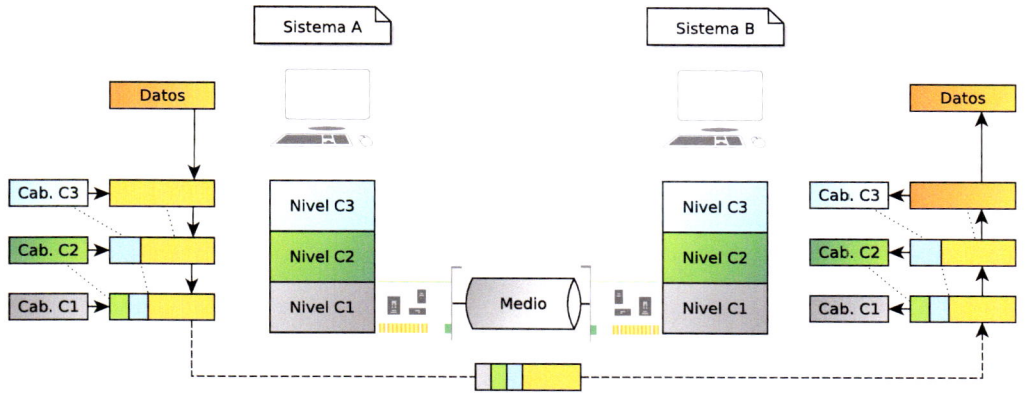

Figura 3.1. Recorrido de la información a través de los niveles de una pila de protocolos.

3.2. Modelo de interconexión de sistemas abiertos (OSI)

El modelo OSI se corresponde con la norma ISO 7489 publicada por la ISO en 1984 que define la estructura de una pila de protocolos de comunicaciones. Los niveles que componen la pila de protocolos OSI se describe en la subsección 1.3.5.2. El objetivo de modelo de referencia OSI no fue crear un estándar operativo preparado para ser distribuido por los dispositivos conectados en red, sino ofrecer un marco a partir del cual se podrían crear productos comerciales que siguieran las mismas normas y, por tanto, fuesen compatibles entre sí. Para definir cada una de sus niveles, OSI presta atención a tres elementos clave:

- **Especificación del protocolo:** define con precisión el formato de la PDU, el significado de cada campo[87] y las secuencias válidas de PDU que pueden intercambiar dos entidades[88] pares del protocolo.

- **Definición del servicio:** especifica qué acciones proporciona el protocolo al nivel inmediatamente superior. Estas acciones se definen a través de primitivas de tipo *solicitud*, *notificación*, *respuesta* y *confirmación*. Esta especificación es funcional, es decir, deja claro qué hace una primitiva sin entrar en cómo se consigue, dejando así abierta la aparición de dife-

---

[87] Una PDU está dividida en partes llamadas *campos*. Cada campo contiene una información diferente. Más adelante se estudiarán a fondo los campos de las PDU de diferentes protocolos.

[88] Cuando un sistema ejecuta un cierto protocolo, lo hace a través de una entidad. La palabra *entidad* designa de manera general un componente *software* o *hardware* que sigue las reglas especificadas por un protocolo.

rentes implementaciones compatibles entre sí.

- **Direccionamiento:** las entidades del protocolo prestan servicios al nivel superior a través del punto acceso al servicio (SAP). Un punto de acceso al servicio es comparable a una ventanilla de una oficina de registro a través de la que se presentan solicitudes y se recibe la información solicitada. Al igual que la ventanilla, el punto de acceso al servicio debe estar identificado (es decir, debe ser direccionable) para facilitar el acceso al nivel superior.

Dependiendo del flujo válido de primitivas entre las entidades pares, se pueden encontrar servicios orientados a la conexión o no orientados a la conexión:

- **Servicio orientado a la conexión:** antes de iniciar el intercambio de la información entregada por el nivel superior, las entidades del protocolo establece una conexión. Antes de empezar a intercambiar datos, las entidades del protocolo que se desean comunicar verifican ciertas condiciones como que ambas partes estén disponibles, los requisitos del intercambio, etc. Una vez que ambas entidades han establecido una conexión, guardan la información relativa a la conexión y pueden comenzar la transferencia de bloques de bits. Una vez que la transferencia ha terminado, se libera la conexión. Una conexión se puede comparar con un tubo, en el que cada bloque de bits enviado llega al destino exactamente en el mismo orden.

- **Servicio no orientado a la conexión:** cuando la entidad emisora desea enviar un bloque de bits, sencillamente lo envía en dirección a la entidad receptora. Cada bloque es enviado de manera independiente a los demás, de forma que podrían perderse algunos de ellos o llegar en orden diferente al original. Además, al no haber una verificación inicial de disponibilidad, la entidad receptora podría no existir. Aunque este tipo de servicio es menos fiable, también es más eficiente.

Además, un servicio puede ser confirmado o no confirmado:

- **Servicio confirmado:** la entidad del protocolo que realiza el envío de un bloque de bits recibe un acuse de recibo de la entidad receptora, confirmando su recepción. Las confirmaciones otorgan una gran fiabilidad a las comunicaciones, pero también las ralentizan.

- **Servicio no confirmado:** no hay acuses de recibo durante la transferencia. Lo bloques son enviados, pero la entidad emisora no sabe si han llegado o no. Los servicios no confirmados se utilizan cuando la eficiencia del servicio es prioritaria sobre su fiabilidad.

Dependiendo de la finalidad del servicio, podemos encontrar diferentes combinaciones. Por ejemplo:

- Un protocolo para la difusión en vídeo será no confirmado y no orientado a la conexión, ya que prima la velocidad sobre cualquier otro criterio.

- Un protocolo de transferencia de archivos será orientado a la conexión y confirmado, ya que el archivo debe llegar de un extremo al otro sin ninguna variación, aunque ello suponga menor velocidad.

- Un protocolo de telefonía digital será orientado a la conexión y no confirmado, ya que no es crítica la pérdida o distorsión de sonidos puntuales, pero es preciso garantizar que los pares estén conectados.

3.3. El nivel físico

El nivel físico recibe bloques de bits del nivel inmediatamente superior (el nivel de enlace). Los bits que el nivel de enlace pasa al nivel físico tienen una estructura muy concreta, llamada *trama,* que se divide en tres partes: una cabecera con varios campos, los datos que se van a transmitir y un tráiler. El nivel físico únicamente ve una secuencia de bits que debe transmitir.

Entre el nodo origen y el nodo destino puede haber multitud de nodos intermedios conectados en cadena. El nivel físico únicamente se preocupa de la transmisión entre dos nodos que están directamente conectados a través de un medio de transmisión. A esto se le llama *comunicación punto a punto.* Es decir, la transmisión de datos entre el nodo origen y el nodo destino (extremo a extremo) se produce en última instancia gracias a que el nivel físico resuelve la transmisión de bits punto a punto (en cada eslabón de la cadena de nodos). El proceso por el que los datos pasan entre un nodo y el siguiente es este:

1. El nivel de enlace del primer nodo pasa una trama de bits al nivel físico, que únicamente ve una secuencia ordenada de bits. Después codifica la secuencia de bits en forma de señales eléctricas, ópticas o de radio, en función del medio de transmisión.

2. Las señales son enviadas a través del medio de transmisión, pasando por la interfaz de conexión (como un conector RJ45 en el caso del par trenzado de cobre, por ejemplo).

3. El nivel físico del segundo nodo recupera las señales del medio de transmisión y reconstruye la trama original. Después, pasa la trama al nivel de

enlace.

Una conexión física puede ser una conexión por cable o inalámbrica. En cualquiera de los casos, cada nodo utiliza una interfaz de red (NIC). Dependiendo del tipo de nodo, podemos encontrar uno o más tipos de interfaz de red. Por ejemplo, una estación de trabajo suele contar con dos interfaces de red, una de ellas para conectarse a la red cableada y otra para conectarse a la red inalámbrica. Los dispositivos móviles personales emplean únicamente interfaces de red inalámbrica. Los servidores pueden utilizar varias interfaces de red cableada. Por otra parte, los dispositivos de interconexión, como *switches* y *routers*, pueden contar con multitud de interfaces de red tanto cableada como inalámbrica.

Como ya se ha visto anteriormente, existen tres tipos básicos de medio para la transmisión de datos:

- **Cables de cobre:** los bits son transmitidos como señales eléctricas.

- **Cables de fibra óptica:** los bits son transmitidos como pulsos de luz.

- **Conexión inalámbrica:** los bits se transmiten como ondas de radiofrecuencia o de microondas.

Los detalles del nivel físico son definidos por los diferentes organismos de estandarización y son implementados en forma de *hardware*. A continuación, se muestran algunos ejemplos de estándar del nivel físico:

- **ISO 8877:** conectores RJ, como RJ11 y RJ45.

- **ANSI/EIA/TIA-568-C:** estándares de cableado de redes de vídeo, voz y datos.

- **IEEE 802.3ab:** estándar para redes del tipo Gigabit Ethernet sobre cable UTP.

- **IEEE 802.11n:** estándar para transmisión a 600 Mbps en redes inalámbricas de área local (WLAN).

- **ITU G.992.1:** estándar para las líneas asimétricas de abonado digital (ADSL).

Los diferentes estándares del nivel físico se centran en uno o varios de los siguientes aspectos:

- **Componentes físicos:** todos los elementos físicos que intervienen en la transmisión de bits, como las interfaces de red, los conectores, la estructura y el diseño de los cables, los materiales de fabricación, las distancias máximas, etcétera.

- **Codificación:** antes de transmitir un bit, este se codifica siguiendo un patrón predefinido que tanto el emisor como el receptor pueden conocer. La codificación se diseña teniendo en cuenta las características del medio de transmitir, con objeto de minimizar los problemas y maximizar la tasa de transferencia. En temas anteriores se han mencionado dos tipos generales de codificación:

  — **Mediante señales analógicas:** se utilizan técnicas de modulación sobre una señal portadora, como ASK, PSK, FSK o QAM.

  — **Mediante señales digitales:** se emplean pulsos de tensión para representar los datos. Algunos ejemplos son las codificaciones Manchester, 4B/5B, 4D-PAM5, entre otros.

- **Señalización:** describe la naturaleza de una señal que representa un 0 o un 1, de forma que el transmisor y el receptor puedan construirlos y reconocerlos respectivamente. Esta descripción implica hablar de al menos dos cuestiones:

  — **Sincronía:** el transmisor y el receptor deben estar de acuerdo sobre la duración de un bit. Existen dos alternativas:

    ▪ **Transmisión asíncrona:** las señales se transmiten sin una señal de reloj asociada. Por ello, es necesario transmitir señales que delimiten el inicio y el fin de un bloque de entre 5 y 8 bits. Tanto el transmisor como el receptor cuentan con su propio reloj que les permite delimitar la duración de un bit. Los bloques de bits enviados son pequeños, ya que cada reloj puede tener una pequeña variación respecto al otro, suficiente para provocar un error de sincronía cada cierto número de bits.

    ▪ **Transmisión síncrona:** las señales se transmiten junto a una señal de reloj que marca la duración de un bit. La señal de reloj puede viajar en una línea paralela dedicada, o bien inmersa en los mismos datos, como en la codificación Manchester.

  — **Parámetros de la señal:** es necesario definir los detalles de una señal válida, como la frecuencia, la amplitud y la fase en el caso de la transmisión analógica, y el voltaje en el caso de la transmisión digital.

3.4. Protocolos del nivel de enlace

El nivel de enlace se encuentra justo encima del nivel físico, de forma que utiliza los servicios de transmisión de bits que le ofrece. La PDU de este nivel se denomina trama. El nivel de enlace tiene varias responsabilidades:

- **Sincronización de tramas**: el nivel de enlace entrega las tramas a enviar al nivel físico, que envía bit a bit a través del medio. En el nodo destino, el nivel físico entrega bit a bit al nivel de enlace. Es la capa de enlace la que se encarga de identificar el inicio de una trama, los bits que la componen y su fin.

- **Control del flujo**: la entidad emisora no debe enviar tramas a mayor velocidad de la que la entidad receptora puede recibir. Si se diese una situación de saturación, debe ser detectada y el flujo reducido hasta que se resuelva.

- **Control de errores**: si se introducen errores en el medio de transmisión, el nivel de enlace debe detectarlos y corregirlos.

- **Direccionamiento**: los nodos en una red multipunto (como una LAN) deben poder ser identificables, para que una trama pueda ser enviada a uno de ellos.

- **Control del enlace junto con los datos**: la información de control permite al nivel de enlace controlar el comportamiento de las entidades. Por ejemplo, el control del flujo y la recuperación de errores requiere el intercambio de información que no son datos en sí mismos, sino información de control. Esta información circula en forma de tramas junto con los datos, y el nivel de enlace debe ser capaz de identificarlas e interpretarlas.

- **Gestión del enlace**: el nivel de enlace conoce los procedimientos para el inicio, mantenimiento y cierre del intercambio de datos y de información de control.

- **Ofrecer servicios de enlace al nivel de red**: el nivel de red no necesita conocer los detalles del nivel físico, ya que el nivel de enlace le ofrece una interfaz en forma de primitivas que le permite operar del mismo modo independientemente de la tecnología subyacente. Así, se consigue que el mismo nivel de red funcione del mismo modo sobre un cable UTP que sobre fibra óptica o transmisión inalámbrica.

El recorrido de los datos desde el nodo origen hasta el destino pasa por múltiples enlaces de datos, conectados entre sí por medio de dispositivos de interconexión como *switches* o *routers*. Cada enlace puede utilizar una tecnología de transmisión diferente. Por ejemplo, cuando un usuario descarga un contenido desde un servidor en Internet, los datos pueden pasar, entre otros, por un enlace Ethernet sobre fibra óptica en el CPD que conecta el servidor con switch, por un enlace HDLC sobre un cable serie entre dos routers de una operadora de telefonía, y sobre un enlace Ethernet sobre cable UTP que une el *router* del usuario con su ordenador. Cada enlace se encarga de resolver sus propios problemas, sin preocuparse por los demás. Es decir, el enlace Ethernet que tiene el usuario en su casa no se preocupa por lo que pasa en el enlace Ethernet sobre fibra óptica en el CPD, y viceversa.

El nivel de enlace se divide habitualmente en dos subniveles: el subnivel superior se relaciona con el nivel de red, y el inferior con el nivel físico. En la familia de estándares IEEE 802 (Ethernet y WLAN) estos subniveles se llaman nivel de control de enlace lógico (LLC) en el caso del nivel superior y nivel de control de acceso al medio (MAC) en el caso del nivel inferior.

3.4.1. Protocolos de control de enlace lógico (LLC)

El nivel LLC fue inicialmente definido por IBM para su protocolo Token Ring (actualmente obsoleto) basándose en otro protocolo anterior llamado HDLC[89]. El protocolo LLC es utilizado en la actualidad por las redes basadas en el estándar IEEE 802.3 (Ethernet) y IEEE 802.11 (WLAN). LLC es un subnivel del nivel de enlace y lleva a cabo las siguientes tareas:

- Ofrece al nivel de red una interfaz uniforme para que pueda utilizar el nivel de enlace independientemente de la tecnología subyacente. Es decir, el nivel de red hablará siempre con el subnivel LLC, sin importarle si debajo hay fibra óptica, cobre o señales inalámbricas.

- Recibe los paquetes[90] que le entrega el protocolo en el nivel de red, identifica el tipo de protocolo y pasa esta información al subnivel MAC. Cuando es el subnivel MAC el que le entrega un paquete con destino al nivel de red, identifica el protocolo del nivel de red destinatario y se lo entrega.

---

[89] HDLC es un protocolo de enlace de propósito general definido por la ISO basándose en un protocolo anterior, llamado SDLC, que cumplía la función de un protocolo de enlace en la primera versión de Internet. HDLC ha dado lugar a muchos otros protocolos, como X.25, PPP, Frame Relay o LLC.

[90] *Paquete* es el nombre que se da a la PDU del nivel de red.

- Controla el flujo para que no se produzcan situaciones de saturación.

- Detecta errores en los bits recibidos y se recupera de ellos. Para ello, utiliza la información de verificación que añade el subnivel MAC a la trama justo antes de enviar.

Existen multitud de protocolos de control de enlace lógico, adaptados a diferentes tecnologías. En las redes LAN, la tecnología predominante es la familia IEEE 802 (Ethernet y WLAN). En el caso de Ethernet la subcapa LLC es muy delgada debido a la baja tasa de errores sobre cable de cobre de par trenzado. Debido a esa baja tasa de errores, la solución que adopta el nivel LLC es descartar las tramas en caso de saturación o de errores. En el caso de las redes WLAN, la tasa de errores es muy elevada, pero la subcapa LLC es similar a la utilizada en Ethernet, dejando las tareas de recuperación de errores al subnivel MAC.

3.4.2. Protocolos de control de acceso al medio (MAC)

El subnivel de control de acceso al medio tiene dos objetivos principales: el encapsulamiento y el control de acceso al medio.

El proceso de encapsulamiento obtiene como resultado una trama que incluye un delimitador, una cabecera, los datos pasados por el subnivel LLC (que a su vez los recibió del nivel de red) y un tráiler con información para la detección de errores. El encapsulamiento tiene las siguientes finalidades:

- **Delimitación de la trama**: cuando el subnivel MAC recibe una trama, utiliza un patrón específico de ceros y unos para detectar su inicio. Dependiendo del protocolo de enlace de que se trate, este patrón puede variar. Por ejemplo, el protocolo HDLC, utilizado habitualmente para conectar en serie dos *routers*, emplea como delimitador la secuencia 01111110.

- **Direccionamiento y otros campos de control**: en la cabecera de la trama se agrega la dirección física del nodo origen y del nodo destino. De nuevo podemos encontrar esquemas de direccionamiento muy diferentes. En el protocolo HDLC no es importante el direccionamiento, ya que solo hay dos nodos conectados en serie y cuando un nodo envía una trama va siempre dirigido al otro nodo. En el caso del protocolo Ethernet, la trama incluye información sobre la dirección del nodo origen y del nodo destino. Además del direccionamiento, se puede añadir información adicional de control del enlace.

- **Cálculo de una secuencia de verificación de trama (FCS)**: al final de la trama se añade una secuencia de verificación de trama (FCS) que permite al subnivel LLC destino comprobar si los datos de la trama han variado durante su transmisión. La FCS se calcula a partir de la información de la cabecera y los datos. Dependiendo del protocolo, esta secuencia tendrá mayor o menor extensión. En el protocolo HDLC, por ejemplo, se utiliza una FCS de 16 o 32 bits.

Además del encapsulamiento, el subnivel MAC tiene como finalidad el control de acceso al medio, que se trata del proceso de arbitraje cuando hay varios nodos conectados al mismo medio de transmisión que desean transmitir información en un medio compartido. Si dos nodos transmiten simultáneamente las tramas, se tornan incomprensibles, y decimos que se ha producido una colisión. Cuando se produce una colisión, las tramas deben ser descartadas. El subnivel MAC aporta mecanismos específicos para resolver la competencia. Actualmente, las redes LAN utilizan protocolos llamados de contienda, aunque también existen otros tipos de protocolos.

3.4.2.1. Protocolos de contienda

Los protocolos de contienda se utilizan en tecnologías de enlace no deterministas, es decir, en las que cada nodo puede emitir en cualquier momento sin previo aviso. Este tipo de tecnologías, entre las que se encuentra Ethernet, contempla la colisión como posibilidad. Una colisión se produce cuando dos nodos de la red tratan que transmitir a la misma vez. Un protocolo de contienda soluciona la competencia. La estrategia que se utiliza en LAN es acceso múltiple por detección de portadora (CSMA), es decir, se emite siempre que no haya portadora en el medio de transmisión. Existen dos alternativas principales:

- **Detección de colisión (CSMA/CD)**: la ausencia de señal en el medio de transmisión indica que ningún nodo está transmitiendo. Un nodo solo enviará una trama por la red si el medio está libre de señales. Sin embargo, una señal puede tardar un tiempo en recorrer el medio de transmisión de extremo a extremo. Podría darse que dos nodos comenzasen a transmitir simultáneamente, y que la colisión se detectase en mitad de la transmisión de una trama. Hay dos consideraciones respecto a una situación de colisión:

  — Cuando se detecta una colisión, los nodos deben informar de que sus envíos no son válidos. Para ello, se transmite una señal especial, formada por una larga secuencia de ceros y unos, llamada ráfaga, que informa al resto de nodos de que se ha producido una colisión.

  — La longitud de una trama debe ser suficientemente larga como para que cuando dos nodos ubicados en los extremos opuestos del medio comiencen a transmitir simultáneamente, la colisión sea detectada antes de terminar de transmitir la trama. En caso contrario (si la trama fuese demasiado corta), podría producirse una colisión sin que los nodos de la red se diesen cuenta.

— En actualidad las redes LAN son conmutadas (usan *switches* en lugar de *hubs*). El uso de *switches* evita las colisiones y permite la transmisión *full duplex*, es decir, que un nodo puede transmitir y recibir señales simultáneamente. Esta circunstancia hace innecesario el uso de protocolos CSMA/CD. No ocurre lo mismo con WLAN, donde sigue habiendo un medio compartido y se pueden producir colisiones.

- **Prevención de colisiones (*CSMA/CA*)**: en las redes WLAN solo se puede transmitir en modo *half duplex*, debido a que todos los nodos comparten el mismo medio. La estrategia de prevención de colisiones (*Collision Avoidance*) incluye varios mensajes:

  — **Solicitud de transmisión**: cuando un nodo desea transmitir datos a otro, comprueba si hay algún nodo transmitiendo. Si el canal está libre, envía una trama de control llamada RTS (*Request To Send*) que incluye la dirección MAC de origen y la de destino.

  — **Receptor preparado**: cuando el nodo destino recibe la trama RTS, envía una trama de tipo CTS (*Clear To Send*) al nodo origen si está preparado para recibir los datos. De este modo el nodo origen sabe que puede proceder a enviar los datos.

  — **Receptor ocupado**: si al recibir la trama RTS, el nodo no está listo para recibir datos, envía una trama RxBUSY (*Receiver Busy*) indicando al nodo origen que debe aplazar el envío de datos. Esta situación se puede dar cuando el nodo destino está en el área de cobertura de un tercer nodo, que está fuera del área de cobertura del nodo origen, que está transmitiendo.

  — **Envío de datos**: cuando el nodo origen recibe una trama CTS, comienza a transmitir los datos.

  — **Confirmación de envío**: una vez que el nodo origen ha terminado de enviar los datos, el nodo destino envía al nodo origen una trama de control de tipo ACK si se han recibido los datos correctamente o de tipo NACK si la recepción contiene errores. Si la trama de confirmación enviada es de tipo NACK, se repite el proceso completo hasta que una trama de tipo ACK es enviada.

3.4.2.2. Protocolos de paso de testigo

Actualmente los estándares IEEE 802.3 e IEEE 802.11 predominan en las redes de área local, pero no siempre ha sido así. Los estándares IEEE 802.4 e IEEE 802.5, correspondientes a las tecnologías Token Bus[91] y Token Ring[92] respectivamente, tuvieron presencia en las redes locales durante los años ochenta, noventa y principio de los 2000. Token Ring tenía presencia en las redes corporativas, mientras que Token Bus se utilizaba principalmente en entornos industriales. Ambos protocolos utilizan un medio compartido, por lo que requieren control de acceso al medio. La estrategia implementada por Token Ring y Token Bus es el paso de testigo: una trama especial, llamada *token* (testigo), va circulando por la red en un único sentido. Cuando un nodo recibe el *token*, transmite datos durante un corto periodo de tiempo mientras el resto de nodos espera. Una vez pasado el periodo máximo de transmisión, pasa el *token* al siguiente nodo de la red. Si el nodo recibe el *token* y no tiene datos que transmitir, pasa directamente el *token* al siguiente nodo.

La tecnología FDDI (*Fiber Distributed Data Interface*) consistente en dos anillos de fibra que transmiten en sentidos opuestos a los que se conectan los nodos de la red, también utiliza control de acceso por paso de testigo. Esta tecnología es similar a Token Ring, pero está destinada a redes de campus y metropolitanas (no a redes locales). Al igual que Token Ring ha quedado obsoleta por la predominancia de redes Gigabit Ethernet, de menor complejidad y coste.

3.4.2.3. Otros

Además de estos protocolos de acceso al medio, existen protocolos de acceso al medio que siguen otras estrategias. Por ejemplo:

- **Mecanismos de reserva (*bitmap reservation*):** la red distingue dos fases en la transmisión. La primera fase se utiliza para la reserva de tiempo para transmitir datos, de forma que cada nodo comunica a los demás su intención de transmitir datos. Para realizar la reserva, cada nodo tiene una pequeña franja de tiempo en la que puede transmitir un 1 indicando que desea transmitir o un 0 indicando lo contrario. En la segunda

---

[91] Los nodos se conectan en una topología física de bus, es decir, en serie, con una topología lógica de anillo (los nodos se comportan como si estuviesen conectados en un anillo físico).

[92] Los nodos se conectan en una topología física de anillo (el último noco se conecta con el primero) con una topología lógica de anillo.

fase, los nodos que han hecho una reserva transmiten los datos. El resto de nodos escuchan los datos transmitidos hasta que el último nodo en hacer su reserva termina de transmitir. Entonces la fase de reserva vuelve a comenzar.

- **Mecanismos de reserva con cuenta atrás binaria (*binary countdown*):** es similar a bit *map reservation*, pero en lugar de reservar mediante un bit, cada nodo utiliza una dirección binaria. Cada nodo envía su dirección bit a bit empezando por el más significativo. Se realiza una operación *OR* sobre cada bit enviado. Un nodo abandona cuando el bit resultante de la operación *OR* da como resultado 1 en un bit que en su dirección vale 0. Así, poco a poco van abandonando los nodos hasta que solo queda uno, que es el que transmite.

- **Mecanismos de sondeo**: existe un nodo central al que se conectan el resto de nodos. El nodo central se encarga de ir preguntando a cada nodo si desea transmitir datos. En caso de que la respuesta sea afirmativa, el nodo central le concede permiso para transmitir. Toda transmisión de un nodo secundario pasa por el primario, que reenvía los datos hacia el nodo destino.

- **Recorrido de árbol adaptativo**: es una estrategia en la que los nodos de la red se distribuyen como las hojas de un árbol binario. El protocolo va recorriendo el árbol, de forma que solamente pueden transmitir aquellos nodos que estén dentro del subárbol seleccionado. Conforme se va profundizando en el árbol, el número de colisiones va disminuyendo. Una vez que se ha recorrido el árbol completamente se empieza de nuevo a recorrer desde la raíz.

3.5. Ethernet

En la década de los setenta se desarrolló en Hawái una red llamada ALOHAnet. Esta tecnología es la base sobre la que se diseñó Ethernet. Ethernet se comercializa desde 1980, pero su primera estandarización, IEEE 802.3, data de 1983. En la actualidad ha sustituido a gran parte de las tecnologías competidoras, como FDDI, ARCNET o Token Ring, tanto en el ámbito de LAN como en el de MAN.

3.5.1. Introducción a Ethernet

Ethernet incluye una amplia variedad de estándares que se han ido publicando con el tiempo desde 1984, a medida que los fabricantes han ido comercializando nuevas tecnologías. Los estándares de Ethernet definen diferentes aspectos como los siguientes:

- **Medio físico utilizado:** Ethernet puede operar con diferentes medios (cable de cobre, fibra óptica o señales inalámbricas). Cada estándar Ethernet establece las características del medio físico.

- **Tasa de transferencia:** entre los 10 Mbps sobre cable coaxial del estándar IEEE 802.3 hasta los 400 Gbps sobre fibra óptica del estándar IEEE 802.3bs hay alrededor de cincuenta estándares que definen diferentes aspectos de Ethernet.

- **Codificación:** Ethernet ha ido pasando por diferentes esquemas de codificación conforme han ido apareciendo nuevos estándares. El esquema de codificación elegido en cada estándar depende del medio físico y de la tasa de transferencia requerida.

- **Acceso al medio:** se corresponde al subnivel MAC del nivel de enlace del modelo de referencia OSI. Ethernet ha ido evolucionando a lo largo de su historia y ha empleado diferentes técnicas de control de acceso al medio. Desde las primeras redes que solamente podían transmitir en *half duplex* y estaban llenas de colisiones, hasta las redes actuales que pueden transmitir en *full duplex* libres de colisiones.

- **Formato de la trama:** existe un formato de trama básica que varía de la versión cableada a la inalámbrica, pero que se mantiene en el tiempo por razones de compatibilidad.

- **Direccionamiento:** este es otro aspecto que se mantiene a lo largo de los diferentes estándares sin variar.

- **Gestión del enlace:** el subnivel LLC fue definido como tal por primera vez en el estándar IEEE 802.3.

La tecnología Ethernet tuvo unos comienzos humildes, pero progresivamente ha ido conquistando ámbitos tradicionalmente reservados para tecnologías más caras y complejas. La continua reducción de precios, su baja complejidad, la compatibilidad entre estándares y el hecho de que el grupo de trabajo IEEE 802.3 vaya añadiendo continuamente nuevas características, empuja a los fabricantes a incluir Ethernet en prácticamente todos los ámbitos donde hay comunicaciones guiadas.

3.5.2. Ethernet y el modelo OSI

El modelo OSI divide claramente el nivel físico del nivel de enlace. Sin embargo, Ethernet no se enmarca en el modelo de referencia OSI sino en TCP/IP. A diferencia de OSI, la pila de protocolos TCP/IP une los niveles de enlace y físico en uno solo llamado[93] nivel de interfaz de red.

La división que establece OSI resulta más clara y permite explicar mejor las funciones del nivel físico y de enlace. Pero es una división artificial, poco cercana a la realidad. En la práctica, los niveles físicos y de enlace son proporcionados por los fabricantes, en forma de medios de transmisión, conectores, interfaces de red y *drivers* de las interfaces. Así que TCP/IP deja el nivel de interfaz de red sin definir, para que sean los fabricantes quienes lo defina con sus productos. Conforme la industria crea una nueva tecnología, el grupo de trabajo IEEE 802.3 se apresura a definir un estándar para regularla.

3.5.3. Direccionamiento MAC

Ethernet es una tecnología con acceso múltiple al medio, es decir, que se pueden conectar varios nodos al mismo medio, lo que hace necesario un esquema de direccionamiento para poder dirigirse a un nodo concreto. Las direcciones físicas de Ethernet se llaman direcciones MAC. Una dirección MAC está compuesta por 48 bits y sigue la recomendación de EUI-48 (*Extended Unique Identifier*). Una secuencia EUI-48 está formada por dos partes. La primera, llamada OUI (*Organizationally Unique Identifier*), puede tener longitudes de 24, 28 o 36 bits, y se utiliza para identificar a una organización (habitualmente el fabricante de la interfaz). La segunda parte puede constar de 24, 20 o 12 bits, e identifica al dispositivo de manera única. En redes tipo Ethernet, se suelen usar 24 bits para cada parte. Una dirección MAC se expresa en notación hexadecimal. Por ejemplo, una dirección MAC podría ser 001D206A1A0A. Según lo comentado anteriormente, la MAC se divide en:

- **OUI**: los 24 bits más significativos (en hexadecimal 001D20) corresponden al fabricante, en este caso a Comtrend Corporation.

- **Identificador de la interfaz**: los 24 bits menos significativos (en hexadecimal 6A1A0A) identifican a esta interfaz de red en concreto.

---

[93] Dependiendo de la fuente consultada, el nombre puede variar. Se ha tomado como referencia la pila TCP/IP descrita por Cisco, por ser el principal proveedor de dispositivos de *networking*.

Un objetivo que se persigue con las direcciones MAC es que no haya dos iguales conectados físicamente al mismo medio de transmisión. Sería necesario que un fabricante vendiera más de 16 777 216 interfaces de red para que se repitiese un identificador de red. En caso de que sucediera, aún sería más improbable que dos tarjetas con la misma MAC estuvieran compartiendo el mismo medio.

Cada sistema operativo representa las direcciones MAC con notaciones diferentes. Por ejemplo, la dirección MAC 001D206A1A0A se expresaría como 00:1d:20:6a:1a:0a en GNU/Linux, como 00-1D-20-6A-1A-0A en Windows y 001d.206a.1a0a en Cisco IOS.

Las direcciones MAC que se han mencionado hasta ahora son direcciones *unicast*, dirigidas a un único nodo de la red. Pero Ethernet es una tecnología de multiacceso, que permite conectar más de dos dispositivos a nivel de enlace. En situaciones concretas, puede ser necesario enviar una trama dirigida a más de un único nodo. Esto se consigue utilizando direcciones MAC especiales, llamadas *multicast* y *broadcast*. Las direcciones *multicast* van dirigidas a un grupo concreto de nodos, de forma que al enviar una trama *multicast*, todos los nodos del grupo considerarán que la trama va dirigida a ellos. Por ejemplo, la dirección 33:33:00:00:00:02 hace referencia a los *routers* de una red y se utiliza en redes IPv6 para el protocolo de descubrimiento de vecinos (NDP). Las direcciones *broadcast* van dirigidas a todos los nodos de una red. Se utilizan en situaciones en las que un nodo desea informar a la red sobre algo. Por ejemplo, el protocolo DHCP[94] requiere el uso de direcciones *broadcast*, ya que el cliente DHCP que solicita una dirección IP no conoce la dirección MAC del servidor DHCP. Por ello, envía una trama dirigida a todos los nodos de la red, con la esperanza de que el servidor DHCP sea uno de ellos. La dirección MAC *broad*cast es ff:ff:ff:ff:ff:ff.

3.5.4. Trama Ethernet

Una de las tareas de Ethernet es encapsular los paquetes de red que le llegan desde el nivel de red. En la imagen de la Figura 3.2 se puede observar la estructura de una trama Ethernet.

---

[94] *Dynamic Host Configuration Protocol* (DHCP) es un servicio que permite que un servidor DHCP asigne una dirección IP a cada nodo de una red conforme lo van solicitando. De esta manera, el administrador de la red solamente tiene que configurar el servidor DHCP, en lugar de ir nodo a nodo asignando estáticamente una dirección IP.

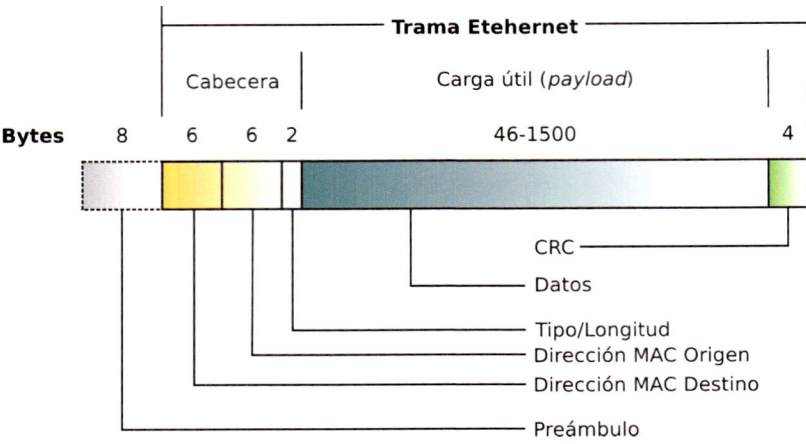

Figura 3.2. Estructura de una trama Ethernet.

Como ya se comentó anteriormente al hablar del nivel de enlace según el modelo de referencia OSI, el encapsulamiento atiende a tres cuestiones principales: la delimitación de la trama, el direccionamiento y campos de control y verificación de trama.

- **Delimitación de trama (preámbulo):** Ethernet delimita sus tramas mediante una secuencia consistente en siete veces el octeto 10101010, a lo que se llama preámbulo, seguidos del octeto 10101011, llamado delimitador de inicio de trama (SFD). Además de delimitar el inicio de la trama, el preámbulo permite que el nodo transmisor y los nodos receptores se sincronicen utilizando el preámbulo como una señal de reloj.

- **Direccionamiento y campos de control (cabecera):** la trama Ethernet incluye la dirección MAC de origen y destino en su cabecera. Además, incluye un campo de 2 *bytes* de longitud cuyo significado varía dependiendo del estándar de entramado utilizado. Existen dos variedades de trama: Ethernet II y IEEE 802.3. En las tramas tipo Ethernet II los dos *bytes* identifican el protocolo en el nivel de red[95]. En las tramas tipo IEEE 802.3, se utilizan para indicar la longitud de la trama.

- **Verificación de trama:** Ethernet utiliza un código redundante cíclico (CRC) para la FCS. Este código CRC tiene 4 *bytes* de longitud.

---

[95] Por consenso, los identificadores del protocolo del nivel de red utilizan números superiores a 05EE en hexadecimal (1518 en notación decimal). Una trama nunca tendrá una longitud superior a 1518 bytes, por lo que es posible distinguir fácilmente entre una trama Ethernet II y una trama IEEE 802.3.

Las redes Ethernet distinguen cuando una trama ha terminado de transmitirse porque se produce un periodo de 12 *bytes* durante el que no se transmite nada, antes de comenzar el siguiente preámbulo. Este es el único mecanismo fiable para distinguir entre tramas, ya que el campo de longitud podría no existir (si se utiliza una trama de tipo Ethernet II). Para garantizar el hueco entre tramas, se obliga a cada nodo que va a transmitir a esperar el tiempo equivalente a 12 *bytes* antes de comenzar.

Existe una longitud mínima de trama que garantiza que al ser transmitida llegue al otro extremo del medio antes de enviar su último bit. Esto es un requisito para el funcionamiento del protocolo de control de acceso al medio CSMA/CD. Esta longitud depende de la tasa de transmisión del estándar utilizado. Así, por ejemplo, en redes Fast Ethernet (100 Mbps) la longitud mínima es de 64 *bytes* para un cable de 100 m, mientras que en Gigabit Ethernet (1000 Mbps) la longitud mínima de la trama es de 512 *bytes* para un cable de 100 metros. La longitud máxima de una trama Ethernet es de 1518 *bytes*, incluyendo cabecera, datos y FCS. El campo de datos puede tener una longitud mínima de 46 *bytes*, de forma que cuando se transmite un paquete pequeño se utilizan bits de relleno para alcanzar el tamaño mínimo.

La trama de los protocolos tipo 802.11 (WLAN) contiene más campos en la cabecera dada la mayor complejidad de las comunicaciones inalámbricas. En la imagen de la Figura 3.3 se puede ver la estructura de una trama tipo 802.11.

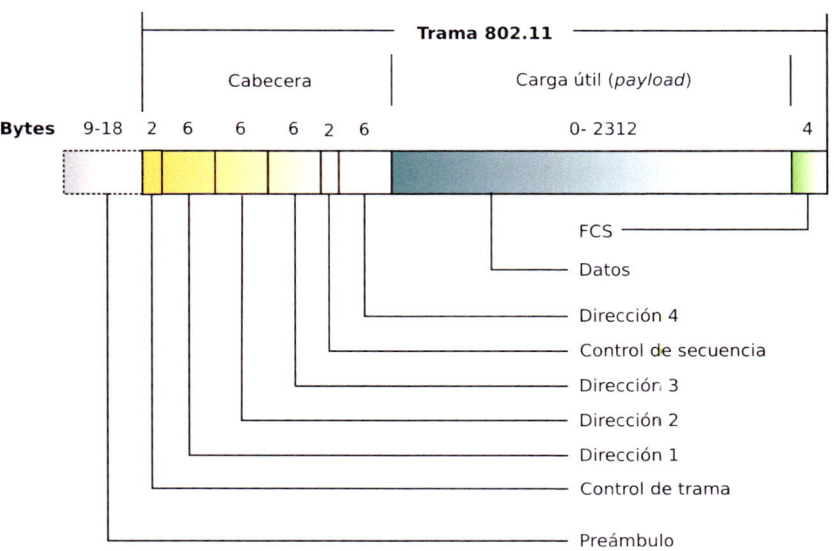

Figura 3.3. Estructura de una trama IEEE 802.11.

3.5.5. Tecnologías Ethernet

Atendiendo a las diferentes versiones del estándar 802.3, podemos hacernos una idea de la variedad de tecnologías Ethernet existentes. Ethernet funciona sobre cualquier medio guiado, ya sea cable de cobre de par trenzado, cable coaxial, fibra óptica e incluso cables de corriente eléctrica. La primera versión IEEE 802.3 fue definida para cable coaxial grueso y funcionaba a 10 Mbps. En el segundo semestre de 2024 se pueden encontrar fácilmente en el mercado productos que implementan el estándar IEEE 802.3ba que alcanza los 100 Gbps sobre fibra óptica con un máximo de 40 kilómetros de longitud que alcanza, y el estándar IEEE 802.3bz que alcanza los 5 Gbps sobre cableado de pares trenzados de cobre de categoría 6.

En el contexto de una LAN solamente se utiliza un pequeño conjunto de estándares. Lo más habitual en una LAN es utilizar cable de cobre de par trenzado para el cableado horizontal y fibra óptica (o par trenzado) para el cableado vertical. Resulta muy fácil encontrar interfaces de red que implementen los siguientes estándares:

- **IEEE 802.3ab:** también llamado 1000BASE-T, es el estándar mayoritario implementado por las tarjetas de red de las estaciones de trabajo de cualquier LAN. Puede alcanzar 1 Gbps sobre 100 metros de cable UTP de categoría 5, 5e o 6.

- **IEEE 802.3u:** es conocido como 100BASE-TX. Las interfaces de red 100BASE-TX dominaron las redes a finales de los noventa y principios de los 2000. Puede alcanzar 100 Mbps sobre 100 metros de cable UTP de categoría 5. En la actualidad este estándar solamente se utiliza por cuestiones de compatibilidad. Las interfaces de red que implementan IEEE 802.3ab también implementan también este estándar, lo que permite instalar una red 1000BASE-T en una red 100BASE-TX.

- **IEEE 802.3i:** es denominado también 10BASE-T y alcanza 10 Mbps sobre cable UTP de categoría 3. Ya no se utiliza, pero las interfaces de red que implementan 1000BASE-T también implementan este estándar por compatibilidad.

Normalmente las interfaces de red 1000BASE-T se venden con la denominación 10/100/1000, que indica que puede operar como una interfaz 100BASE-TX o como una interfaz 10BASE-T. Al iniciar el dispositivo, la interfaz comienza una negociación automática que le permite conocer qué estándar implementan el resto de interfaces del enlace, y adaptarse a la más lenta.

Otra tecnología que implementan las interfaces 1000BASE-T es MDI-X (*Medium Dependent Interface Crossover*), que permite realizar un cruzado electrónico en las interfaces cuando el cable empleado no es adecuado. Por ejemplo, si se utiliza un cable directo para conectar dos *switches*, MDI-X cruza automáticamente las interfaces para que actúen como si el cable fuese cruzado.

Para aplicaciones con mayores requerimientos, como interfaces de red de servidores, es bastante habitual encontrar interfaces que implementan los estándares IEEE 802.3ae, IEEE 802.3ak e IEEE 802.3an, también llamados 10 GbE. Estas especificaciones ofrecen una tasa de 10 Gbps sobre fibra óptica, cable biaxial[96] y par trenzado respectivamente. La distancia máxima del cable varía dependiendo de su naturaleza, pudiendo ir desde los 40 kilómetros con fibra óptica monomodo hasta los 15 metros que permiten el cable biaxial.

En aplicaciones con un nivel de exigencia especialmente alto, como redes troncales, redes de almacenamiento, clúster de alto rendimiento, servidores *blade*, etcétera, existen varios estándares que alcanzan transferencias de 40 Gbps y 100 Gbps sobre fibra óptica y cable biaxial. Al igual que ocurre en 10 GbE, la distancia máxima depende del tipo de cable, de forma que no todos los estándares son válidos para todas las aplicaciones. Por ejemplo, para redes troncales, la fibra óptica resulta más interesante, ya que puede alcanzar mayores distancias, mientras que el cobre alcanza menores distancias siendo más adecuado para aplicaciones dentro de los CPD. En esta categoría podemos encontrar los estándares 802.3bg, 802.3bj y 802.3bm.

El estándar IEEE 802.3 continúa añadiendo nuevas características que aportan mejoras sobre los productos que implementan Ethernet, como, por ejemplo:

- **IEEE 802.3af (PoE):** permite alimentar el dispositivo directamente sobre el cable de cobre. Esta característica simplifica y reduce el coste de la instalación, ya que no es necesario instalar cableado de alimentación eléctrica.

- **IEEE 802.3az (green Ethernet):** reduce el consumo energético. En primer lugar, desactiva las interfaces de un dispositivo de interconexión (como un *switch*) conectadas a un *host* inactivo. En segundo lugar, detecta la longitud del cable y reduce la potencia de la señal al mínimo necesario para que haya comunicación. Esta característica reduce el coste por consumo eléctrico.

- **IEEE 802.3ax (agregación de enlace):** permite unir varias interfaces físicas como una lógica. De este modo, es posible conseguir una tasa de transferencia equivalente a la suma de las interfaces agrupadas.

---

[96] El cable biaxial contiene dos cables de tipo coaxial en su interior. Se utiliza para conexiones cortas dentro de los *racks* y entre los *racks* adyacentes.

Además de los estándares de IEEE 802.3, en una red Ethernet es habitual encontrar otras tecnologías que aportan mejoras desde distintos puntos de vista:

- **IEEE 802.1q (VLAN)**: modifica la trama Ethernet, añadiendo una etiqueta que permite clasificar el tráfico de red. Utilizando las VLAN, se puede dividir una misma red física en varias redes lógicas que no se ven entre sí, aunque compartan los mismos medios. Esta estrategia reporta muchas ventajas desde el punto de vista de la seguridad y la administración de la red.

- **IEEE 1901 (PLC)**: en muchas redes se utilizan los cables de la instalación eléctrica para transmitir datos. Esto supone una ventaja desde el punto de vista de la instalación, ya que permite utilizar el cableado eléctrico en lugares en que resulta inconveniente el tendido de cableado adicional. La red eléctrica debe cumplir ciertos requisitos para que PLC funcione bien, ya que una instalación antigua o un aparato que introduzca ruido en la red puede reducir significativamente su desempeño.

- **IEEE 802.11 (WLAN)**: familia de estándares para la transmisión inalámbrica *half duplex* en LAN. En la actualidad conviven en las LAN varios estándares, como 802.11g (54 Mbps), 802.11n (300 Mbps) y 802.11ac o Wi-Fi 5 (1300 Mbps), 802.11ax o Wi-Fi 6 (9600 Mbps), 802.11be o Wi-Fi 7 (46 000 Mbps) y 802.11bn o Wi-Fi 8 (~100 000 Mbps)..

3.6. Otros protocolos de nivel de enlace: Token Ring, FDDI, etcétera.

El nivel de enlace está implementado por una gran variedad de tecnologías, además de Ethernet. Algunas de estas tecnologías han caído en desuso, como FDDI y Token Ring, debido a las tasas de transferencia cada vez mayores que ha ido ofreciendo Ethernet.

- **Token Ring:** topología física y lógica en anillo, con control de acceso por paso de testigo. Tenía su lugar en las redes LAN.

- **FDDI:** doble anillo de fibra óptica basada en Token Ring y destinada a redes MAN.

Otras tecnologías, como ATM o Frame Relay, siguen siendo utilizadas por las operadoras de telefonía que realizaron grandes inversiones para su instalación.

- **Frame Relay:** fue una tecnología muy popular en redes WAN. Se basa en el reenvío de tramas por circuitos lógicos que recorren un camino concreto a lo largo de varios *switches*. Actualmente se sigue utilizando en instalaciones antiguas.

- **ATM**: al igual que Frame Relay, utiliza circuitos virtuales para el envío de tramas. Sin embargo, utiliza tramas de longitud fija (53 *bytes*), lo que combinado con TDM otorga a esta tecnología características muy interesantes desde el punto de vista de la eficiencia y la calidad del servicio[97] (QoS). Actualmente existen muchas instalaciones ATM que datan de los años noventa y 2000. Sin embargo, irán siendo sustituidas por otras tecnologías, probablemente redes Ethernet de alta velocidad.

3.7. Protocolos de nivel de red

Imaginemos la siguiente situación: un usuario se siente ante su ordenador y escribe en el navegador el nombre de una página web cuyo servidor está en Internet. La solicitud puede pasar por varias redes hasta llegar a su destino. El nivel de enlace resuelve el problema que supone enviar una trama desde un nodo hasta el siguiente. Es decir, el nivel de enlace interviene en cada uno de los eslabones que conforman la ruta desde el origen hasta el destino. Pero con el nivel de enlace no basta. Se necesita un nivel superior que decida qué ruta deben seguir los datos. Este es el nivel de red. En general, todo nivel de red cumple las siguientes funciones:

- **Direccionamiento:** a diferencia del nivel de enlace[98], el direccionamiento de red es global, de forma que no puede haber dos nodos con la misma dirección de red. Esto permite enviar los datos al nodo correcto sin margen de duda.

- **Encapsulamiento**: el nivel de red ofrece una PDU para almacenar los datos del nivel de transporte. Esta PDU contiene una cabecera que como mínimo incluye la dirección del nodo origen y destino. El encapsulamiento lo lleva a cabo el nodo origen, dando lugar a una PDU del nivel de red llamada *paquete*. El paquete se mantiene intacto[99] durante su trayecto hasta llegar al nodo destino.

---

[97] QoS es un conjunto de técnicas que permite administrar el tráfico para garantizar un ancho de banda adecuado a cada tipo de tráfico en la red. Mediante QoS, por ejemplo, se puede garantizar que el tráfico de VoIP no sufrirá retrasos, aunque conviva con otros tipos de tráfico.

[98] Una dirección del nivel de enlace tiene por objetivo distinguir un nodo del resto dentro de un mismo segmento de red.

[99] En la práctica esta afirmación no es del todo cierta. Algunas partes de la cabecera de un paquete van siendo modificadas durante su camino. Además, en determinadas condiciones un paquete puede sufrir importantes modificaciones durante su trayecto, como fragmentación, traducción de direcciones (NAT), etcétera.

- **Reenvío de paquetes:** en la capa de red cada nodo reenvía los paquetes al siguiente nodo. Los dispositivos que reenvían paquetes se denominan *routers*. Un *router* suele tener más de un posible camino por donde reenviar cada paquete, así que debe hacer una elección. A esta elección se le llama *enrutamiento*.

- **Desencapsulamiento:** cuando un paquete llega al nodo destino, el nivel de red en este nodo se encarga de extraer la información que contiene dicho paquete y pasárselo a los niveles superiores.

Existen múltiples protocolos de red, pero los reyes indiscutibles del nivel de red en la actualidad son IPv4 e IPv6.

3.7.1. Protocolo de Internet (IP)

El protocolo de red de Internet (IP) se enmarca en la pila de protocolos TCP/IP. Fue diseñado con propósitos militares durante la Guerra Fría. En este contexto histórico, el objetivo del protocolo de red era seguir reenviando paquetes, aunque las infraestructuras de la red hubieran sido parcialmente destruidas. Este hecho hace de IP un protocolo eficiente y robusto que se ha ido imponiendo al resto de protocolos de red, siendo en la actualidad el protocolo mayoritario en redes de todo tipo.

3.7.1.1. Introducción a IP

Las características principales del protocolo IP son las siguientes:

- **No orientado a conexión:** IP reenvía los paquetes de red sin establecer previamente una conexión con otras entidades de red. Su misión es reenviar cada paquete lo antes posible, sin preocuparse de nada más. A nivel de red, un *router* no recibe confirmaciones de otros *routers*, de forma que no sabe si el paquete ha llegado correctamente o no, dejando estas consideraciones a niveles superiores de la pila de protocolos.

- **Mejor intento:** el protocolo de red no es confiable, es decir, la entrega no está garantizada. Un *router* selecciona la que probablemente sea la mejor ruta hasta el destino, reenviando cada paquete hacia el siguiente *router*, que vuelve a repetir la operación. A esta política, se le llama *mejor intento*, expresión que enfatiza el hecho de que IP hace lo que puede. De hecho, bajo ciertas circunstancias un *router* puede decidir descartar un paquete como parte de su mejor intento.

- **Independiente de las tecnologías de transmisión:** IP asume que los niveles inferiores resuelven el problema de la transmisión de los datos sobre los medios. Por ello, funciona correctamente independientemente de la tecnología subyacente.

El protocolo IP es comparable a un servicio de envío postal. Una carta incluye una dirección de destino y un remitente. Cuando se envía una carta, no hay seguridad de que el destinatario esté disponible o de que será capaz de leerla. Del mismo modo, IP es no orientado a la conexión, de forma que no sabe si el destino está o no disponible. Durante su trayecto, la carta es transportada en diferentes sistemas de transporte, como una furgoneta de reparto o el carrito del cartero. Los medios de transporte son comparables al nivel de enlace y físico. El servicio postal no conoce el contenido de la carta, solo la dirección de origen y destino. De igual modo, IP no conoce el contenido que encapsula (PDU del nivel superior), únicamente la dirección IP de origen y destino. Únicamente conoce las direcciones de origen y destino. En cada fase el trayecto de la carta, el servicio postal decide cuál es el siguiente paso. Cada decisión es comparable a la decisión de enrutamiento que toma cada *router* durante el trayecto de los paquetes. Si usamos un servicio postal convencional, la llegada de una carta no está garantizada (es preciso utilizar servicios adicionales como el correo certificado, para comprobar que la carta ha sido recibida por el destinatario). Del mismo modo, IP no garantiza que un paquete llegue al nodo destino. Si se envían varias cartas, cada una de ellas puede seguir un trayecto diferente, y pueden llegar en un orden diferente al de envío. Ocurre igual con IP. No hay manera de saber si los paquetes llegarán en el mismo orden en que fueron enviados, y cuándo lo harán.

Esta aparente despreocupación de IP le otorga eficiencia. A primera vista podría parecer que es preferible dar algo más de fiabilidad del nivel de red, pero el tiempo ha dado la razón a IP, que se centra en ser rápido y deja a niveles superiores las comprobaciones. En la imagen de la Figura 3.4 se puede apreciar el comportamiento de IP.

Los paquetes del protocolo IP se denominan datagramas. El término *datagrama* destaca que cada paquete se trata como una entidad individual, sin considerar ninguna relación lógica o secuencial con cualquier otro paquete. De forma general se utiliza el término *paquete* al hablar de la PDU de IP, y el término *datagrama* se utiliza cuando se desea enfatizar la naturaleza insegura de IP (no hay garantías de que un paquete llegue a su destino). Un datagrama IP está constituido por una cabecera y una carga útil, los datos. El formato de la cabecera de un datagrama IPv4 se muestra en la imagen de la Figura 3.5.

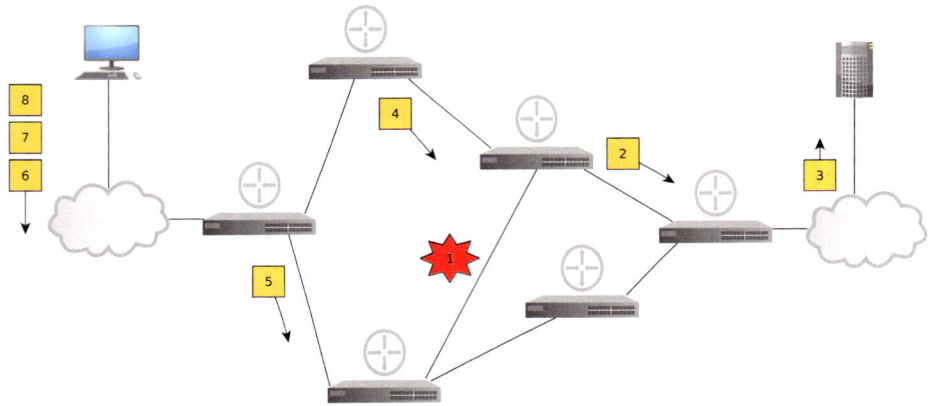

Figura 3.4. Los paquetes circulan rápidamente por los *routers* siguiendo rutas diferentes. Algunos paquetes pueden perderse o llegar en diferente orden al original.

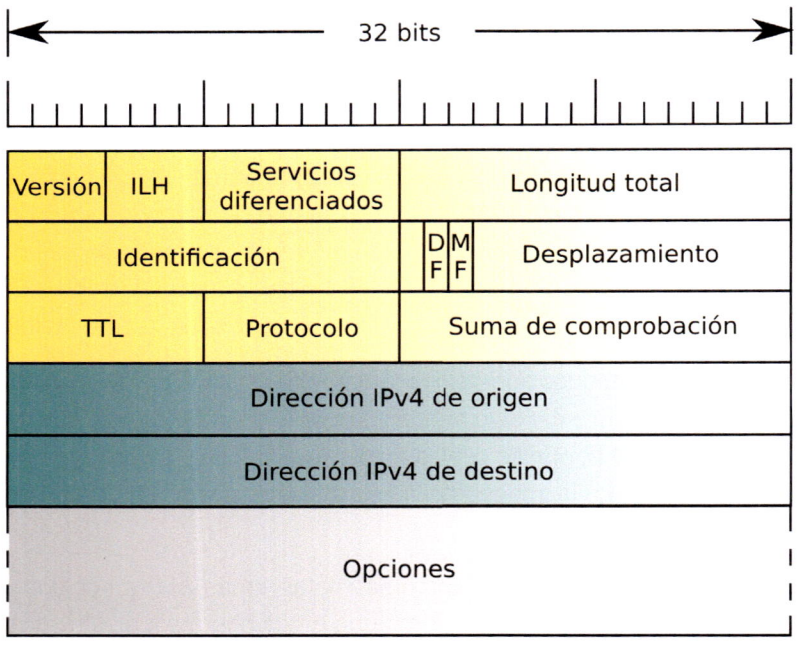

Figura 3.5. Esquema de la cabecera IPv4.

Los campos más importantes que se incluyen en la cabecera son los siguientes:

- **Versión**: contiene un valor binario de 4 bits que identifica la versión del paquete IP. Para los paquetes IPv4, este campo siempre se establece en 0100.

- **Longitud de la cabecera (ILH)**: contiene el tamaño de la cabecera.

- **Servicios diferenciados (DS)**: se utiliza para poder priorizar ciertos paquetes en detrimento de otros. A esta priorización se le llama calidad de servicio (QoS).

- **Longitud total**: indica la longitud de paquete incluyendo cabecera y datos.

- **Tiempo de vida (TTL)**: este campo permite evitar que un paquete circule indefinidamente por Internet. Al enviar un nuevo datagrama el campo TTL tiene un valor inicial que depende del sistema operativo. Cuando un *router* reenvía un datagrama, decrementa el valor del campo TTL y, si toma una ruta equivocada y termina en un lugar muy alejado de su destino, el paquete es eliminado cuando el campo TTL alcanza el valor 0.

- **Protocolo**: indica el tipo de contenido de datos que transporta el paquete. Un paquete IP encapsula la PDU del nivel superior, siendo ICMP, TCP y UDP los protocolos más habituales. Cada protocolo tiene asociado un número, de forma que si el campo contiene un 1 se refiere a ICMP, si contienen un 6 se refiere a TCP y si contienen un 7 se refiere a UDP.

- **Dirección IPv4 de origen**: contiene la dirección IP de origen del paquete.

- **Dirección IPv4 de destino**: contiene la dirección IP de destino del paquete.

El resto de campos de la cabecera se utilizan para identificar un paquete para comprobar la ausencia de errores y para ordenarlo respecto al resto de paquetes.

El formato de la cabecera IPv6 se muestra en la imagen de la Figura 3.6.

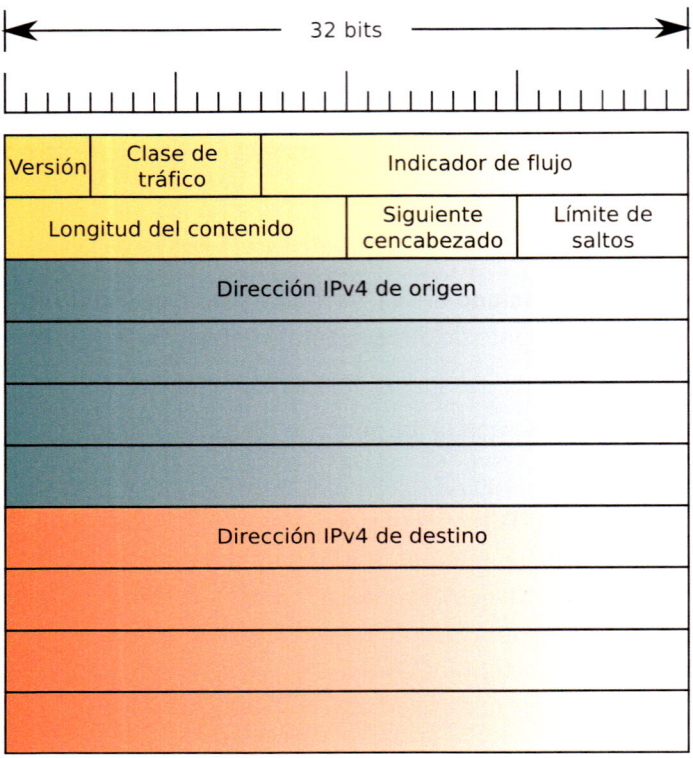

Figura 3.6. Esquema de la cabecera IPv6.

La cabecera de IPv6, que es más sencilla que la de IPv4, incluye los siguientes campos:

- **Versión**: es similar al campo versión de IPv4. Este campo siempre se establece en 0110.

- **Clase de tráfico**: este campo equivale al campo Servicios diferenciados (DS) de IPv4.

- **Identificador de flujo**: este campo de 20 bits proporciona un servicio especial para aplicaciones en tiempo real. Se puede utilizar para indicar a los *routers* y *switches* que deben mantener la misma ruta para el flujo de paquetes, a fin de evitar que estos se reordenen.

- **Longitud de contenido**: equivale al campo longitud total de la cabecera de IPv4.

- **Siguiente encabezado**: equivale al campo protocolo de la cabecera de IPv4.

- **Límite de saltos**: este campo sustituye al campo TTL de la cabecera de IPv4.

- **Dirección de origen**: dirección IPv6 del *host* emisor.

- **Dirección de destino**: dirección IPv6 del *host* receptor.

La cabecera de IPv6 no conserva los campos de IPv4 relacionados con la fragmentación. Para aclarar este punto hay que introducir un nuevo concepto: la MTU (*Maximum Transfer Unit*) de un protocolo es el tamaño máximo que puede tener su PDU. Normalmente se menciona la MTU en relación al protocolo de enlace, donde el tamaño de la trama (PDU del nivel de enlace) viene determinado por la tecnología subyacente. La MTU supone una limitación, puesto que a veces un paquete debe enviarse por un enlace con una MTU de tamaño inferior al del paquete. Este problema se soluciona de manera diferente en IPv4 y en IPv6. IPv4 opta por la fragmentación. Es decir, el paquete se divide en fragmentos que por separado son de tamaño inferior a la MTU del enlace. Entonces se envían por separado y se ensamblan en el nivel de red del nodo destino. Los fragmentos son etiquetados, para después poder ser reensamblados, mediante los campos *Identificación, Indicadores* y *Desplazamiento*. IPv6, en cambio, aporta otra solución diferente consistente en no permitir la fragmentación. Cuando un *router* intermedio no puede enviar un paquete IPv6 debido a su tamaño, sencillamente descarta el paquete y envía una notificación al nodo origen, informando de ello. Al recibir la notificación, el nodo origen va reduciendo el tamaño del paquete hasta dar con uno que no es descartado y, a partir de ese momento, se utiliza ese tamaño de paquete. Este procedimiento se denomina *Path MTU Discovery* (PMTUD) y es la razón por la que la cabecera de IPv6 no incluye varios de los campos de la cabecera de IPv4.

3.7.1.2. Sistemas de numeración

Para poder entender correctamente las direcciones IP, las máscaras de red y su relación, explicadas en la sección 3.7.1.4 es necesario manejar los sistemas de numeración binario y hexadecimal. Las personas están habituadas a trabajar con el sistema numérico decimal. Pero en informática es habitual el uso del sistema binario y el sistema hexadecimal. El uso del sistema binario se debe a la naturaleza binaria de la información digital. El sistema hexadecimal, por su parte, se usa por su relación directa con el sistema binario.

Todo sistema de numeración se compone de un conjunto de símbolos. El sistema decimal cuenta con diez símbolos: {0,1,2,3,4,5,6,7,8,9}. Cualquier cantidad se representa con combinaciones de esos símbolos, donde el valor de cada símbolo

depende de su posición relativa a los demás. Por ejemplo, el número *536* incluye tres símbolos: *5, 3* y *6*. Sin embargo, el valor de cada dígito depende de si están en las unidades, las decenas o las centenas. En nuestro ejemplo, el número
5 vale *500*, el número *3* vale *30* y el número *6* vale *6*. Una formalización de lo
que se acaba de explicar es la siguiente:

Dado un conjunto de símbolos B, con un total de a símbolos, entonces se puede
expresar cualquier cantidad N como:

$$N = b_0 \cdot a^0 + b_1 \cdot a^1 + ... + b_n \cdot a^n, \text{ donde } b_i \text{ B}$$

Esto puede parecer complejo, pero es algo que hacemos automáticamente
cuando usamos números en base decimal. Por ejemplo, en el sistema numérico decimal tenemos B = {0,1,2,3,4,5,6,7,8,9}, con un total de diez símbolos. Entonces, el número *536* se puede expresar como:

$$536 = 6 \cdot 10^0 + 3 \cdot 10^1 + 5 \cdot 10^2$$

Teniendo en cuenta que *10⁰* vale *1*, *10¹* vale *10* y *10²* vale *100*, entonces:

$$536 = 6 \cdot 1 + 3 \cdot 10 + 5 \cdot 100$$

Todo esto es aplicable a cualquier sistema de numeración. Lo único que necesita-
mos saber es el conjunto de símbolos con que contamos. Por ejemplo, en el sistema binario este conjunto es {0,1}, que solo contiene dos símbolos. Por tanto,
cualquier cantidad se puede expresar como una combinación de ellos. Por ejemplo,
el número binario *1001* representa al número *9* del sistema decimal. ¿Por qué?

$$9 = 1 \cdot 2^0 + 0 \cdot 2^1 + 0 \cdot 2^2 + 1 \cdot 2^3$$

Es decir, teniendo en cuenta que *2⁰* vale *1*, *2¹* vale *2*, *2²* vale *4*, y *2³* vale *8*, entonces:

$$9 = 1 + 0 + 0 + 8$$

A algunas personas les puede costar este razonamiento. Un pequeño truco es
utilizar una Tabla de dos filas. La fila superior contiene potencias de *2*, empezando por *1* desde la casilla más a la derecha:

32	16	8	4	2	1

La segunda fila se rellena con los dígitos del número, empezando por la derecha:

32	16	8	4	2	1
		1	0	0	1

El valor del número es la suma de cada dígito por el valor de su casilla:

32	16	8	4	2	1
		1	0	0	1
		$8 \cdot 1$	$4 \cdot 0$	$2 \cdot 0$	$1 \cdot 1$

$\rightarrow 8 \cdot 1 + 4 \cdot 0 + 2 \cdot 0 + 1 \cdot 1 = 8 + 0 + 0 + 1 = 9$

En el sistema hexadecimal, el conjunto B contiene dieciséis símbolos: {0,1,2,3,4,5,6,7,8,9,A,B,C,D,E,F}. Las equivalencias entre los símbolos del sistema hexadecimal y el sistema decimal se muestran en la Tabla 3.1.

Tabla 3.1. Equivalencias entre el sistema decimal y el hexadecimal

Decimal	Hexadecimal
0	0
1	1
2	2
3	3
4	4
5	5
6	6
7	7
8	8
9	9
10	A
11	B
12	C
13	D
14	E
15	F

Al igual que ocurre con el sistema binario, cualquier cantidad se puede representar utilizando el sistema numérico hexadecimal. Por ejemplo, el número *3C* representa al número *60* del sistema decimal:

$$60 = 12 \cdot 16^0 + 3 \cdot 16^1$$

En la expresión anterior, el símbolo *C* se ha representado como el número *12*, para facilitar su lectura. Teniendo en cuenta que 16^0 vale *1* y 16^1 vale *16*, entonces:

$$60 = 12 \cdot 1 + 3 \cdot 16$$

Si utilizamos la Tabla de ayuda que mostramos anteriormente, tenemos lo siguiente:

4096	256	16	1
		3	12
		$16 \cdot 3$	$1 \cdot 12$

$\rightarrow 16 \cdot 3 + 1 \cdot 12 = 48 + 12 = 60$

Entre el sistema de numeración binario y el hexadecimal existe una fuerte relación. De hecho, esta relación es la que provoca que el sistema hexadecimal sea tan habitual en muchos ámbitos de la informática. El sistema hexadecimal tiene dieciséis símbolos, es decir, 2^4 símbolos. Por esto, todo dígito hexadecimal se puede traducir como cuatro dígitos binarios. La Tabla 3.2 muestra las equivalencias entre el sistema binario y el hexadecimal:

Tabla 3.2. Equivalencias entre el sistema binario y el hexadecimal

Binario	Hexadecimal
0000	0
0001	1
0010	2
0011	3
0100	4
0101	5
0110	6
0111	7

1000	8
1001	9
1010	A
1011	B
1100	C
1101	D
1110	E
1111	F

Siguiendo la Tabla 3.2, el número 3F6EA9 se expresaría en binario como *0101**1111**0110**1110**1010**1001***.

Hasta ahora hemos visto cómo pasar un número binario al sistema decimal y un número hexadecimal a decimal. También hemos visto la relación que existe entre el sistema binario y el hexadecimal. Sin embargo, pasar un número decimal al sistema binario o al sistema hexadecimal no es tan sencillo. El procedimiento para pasar un número decimal al sistema binario es el siguiente:

1. Se divide el número decimal entre 2 sin llegar a obtener decimales.

2. Si el cociente obtenido es mayor que 1, se vuelve a dividir este entre 2.

3. Repetir el segundo paso mientras el cociente obtenido sea mayor que 1.

4. Una vez que el cociente obtenido es 1, se obtiene el número de derecha a izquierda, tomando cada resto obtenido (desde el primero hasta el último) y añadiendo finalmente el último cociente.

Vamos a ver un ejemplo. Supongamos que queremos pasar el número *10* al sistema hexadecimal:

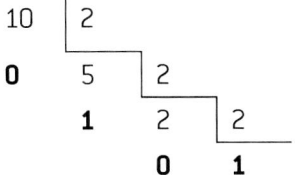

Observando las cifras obtenidas en los restos y el último cociente, podemos afirmar que el número binario correspondiente a *10* es *1010*. Da igual lo largo que sea el número decimal, que el procedimiento siempre será el mismo.

El procedimiento para pasar un número decimal al sistema hexadecimal es similar al utilizado para pasar al sistema binario. La diferencia está en que hay que dividir entre 16. Los pasos a seguir son los siguientes:

1. Se divide el número decimal entre 16 sin llegar a obtener decimales.

2. Si el cociente obtenido es mayor que 15, se vuelve a dividir este entre 16.

3. Repetir el segundo paso mientras el cociente obtenido sea mayor que 15.

4. Una vez que el cociente obtenido es menor a 15, se obtiene el número de derecha a izquierda, tomando cada resto obtenido (desde el primero hasta el último) y añadiendo finalmente el último cociente.

Por ejemplo, supongamos que queremos pasar el número *1018* al sistema hexadecimal:

1018	16		
10	63	16	
	15	3	

En los restos y el cociente aparecen los números *3*, *15* (F en hexadecimal) y *10* (A en hexadecimal). Por tanto, el número hexadecimal correspondiente a *1018* es *3FA*.

3.7.1.3. Operadores lógicos

Además de entender las conversiones entre los diferentes sistemas de numeración, cuando se trabaja con direcciones IP es necesario conocer las principales operaciones lógicas con números binarios. Aunque existen más, los operadores lógicos binarios que vamos a ver son *AND* y *NOT*.

El operador *AND* es similar a un producto entre dos dígitos binarios. La Tabla 3.3 es una tabla de verdad del operador *AND*, que indica el resultado de aplicarla sobre dos dígitos cualquiera.

Tabla 3.3. Tabla de verdad del operador *AND*

A	B	A *AND* B
0	0	0
0	1	0
1	0	0
1	1	1

Este operador se puede extender a números binarios con más de un dígito, aplicando el operador *AND* bit a bit. Por ejemplo, imaginemos los números binarios *10011* y *11101*. Entonces el resultado de aplicar el operador *AND* a los dos números es *10001*.

1	0	0	1	1	
1	1	1	0	1	AND
1	0	0	0	1	

Otro operador binario que también tiene utilidad en el trabajo con direcciones IP es *NOT*. Este operador se aplica sobre un solo bit y da como resultado un dígito binario con el valor opuesto. La tabla de verdad del operador *NOT* se muestra en la Tabla 3.4.

Tabla 3.4. Tabla de verdad del operador *NOT*

A	*NOT* A
0	1
1	0

Al igual que el operador *AND*, el operador *NOT* se puede extender a números de más de un dígito, aplicando el operador bit a bit. Por ejemplo, al aplicar el operador *NOT* al número *10010101*, se obtiene el número *01101010*.

1	0	0	1	0	1	0	1	NOT
0	1	1	0	1	0	1	0	

Los operadores *AND* y *NOT* se pueden componer, para obtener resultados más complejos. Por ejemplo, sea el número binario *10101011* y el número *11110000*. Una posible composición de operadores, podría ser *10101011 AND (NOT 11110000)*. En esta expresión se está aplicando el operador *NOT* al número *11110000*, y al resultado se le está aplicando el operador *AND* con el número *10101011*.

10101011 AND (NOT 11110000) = 10101011 AND 00001111 = 00001011

Las operaciones *AND* y *NOT* se utilizan para el cálculo de redes y de identificadores de *host* a partir de la máscara de red, lo que se hablará en el siguiente apartado.

3.7.1.4. Dirección IP

Como ya se ha dicho, existen dos versiones del protocolo IP: IPv4 e IPv6. Las direcciones en IPv4 se componen de 32 bits. Debido a la dificultad de utilizar direcciones compuestas de 32 dígitos binarios, se representan en forma de 4 números decimales separados por puntos. Para aclarar esto, supongamos una dirección IPv4 consistente en la siguiente secuencia binaria: 11000000101010 000000000100001010. Si se divide esta secuencia binaria en cuatro bloques de ocho bits utilizando el carácter . se obtiene 11000000.10101000.00000001 .00001010. Para terminar, la dirección IPv4 se obtiene convirtiendo cada bloque de 8 bits en un número decimal: 192.168.1.10.

Debido a la naturaleza binaria de las direcciones IPv4, la mayor dirección IP posible es 255.255.255.255, donde los 32 bits de la dirección valen 1.

11111111	11111111	11111111	11111111
255	255	255	255

Toda dirección IPv4 tiene dos partes, la dirección de red y la dirección de *host*. La dirección de red identifica a cada una de las redes, de forma que todos los dispositivos que están conectados a la misma red tienen idéntica dirección de red. En cambio, la dirección de *host* identifica a cada uno de los dispositivos dentro de una misma red. Por ejemplo, imaginemos que en la dirección IPv4 192.168.1.10 los 24 bits más a la izquierda son el identificador de red, y los 8 bits más a la derecha identifican el *host*. Entonces, las siguientes direcciones IPv4 corresponden a diferentes dispositivos conectados a la misma red:

- 192.168.1.1
- 192.168.1.20
- 192.168.1.33
- 192.168.1.200

Dependiendo del tamaño del identificador de red, las direcciones IPv4 se clasifican en clases. En la Tabla 3.5 se puede ver las clases definidas para IPv4.

Tabla 3.5. Tabla de clases IPv4

Clase	Tamaño id. red (bits)	Tamaño id. *host* (bits)	Máximo n.º de direcciones	Primera dirección	Última dirección
A	8	24	16777216	1.0.0.0	127.255.255.255
B	16	16	65535	128.0.0.0	191.255.255.255

C	24	8	256	192.0.0.0	223.255.255.255
D[101]	32	0	1	224.0.0.0	239.255.255.255
E[102]	32	0	1	240.0.0.0	255.255.255.255

La división en clases es un criterio antiguo, pero se sigue utilizando en situaciones concretas. Principalmente tiene un inconveniente. Si tenemos una red con 2000 *hosts*, la red de clase C se nos queda corta (254 *hosts*), y nos vemos obligados a usar una red de clase B (65534 *hosts*). Es decir, es poco flexible a la hora de definir el tamaño de las redes. Para solucionar este problema, existe una herramienta llamada *máscara.* Una máscara es un número binario de 32 bits que delimita el tamaño de la dirección de red para aquellos bits que valen 1. Al igual que las direcciones IPv4, los bits de las máscaras se separan mediante caracteres . en octetos. Por ejemplo, una IPv4 de clase C tiene una máscara 255.255.255.0 (en binario 11111111.11111111.11111111.00000000). Como se puede observar en esta máscara, hay 24 bits a la izquierda con valor 1, delimitando el identificador de red, y 8 bits a la derecha con valor 0 delimitando el identificador de *host*. La ventaja que ofrece una máscara es que el número de *hosts* que caben en la red es mucho más flexible que utilizando clases. En la Tabla 3.6 se puede comprobar el tamaño de las redes que definen diferentes máscaras:

Tabla 3.6. Tamaño de las redes IPv4 según su máscara

Máscara	Representación binaria	Tamaño de la red
255.255.254.0	11111111.11111111.11111110.00000000	512
255.255.224.0	11111111.11111111.11100000.00000000	8192
255.240.0.0	11111111.11110000.00000000.00000000	1048576

Utilizando una máscara se puede definir de manera más precisa el tamaño de una red. Para obtener la dirección de red a partir de la dirección IPv4 y la máscara hay que aplicar el operador *AND* sobre ambas. Por ejemplo, sea la dirección IPv4 192.168.10.31 y la máscara 255.255.252.0. Entonces, la dirección de red se obtiene de del siguiente modo:

---

[100] La clase D se utiliza para direcciones *multicast,* dirigidas a múltiples dispositivos simultáneamente.

[101] La clase E se utiliza para propósitos experimentales.

11000000	10101000	00001010	00011111	
11111111	11111111	11111100	00000000	*AND*
11000000	10101000	00001000	00000000	
192 .	168 .	8 .	0	

Por lo tanto, la dirección de red es 192.168.8.0. Si lo que queremos obtener es la dirección del *host*, primero hay que aplicar el operador *NOT* sobre la máscara, y al resultado aplicarle el operador *AND* con la dirección IP. Al aplicar el operador *NOT* sobre la máscara se obtiene 0.0.3.255.

11111111	11111111	11111100	00000000	*NOT*
00000000	00000000	00000011	11111111	
0 .	0 .	3 .	255	

Después, al aplicar el *AND* sobre la máscara invertida y la dirección IP, se obtiene el identificador de *host* 0.0.2.31 (en un diagrama de red se escribiría como *.2.31*):

11000000	10101000	00001010	00011111	
00000000	00000000	00000011	11111111	*AND*
00000000	00000000	00000010	00011111	
0 .	0 .	2 .	31	

La máscara de una cierta red se puede expresar de dos formas:

- **Notación de puntos**: es la notación comentada hasta ahora. Por ejemplo, 255.255.255.0.

- **Notación CIDR (*Classless Inter-Domain Routing*)**: utiliza un único número decimal que cuenta el número de bits de la máscara que vale 1. Por ejemplo, la máscara 255.255.255.0 es 24 en notación CIDR, porque contiene 24 bits a 1.

De esta forma, la Tabla 3.7 muestra redes equivalentes en notación de puntos y CIDR:

Tabla 3.7. Redes equivalentes en notación de puntos y notación CIDR

Notación de puntos	Notación CIDR	Primera dirección	Última dirección
192.168.0.0/255.255.255.0	192.168.0.0/24	192.168.0.0	192.168.0.255
172.16.0.0/255.255.254.0	172.16.0.0/23	172.16.0.0	172.16.1.255
30.110.120.0/255.255.248.0	30.110.120.0/21	30.110.120.0	30.110.127.255

Para que una dirección de red sea correcta, el identificador de *host* debe tener todos sus bits a 0. Por ejemplo, la siguiente dirección de red es correcta: 30.110.120.0/21. En binario, esta dirección se escribiría como 00011110.11011 10.1111000.00000000. La máscara /21 indica que los 21 bits más a la izquierda corresponden al identificador de red, y los 11 más a la derecha al identificador de *host*. Como se puede comprobar, los 11 bits más a la derecha son todos 0.

En cambio, la dirección 80.14.65.0/22 es incorrecta. En binario esta dirección se escribiría como 01010000.00001110.01000001.00000000, y la máscara /22 indica que la dirección de red son los 22 bits más a la izquierda, y los 10 bits más a la derecha corresponden a la dirección de *host*. Como se puede observar, la dirección de *host* incluye un 1. Por lo tanto, no se trata de una dirección de red, sino de una dirección que identifica un dispositivo concreto de la red 80.14.64.0/22.

Dada una dirección de red, las direcciones que pertenecen a esa red son todas las combinaciones posibles de 0 y 1 en el identificador de *host*. Por ejemplo, dada la dirección de red 80.14.64.0/22, la Tabla 3.8 muestra direcciones de *host*:

Tabla 3.8. Algunas direcciones de host de la red 80.14.64.0/22

Dirección de *host*	Id. de red en binario	Id. de *host* en binario
80.14.65.0	01010000.00001110.010000	01.00000000
80.14.67.33	01010000.00001110.010000	11.C0010001
80.14.67.255	01010000.00001110.010000	11.11111111

Cuando el identificador de *host* solamente tiene 1, como en el último ejemplo de la Tabla 3.8, se le llama dirección *broadcast*. Esta dirección es única en cada red y está dirigida a todos los nodos. Por ejemplo, dada la red 192.168.0.0/24, la dirección *broadcast* sería 192.168.0.255, mientras que en la red 192.168.0.0/22, la dirección *broadcast* sería 192.168.3.255.

De todas las direcciones que pertenecen a una misma red, la primera dirección y la última no son asignables a un dispositivo. La primera dirección (con el identificador de *host* todo a 0) es la dirección de la red. La última dirección (con el identificador de host todo a 1) es la dirección *broadcast*. El resto de direcciones son asignables a un dispositivo.

Dentro de IPv4 hay un tipo especial de direcciones llamadas direcciones privadas. Estas direcciones pueden ser utilizadas en redes privadas. Se trata del tipo de dirección que suele encontrar un usuario cuando consulta la dirección IP de la interfaz de red de su ordenador. Los rangos definidos para las direcciones privadas son:

- 10.0.0.0 a 10.255.255.255 (10.0.0.0/8).

- 172.16.0.0 a 172.31.255.255 (172.16.0.0/12).

- 192.168.0.0 a 192.168.255.255 (192.168.0.0/16).

Las direcciones IPv4 privadas no pueden ser utilizadas directamente en Internet. Cuando un dispositivo con una dirección IPv4 privada trata de salir a Internet, el *router* de la red mapea la dirección privada a una pública (a este procedimiento se le denomina NAT) y modifica el campo dirección de los paquetes de red para sustituir la dirección privada por la pública. Cuando un paquete llega desde Internet hacia el mismo dispositivo, el *router* realiza el proceso contrario, sustituyendo en los paquetes la dirección pública por la privada.

Cuando se diseñó el direccionamiento de IPv4, se consideraba que 4.294.967.296 direcciones serían suficientes para las demandas del futuro. Pero en la actualidad las direcciones IPv4 se han agotado. De hecho, empezaron a agotarse hace muchos años, y la respuesta en aquel momento fueron las direcciones IPv4 privadas y NAT. Pero en la actualidad hay muchos más dispositivos que direcciones IPv4. Debido a este problema, existe un nuevo estándar para el direccionamiento a nivel de red, llamado IPv6. Una dirección IPv6 se compone de 128 bits, lo que ofrece un total de 340.282.366.92 0.938.463.463.374.607.431.768.211.456 direcciones, suficiente para asignar 670.000.000.000.000.000 de direcciones por cada milímetro cuadrado de la superficie de la Tierra.

Al igual que ocurre con IPv4, no se utiliza la notación binaria por la dificultad que implica manejar secuencias de 128 bits. La notación hexadecimal es la forma oficial para expresar las direcciones IPv6. Con esta notación se logra que las direcciones IP sean más cortas y fáciles de manejar. Aun así, a nosotros los humanos se nos hace complicado manejar direcciones IP bajo esta notación, ya que el sistema hexadecimal no es el que las personas utilizan a diario. Por ejemplo, la dirección IPv6 es: 2001:0DB8:0000:0015:0000:0000:0C00:1F3A. Cada uno de los bloques entre ":" se llama octeto y contiene 16 bits, que en total suman 128.

Las direcciones IPv6 siguen siendo difíciles de manejar para las personas. Por ello, IPv6 ofrece algunos mecanismos para acortarlas. Para ilustrarlo, pondremos como ejemplo la dirección 805B:2D9D:DC28:0000:0000:FC57:D4C8:1FFF. Los mecanismos de resumen son:

- Los octetos con cuatro ceros, como en 0000, se pueden resumir como 0. De este modo, la dirección anterior también se podría escribir como 805B:2D9D:DC28:0:0:FC57:D4C8:1FFF.

- Varios octetos seguidos de ceros, como en 0000:0000:0000, se pueden resumir como ::. Esto solo se puede realizar una vez en toda la dirección. Por ejemplo, la dirección 805B:2D9D:DC28:0000:0000:FC57:0000:0000 se puede expresar como 805B:2D9D:DC28::FC57:0:0 o bien como 805B:2D9D:DC28:0:0:FC57::La dirección especial[102] 0000:0000:0000:0000:0000:0000:0000:0000 se puede resumir como ::

Las máscaras en IPv6 siguen el mismo principio que las máscaras en IPv4. Su tamaño es de 128 bits (igual que las direcciones) y siempre se representan en formato CIDR. Por ejemplo, la dirección 805B:2D9B:DC28:0::/64 hace referencia a una dirección red que podría contener $1,844674407 \times 10^{19}$ nodos.

A nivel general, podemos clasificar las direcciones IPv6 en tres grandes categorías:

- **Direcciones *unicast*:** son asignadas a una *interface/*interfaz o nodo permitiendo la comunicación directa entre dos nodos de la red.

- **Direcciones *multicast*:** permiten identificar múltiples interfaces o nodos en una red. Con este tipo de direcciones podemos comunicarnos con múltiples nodos de manera simultánea. Por ejemplo, la dirección FF02:0:0:0:0:0:0:9 es la que utilizan los *routers* que implementan RIP (*Routing Information Protocol*) para intercambiar rutas.

- **Direcciones *anycast*:** en *anycast*, como en *multicast*, también hay una asociación de una dirección destino a varias máquinas, pero la diferencia

---

[102] La dirección 0000:0000:0000:0000:0000:0000:0000:0000 representa a cualquier red.

está en que se selecciona una de estas máquinas para ser la destinataria de la información. Un paquete enviado a una dirección *anycast* es entregado a la interfaz más cercana que dispone de esa dirección. La cercanía dependerá de la topología de la red y del protocolo de enrutamiento que se esté utilizando. Se hablará sobre los protocolos de enrutamiento más adelante.

Dentro de las direcciones *unicast* hay dos tipos de direcciones: direcciones globales y direcciones *link-local*.

- **Direcciones *link-local*:** son el equivalente a las direcciones IP privadas en IPv4. Estas son asignadas a una interfaz de manera automática, mediante el formato EUI-64[103] (*Extended Unique Identifier*), a partir del momento en que activamos el protocolo IPv6 en un nodo. El prefijo de estas direcciones es FE80::/10. Son direcciones válidas únicamente dentro del mismo segmento de red, de forma que no se pueden utilizar para salir a otras redes. Una dirección IPv6 *link-local* comienza con el prefijo FE80::/10. La porción de nodo, que son los últimos 64 bits, se construye con el formato EUI-64. El formato EUI-64 toma los 48 bits de la dirección MAC de la tarjeta Ethernet y le coloca 16 bits adicionales predefinidos por el protocolo IPv6 (FFFE). Algunos ejemplos de direcciones *link-local* son las siguientes: fe80::1, fe80::2 o fe80::aebc:32ff:fe21:1234

- **Direcciones globales:** son el equivalente de las direcciones IP públicas en IPv4. Estas direcciones pueden ser utilizadas para salir a otras redes. El rango de direcciones globales de IPv6, son todas las direcciones entre 2000::/3 y 3FFF:FFFF:FFFF:FFFF:FFFF:FFFF:FFFF:FFFF/3.

NOTA: Sobre el formato EUI-64 en sistemas Windows: Microsoft considera que el formato EUI-64 viola la privacidad de los usuarios, puesto que a partir de la dirección IP se puede obtener la dirección MAC de la interfaz de red (que identifica de manera única a una interfaz y, por tanto, a un dispositivo). Por ello, Microsoft decidió que la autoconfiguración

---

[103] El formato EUI-64 construye un identificador *host* de 64 bits utilizando la dirección MAC de la interfaz de red. Para ello, toma los 48 bits de la dirección MAC de la tarjeta de red y le coloca 16 bits adicionales predefinidos por el protocolo IPv6 (FFFE). Además, invierte el bit U/L (Universal/Local), que es el séptimo bit más significativo (empezando por la derecha). Así por ejemplo, si la MAC es 00-26-B0-E5-83-3C, el identificador de *host* según el formato EUI-64 sería 0226:B0FF:FEE5:833C. Hay que tener en cuenta que esto solo supone la mitad de la dirección IPv6, ya que EUI-64 solamente define el formato del identificador del *host*.

de IPv6 utilizaría un identificador aleatorio temporal que va cambiando continuamente. Desde el punto del administrador de la red, esta política por defecto de Windows puede resultar inconveniente. Por ello, a continuación, se citan los pasos que hay que dar para que Windows se comporte como cualquier otro sistema operativo. Abrir una consola de comandos con elevación y ejecutar los siguientes comandos. Cada uno de ellos debería responder *Aceptar.*

```
C:\Windows\System32\> netsh interface ipv6
set privacy state=disabled store=active

C:\Windows\System32\> netsh interface ipv6
set privacy state=disabled store=persistent

C:\Windows\System32\> netsh interface ipv6
set global randomizeidentifiers=disabled
store=active

C:\Windows\System32\> netsh interface ipv6
set global randomizeidentifiers=disabled
store=persistent
```

Una vez que se han terminado de ejecutar los comandos, hay que reiniciar el equipo. Si volvemos a consultar la dirección IPv6 *link-local*, podremos comprobar que utiliza el formato EUI-64.

3.7.1.5. Asignación de direcciones

Dentro de una red privada IPv4 se pueden asignar direcciones a un dispositivo de varias formas diferentes:

- **Manualmente**: el administrador de la red asigna manualmente la dirección IP a un dispositivo. Este procedimiento se suele utilizar en servidores que deben tener la misma dirección IP en todo momento. También se puede utilizar en redes pequeñas. Sin embargo, es un procedimiento poco eficiente en redes de cierto tamaño, porque el administrador debe ocuparse personalmente de cada dispositivo.

- **DHCP (*Dynamic Host Configuration Protocol*)**: un servidor DHCP se encarga de asignar automáticamente una configuración de red a los dispositivos que se lo van solicitando. Entre otros parámetros, la configuración de red incluye una dirección IP y una máscara. El administrador de la red debe configurar el servidor DHCP para que asigne direcciones dentro de un rango controlado que excluya las direcciones IP asignadas manualmente. Los dispositivos están por defecto configurados para solicitar una dirección por DHCP. Este método ahorra trabajo al administrador, aunque también tiene sus inconvenientes. Si se introduce por error un segundo servidor DHCP en una red, que asigna direcciones erróneas, la red puede dejar de funcionar parcialmente, y el administrador tendrá que localizar la ubicación del servidor DHCP y desactivarlo, lo que puede llevarle un buen rato.

En IPv6 también están estas dos opciones (manual y DHCP), aunque a la segunda opción se le llama *autoconfiguración con estado*. Además, existe una opción más:

- **Autoconfiguración sin estado**: el mecanismo sin estado permite que un *host* genere sus propias direcciones sin que exista un servidor DHCP. Para ello solo es necesario que exista un *router* que tenga una dirección IPv6 global. Para generar su propia dirección, un nodo combina la dirección de la red (anunciada por el *router* mediante el protocolo NDP[104]) y la dirección de *host* obtenida a partir de la dirección MAC de su interfaz de red según el formato EUI-64. Aunque los *routers* anuncian la dirección de la red (prefijo de red) periódicamente, un *host* puede preguntar directamente la dirección de la red a los *routers* disponibles.

Al hablar de asignación de direcciones, también nos podemos referir al reparto de bloques de direcciones IP entre los proveedores de Internet y otras grandes organizaciones de ámbito mundial. Cada bloque de direcciones se asigna a una única organización, y esta lo utiliza para sus propios fines. El organismo que se encarga de coordinar este tipo de asignaciones es la IANA (Internet Assigned Numbers Authority), que delega en Registros Regionales de Internet (RIR) para asignar bloques por zonas geográficas. Las RIR existentes son ARIN (para la América anglosajona), RIPE NCC (para Europa, Oriente Medio y Asia Central), APNIC (para Asia y Región Pacífica), LACNIC (para América Latina y Caribe) y AfriNIC (para África).

---

[104] El protocolo NDP (*Neighbor Discovery Protocol*) es utilizado por los nodos de una red IPv6 para anunciar su presencia y para descubrir otros nodos de la red.

3.7.1.6. Enrutamiento

El enrutamiento es la decisión que toma un *router* a la hora de reenviar un paquete. Un *router* puede estar conectado a múltiples redes, de forma que el *router* tiene que decidir por qué interfaz reenviará un paquete. Para tomar esta decisión, los *routers* utilizan una tabla llamada *tabla de enrutamiento* donde añaden una entrada por cada red a la que pueden llegar. Cada entrada almacena información sobre una ruta, conteniendo al menos los siguientes campos:

- **Red de destino**: incluye un identificador de red e indica la red a la que se puede llegar por la ruta.

- **Máscara de red**: es la máscara que define el tamaño de la red. Muchas rutas incluyen redes que no existen como tal, sino grupos de redes que juntas componen una red más grande. Por ejemplo, 10.0.0.0/8 incluye todas las redes desde 10.0.0.0/16 hasta 10.255.0.0/16. De esta forma, se pueden definir rutas muy generales a través de la máscara.

- **Puerta de enlace**: es la dirección IP del siguiente salto, es decir, la dirección IP del *router* donde se deben enviar los paquetes para llegar a la red especificada en la ruta. La puerta de enlace siempre es una dirección que corresponde a un dispositivo directamente conectado, es decir, que pertenece al mismo segmento de red. No puede haber una puerta de enlace que está a dos saltos.

- **Interfaz**: indica la interfaz de red por la que se reenviará un paquete para llegar a la red especificada en la ruta.

- **Métrica**: es una medida utilizada por el *router* para calcular el mejor trayecto hacia un destino. La métrica puede variar su significado, pero en su forma más simple representa la distancia en saltos hasta una red. Además, cuando se utilizan protocolos de enrutamiento, el significado de la métrica puede variar. Por ejemplo, para RIP la métrica indica el número de saltos hasta el destino, mientras que para OSPF es un indicativo del ancho de banda del enlace.

- **Distancia administrativa**: esta medida no siempre está presente en todas las tablas de rutas. Muchos *routers* utilizan protocolos de enrutamiento que completan la tabla automáticamente sin que sea necesaria la intervención del administrador de la red. Existen diferentes protocolos de enrutamiento (RIP, OSPF, BGP, etc.), y cada uno tiene una distancia administrativa. Por ejemplo, toda ruta añadida por el protocolo de enrutamiento RIP tiene distancia administrativa 120, toda ruta añadida por el protocolo OSPF tiene distancia 110, y toda ruta añadida manualmente por el administrador tiene distancia administrativa 1.

Cuando un *router* tiene que reenviar un paquete, en primer lugar, comprueba la dirección IP de destino de dicho paquete. Después, elige una de las rutas de la tabla de enrutamiento cuya red de destino incluya a la IP mencionada. Puede haber más de una ruta cuya red de destino incluya la dirección IP, así que el *router* hace su elección atendiendo a varios criterios:

- **Menor distancia administrativa**: la distancia administrativa es un indicativo de la confiabilidad una ruta. Se da por hecho que la ruta añadida por un administrador siempre será más confiable que la ruta añadida por un protocolo de enrutamiento automático. Por ello, se eligen las rutas con menor distancia administrativa.

- **Menor métrica**: la métrica puede adoptar significados diferentes, pero siempre indica un coste. En caso de empate entre rutas, siempre es preferible una con menor coste, es decir, menor métrica.

- **Mayor longitud de prefijo**: cuando mayor es el prefijo de la red, más precisa es la ruta. Por ejemplo, imaginemos que tenemos que en enviar un paquete a la IP 10.0.5.12. Supongamos también que hay dos rutas en la tabla de enrutamiento, una hacia la red 10.0.0.0/8 y otra hacia la red 10.0.0.0/16. Las dos rutas son válidas, pero la primera, 10.0.0.0/8, tiene un prefijo menor que la segunda, 10.0.0.0/16. Por ello, se elegirá preferentemente 10.0.0.0/16, por tener un mayor prefijo.

En todas las tablas de enrutamiento hay ciertas rutas que se diferencian de las demás:

- **Rutas directamente conectadas**: son rutas que apuntan a una red a la que está conectado directamente el *router*. Se caracterizan por tener una distancia administrativa 0, por debajo de las rutas estáticamente definidas por un administrador de la red.

- **Rutas por defecto**: son rutas que representan a cualquier red. Se caracterizan por tener como dirección de red 0.0.0.0/0. Al tener un prefijo tan pequeño (de 0 bits) es la última ruta en considerarse, dejándose como último recurso. En casi todos los *routers* se añade una ruta por defecto a la que se envían los paquetes para los que no se ha encontrado una ruta mejor.

- **Rutas a un *host* concreto**: se caracterizan por tener una máscara 32, por lo que, en caso de coincidencia con la IP de destino, son las rutas favoritas por tener el mayor prefijo de red posible.

- **Rutas resumen o sumarizadas**: se trata de un mecanismo que une múltiples rutas en una sola. De este modo, es posible reducir el tamaño de la tabla de enrutamiento. Por ejemplo, la ruta hacia la red 192.168.0.0/23 incluye las rutas hacia la red 192.168.0.0/24 y hacia la red 192.168.1.0/24.

Todos los equipos de una red tienen una tabla de enrutamiento, incluso aquellos que no son *routers*. La diferencia está en que un *router* puede llegar a contener varios cientos de miles de rutas, especialmente los *routers* que los ISP utilizan para conectarse a otros ISP. Como mínimo, un dispositivo en una red debe contener una ruta por defecto hacia su puerta de enlace, el *router* de la red. Cuando el dispositivo origen envía un paquete hacia un dispositivo destino en otra red, envía el paquete hacia su puerta de enlace, el *router* de la red. A partir de ese momento, cada *router* que recibe el paquete toma una decisión de enrutamiento enviándolo hacia el siguiente. El último *router* del recorrido está directamente conectado a la misma red que el dispositivo destino, así que puede entregarle directamente el paquete.

3.7.2. Otros protocolos de nivel de red (IPX, etcétera)

Antes de que TCP/IP se convirtiera en la pila de protocolos dominante en todas las comunicaciones, existía la pila de protocolos IPX/SPX. Fue desarrollado por la empresa Novell y se utilizaba en su sistema operativo Novell Netware, que tuvo su mayor punto de implantación a finales de los años noventa. En la actualidad tanto la pila IPX/SPX como el sistema operativo Novell Netware han quedado obsoletos.

IPX es el protocolo del nivel red de la pila IPX/SPX. Al igual que el protocolo IP, IPX es un protocolo no orientado a la conexión, es decir, los *routers* no comprueban si sus pares están activos. Además, es un protocolo de mejor intento, es decir, el *router* elige la que probablemente sea la mejor ruta, aunque la entrega no está garantizada.

El direccionamiento que utiliza IPX se compone de dos partes:

- **Número de red**: 32 bits asignados a la dirección de red asignada por el administrador.

- **Número de nodo**: 48 bits correspondientes al identificador de *host*. Se corresponde con la dirección MAC de la interfaz de red.

Otro protocolo de red habitual de los años noventa fue NetBEUI. Se trata de un protocolo de red[105] desarrollado por Microsoft para sus sistemas operativos. Es

---

[105] En realidad, NetBEUI ocupa el nivel de red, de transporte y de sesión.

un protocolo sin enrutamiento, es decir, que no permite enviar paquetes a través de varias redes. Un paquete NetBEUI solamente puede ser enviado dentro del mismo segmento de red. Resulta paradójico que un protocolo de red no permita interconectar redes, pero NetBEUI surgió en un momento en que no era común que las redes LAN se conectaran a Internet. Los objetivos que persigue NetBEUI son:

- Abstraer al nivel superior de los detalles del *hardware* del nivel de enlace, ofreciendo una interfaz sencilla basada en primitivas para la entrega de datos a cualquier nodo de la LAN. NetBEUI utiliza constantemente el envío *broadcast*, por lo que tiene fama de sobrecargar la red.

- Permitir el direccionamiento a través de nombres en lugar de direcciones MAC. Cada nombre de NetBEUI puede tener hasta 15 caracteres. Hay que tener en cuenta que NetBEUI es una implementación del protocolo NetBIOS sobre el subnivel LLC del nivel de enlace. Es decir, los nombres de NetBEUI son el equivalente a las direcciones IP.

Cuando se impuso TCP/IP en las redes LAN, NetBEUI cayó en desuso y se impuso NetBT, una implementación de NetBIOS sobre TCP/IP. En la actualidad, cualquier versión de NetBIOS (ya sea NetBEUI o NetBT) forma parte del pasado, aunque Microsoft le siga dando soporte por cuestiones de compatibilidad.

A lo largo de los años ochenta, noventa y principios de los 2000 han coexistido estos y otros protocolos de red además de IPX y NetBEUI, como DDP (de la pila Appletalk) o IS-IS (de OSI), pero no han tenido la misma repercusión en el ámbito comercial. Finalmente, todos han quedado obsoletos y el tiempo ha dado la razón al protocolo IP, que inicialmente fue un protocolo restringido a Internet y que es más difícil de configurar. La principal razón de su dominio absoluto es su mayor eficiencia ante grandes cargas de trabajo.

3.8. Direcciones físicas y lógicas

La dirección física de un nodo es la dirección asociada a la interfaz de red, que en el caso de las redes Ethernet es la dirección MAC. La dirección lógica de un nodo pertenece al nivel de red de la pila de protocolos, que en el caso de TCP/IP es la dirección IP. Todo nodo de una red cuenta con ambas direcciones.

Supongamos que dos nodos pertenecientes a la misma LAN deben comunicarse. El nodo A, con IP 192.168.1.10 y dirección física 00-11-22-33-44-55, debe enviar ciertos datos al nodo B, del que solo conocemos su IP, 192.168.1.20. Pero la dirección IP no es suficiente para que haya comunicación. Como ya vimos cuando hablamos sobre la arquitectura de protocolos, el nivel de red está sobre el nivel de enlace. Por ello, para que el nivel de red del nodo A pueda comunicarse con el nivel de red del nodo B, antes debe haber comunicación a nivel de enlace. Es decir, el nodo A debe conocer no solo la dirección IP de B, sino también su dirección física. El problema es que, inicialmente, el nodo A conoce la dirección IP del nodo B, pero no su dirección física.

Para solucionar este problema, existe un protocolo llamado ARP (Address Resolution Protocol). Es un protocolo de nivel de red responsable de encontrar la dirección física que corresponde a una determinada dirección IP. ARP incluye varios tipos de mensaje, dos de los cuales son los más importantes:

- **ARP REQUEST:** mensaje enviado por un nodo que pregunta por la dirección física de otro, del que solo conoce su dirección IP.

- **ARP REPLY:** mensaje enviado por un nodo que responde a un mensaje de tipo ARP REQUEST, indicando su dirección física.

Además de estos mensajes, existen otros que son menos comunes: RARP REQUEST, RARP REPLY, DRARP REQUEST, DRARP REPLY, RARP ERROR, InARP REQUEST y InARP REPLY.

Entre otra información, la cabecera de un paquete ARP incluye cinco campos importantes:

- **Código de operación**: indica el tipo mensaje que se está enviando. Por ejemplo, el código de operación 1 es una consulta de tipo ARP REQUEST, mientras que el código de operación 2 es una consulta de tipo ARP REPLY. Existen en total 9 códigos de operación distinta, uno para cada tipo de mensaje.

- **Dirección física del emisor**: es la dirección física del nodo que envía el paquete ARP.

- **Dirección IP del emisor:** es la dirección IP del nodo que envía el paquete ARP.

- **Dirección física del receptor**: es la dirección física del nodo al que se dirige el paquete ARP. Cuando el paquete ARP se envía a un nodo cuya dirección física es desconocida, se utiliza una dirección ficticia, 00-00-00-00-00-00.

- **Dirección IP del receptor**: es la dirección IP del nodo que recibe el paquete ARP.

Para explicar el funcionamiento de ARP, vamos a analizar lo que ocurre en una red a través del ejemplo propuesto al inicio de la sección sobre los nodos A y B. El nodo A necesita conocer la dirección MAC del nodo B, que tiene como IP 192.168.1.20, antes de poder enviarle los datos. Por ello, el nodo A envía un paquete *broadcast* de tipo ARP REQUEST dirigido al nodo B, preguntando cuál es su dirección MAC. El protocolo ARP del nodo A crea un paquete con la siguiente información:

Cabecera resumida de paquete ARP (Nodo A -> Nodo B)				
Código op.	MAC origen	IP origen	MAC destino	IP destino
1	00-11-22-33-44-55	192.168.1.10	00-00-00-00-00-00	192.168.1.20

Este paquete ARP es pasado al nivel en enlace del nodo A, que lo encapsula en una trama Ethernet con la siguiente información:

Cabecera resumida de trama Ethernet (Nodo A -> Todos)		
Tipo de protocolo	MAC origen	MAC destino
0x0806	00-11-22-33-44-55	FF-FF-FF-FF-FF-FF

La dirección de destino, FF-FF-FF-FF-FF-FF, es la dirección broadcast de Ethernet dirigida a todos los nodos de la red. La interfaz de red del nodo A envía a la red la trama, que es recogida por todos los nodos. Al leer la dirección de destino, el nivel de enlace de todos los nodos acepta la trama y comprueba el tipo de protocolo, que contiene el valor 0x0806, correspondiente al protocolo ARP. Después desencapsula el paquete ARP y lo pasa al protocolo ARP del nivel superior. El protocolo ARP de cada nodo revisa el contenido del paquete ARP, buscando la dirección IP del receptor. El nodo B comprueba que la dirección IP del nodo receptor coincide con su IP, por lo que entiende que el paquete ARP se dirige a él. El resto de nodos descartan el paquete.

Una vez que el protocolo ARP del nodo B ha comprobado que el nodo A, con IP 192.168.1.10 y dirección MAC 00-11-22-33-44-55 desea conocer su dirección física (ya que el código de operación es 1, correspondiente a un mensaje ARP REQUEST), crea un nuevo paquete ARP con la siguiente información:

Cabecera resumida de paquete ARP (Nodo B -> Nodo A)				
Código op.	MAC origen	IP origen	MAC destino	IP destino
2	99-88-77-66-55-44	192.168.1.20	00-11-22-33-44-55	192.168.1.10

En este paquete, el nodo B indica su dirección MAC, 99-88-77-66-55-44. Después pasa el paquete al nivel de enlace, que encapsula el paquete ARP en una trama con la siguiente información:

Cabecera resumida de trama Ethernet (Nodo B -> Nodo A)		
Tipo de protocolo	MAC origen	MAC destino
0x0806	99-88-77-66-55-44	00-11-22-33-44-55

Después envía la trama a la red, pero en este caso solamente el nodo *A* aceptará la trama, ya que la dirección de destino coincide con la suya.

Cuando el nivel de enlace del nodo A recibe la trama, comprueba que el paquete encapsulado es de tipo ARP (debido al código del tipo de protocolo 0x0806), de modo que desencapsula el paquete ARP y se lo entrega al protocolo correspondiente del nivel superior. El protocolo ARP del nodo A comprueba que el paquete es de tipo ARP REPLY (debido al código de operación con valor 2), lo que indica que hay un nodo de la red que está anunciando su dirección MAC. Revisa el contenido del paquete, y de este modo obtiene la dirección física (99-88-77-66-55-44) del nodo con IP 192.168.1.20.

Una vez terminado este proceso de tipo pregunta-respuesta, el nodo A ya puede comunicarse directamente con el nodo B, puesto que conoce su dirección lógica (192.168.1.20) y su dirección física (99-88-77-66-55-44).

Cada nodo de la red mantiene una tabla en memoria RAM que relaciona las direcciones físicas con las direcciones IP de los nodos, llamada tabla ARP. Utilizando esta tabla, los nodos consiguen recordar esta información reduciendo el retardo y la carga, ya que de otro modo habría que estar constantemente haciendo las mismas consultas ARP. Cuando un nodo desea enviar un paquete a otro nodo, primero comprueba si ya existe una entrada en la tabla que le indique su dirección física. En caso contrario, inicia el proceso de resolución de dirección física y crea la entrada correspondiente en la tabla ARP. Cada entrada de la tabla se mantiene un periodo de tiempo, tras el cual, es eliminada.

ARP es un protocolo que funciona dentro del mismo segmento. Pero no es posible preguntar la dirección física de un nodo que está en otra red. Esto tiene sentido, ya que la dirección física solamente sirve para comunicaciones a nivel de enlace. Entonces surge una pregunta: ¿a qué dirección física se envían los datos cuando el destino está en otra red? La respuesta es a la dirección física del *router*. Volviendo al ejemplo anterior del nodo A, imaginemos que tiene que enviar datos a un nodo con IP 10.0.20.10 (que está en una red diferente). Entonces, el nodo A detecta que la dirección IP de destino no pertenece a su misma red, por lo que dirige un paquete de tipo ARP REQUEST hacia el *router*. ¿Cómo conoce la dirección IP del *router* de la red? La respuesta está en la configuración de red. Cuando se configura la red de un nodo, además de la dirección IP y la máscara de red, se indica la dirección de la puerta de enlace, que es la dirección IP del *router*. Supongamos que la puerta de enlace del nodo A es 192.168.1.1. Entonces el nodo A enviará un mensaje ARP REQUEST con la siguiente información:

Cabecera resumida de paquete ARP (Nodo A -> *Router*)				
Código op.	MAC origen	IP origen	MAC destino	IP destino
1	00-11-22-33-44-55	192.168.1.10	00-00-00-00-00-00	192.168.1.1

El paquete ARP se envía encapsulado en una trama Ethernet de tipo *broadcast*, que llega a todos los nodos de la red. Cada nodo que recibe la trama Ethernet comprueba la dirección IP destino, y todos descartan el paquete salvo el *router*. El proceso que sigue el *router* es el mismo explicado con anterioridad, de forma que responde con un paquete ARP con la siguiente información:

Cabecera resumida de paquete ARP (*Router* -> Nodo A)				
Código op.	MAC origen	IP origen	MAC destino	IP destino
2	AA-BB-CC-DD-EE-FF [107]	192.168.1.1	00-11-22-33-44-55	192.168.1.10

El paquete ARP es encapsulado en una trama Ethernet, y es enviado por el *router* a la red con dirección al nodo A. Cuando este lo recibe, crea una entrada en la tabla ARP que relaciona la dirección física del router (AA-BB-CC-DD-EE-FF en este ejemplo) con su dirección IP (192.168.1.1).

---

[106] MAC de ejemplo del *router*.

Una vez que el nodo A conoce la dirección física y la IP del *router*, ya se puede comunicar directamente con él. Para enviar los datos al nodo con IP 10.0.20.10, creará un paquete IP con dirección IP origen 192.168.1.10 y dirección IP destino 10.0.20.10. Dicho paquete IP contiene en su campo de datos la PDU del nivel superior, que transporta la información que se desea enviar al nodo con IP 10.0.20.10. El paquete IP, es a su vez encapsulado en una trama Ethernet con la siguiente información:

Cabecera resumida de trama Ethernet (Nodo A -> *Router*)		
Tipo de protocolo	**MAC origen**	**MAC destino**
0x0800 (IPv4)	00-11-22-33-44-55	AA-BB-CC-DD-EE-FF

El nodo A envía a la red la trama Ethernet, que es recibida por el *router*. Cuando este comprueba que la trama contiene su dirección física, desencapsula el paquete IP y lo pasa al protocolo IPv4 del nivel superior. Dicho protocolo revisa los campos, y detecta que la dirección IP de destino pertenece a otra red. En este momento, el *router* lleva a cabo una acción propia exclusivamente de los *routers*: el reenvío del paquete. El *router* toma una decisión de enrutamiento, eligiendo el mejor *router* al que enviar el paquete. Una vez que ha tomado la decisión, vuelve a comenzar el proceso de resolución de dirección física del *router* destino, y cuando el proceso termina, le envía el paquete. Este procedimiento se repite una y otra vez hasta que el paquete finalmente llega a su destino.

Como se ha podido comprobar, las direcciones físicas y lógicas de una red Ethernet están íntimamente relacionadas, y el engrudo que las mantiene unidas es el protocolo ARP.

Los sistemas que requieren mantener una tabla ARP, disponen de comandos para su consulta y mantenimiento. En Windows y en GNU/Linux hay existen los comandos *arp* y *netsh*, cuyas opciones más importantes son las siguientes:

- *arp -a*   muestra la tabla ARP completa.

- *arp -d dirección_ip*   borra la entrada de la tabla ARP correspondiente a la IP indicada.

- *netsh interface ipv4 add neighbors nombre_interfaz dirección_ip dirección_física*   añade una entrada a la tabla ARP de manera estática en Windows.

- *arp -s dirección_ip dirección_física*   agrega una entrada a la tabla ARP de manera estática en GNU/Linux.

Imaginemos una LAN en la que hay tres dispositivos: una estación de trabajo con Windows, una estación de trabajo con GNU/Linux y el *router* conectado a Internet, de los que disponemos de la siguiente información:

- La estación de trabajo Windows tiene la IP 192.168.1.141 y la MAC 1c:4b:d6:f9:fe:44.

- La estación de trabajo GNU/Linux tiene la IP 192.168.1.138 y la MAC 5c-e0-c5-23-66-20.

- El *router* tiene la IP 192.168.1.1 y la MAC ec-8a-4c-ae-d3-a1.

Consultar la tabla ARP

En la máquina recién iniciada con Windows instalado, el comando *arp -a* ejecutado en la consola de comandos[107] da como resultado lo siguiente:

```
C:\Windows\System32\> arp -a
Interfaz: 192.168.1.141 --- 0xb
  Dirección de Internet     Dirección física      Tipo
  192.168.1.1               ec-8a-4c-ae-d3-a1     dinámico
  192.168.1.255             ff-ff-ff-ff-ff-ff     estático
  224.0.0.22                01-00-5e-00-00-16     estático
  224.0.0.252               01-00-5e-00-00-fc     estático
  239.255.255.250           01-00-5e-7f-ff-fa     estático
  255.255.255.255           ff-ff-ff-ff-ff-ff     estático
```

Se puede observar que solamente hay una entrada en la tabla de tipo dinámico. Esta entrada corresponde al *router* de la LAN. Al iniciar Windows, este solicitó una configuración de red al servidor DHCP, ubicado en el *router* en nuestro ejemplo. Durante la consulta DHCP, Windows aprendió la dirección MAC del mismo. Además de la entrada dinámica, aparecen otras direcciones estáticas introducidas automáticamente por Windows.

- 192.168.1.255 con dirección física ff-ff-ff-ff-ff-ff es la dirección *broadcast* de la LAN. Al enviar a esta dirección, los datos llegarán a todos los dispositivos de la red.

---

[107] La consola de comandos se puede abrir desde el menú de inicio, buscando el programa cmd.

- 224.0.0.22 con dirección física 01-00-5e-00-00-16 es una dirección *multicast* vinculada al servicio IGMP[108].

- 224.0.0.252 con dirección física 01-00-5e-00-00-fc es una dirección *multicast* correspondiente al servicio LLMNR[109].

- 239.255.255.250 con dirección física 01-00-5e-7f-ff-fa es una dirección *multicast* asociada al servicio SSDP[110].

- 255.255.255.255 con dirección física ff-ff-ff-ff-ff-ff es llamada dirección *broadcast limitada* y se utiliza cuando un dispositivo necesita enviar un paquete *broadcast* a la red, pero desconoce el identificador de la red. Habitualmente es utilizada cuando el dispositivo solicita una configuración de red por DHCP antes de tener asignada una dirección de red.

En una máquina recién iniciada con GNU/Linux instalado, el comando *arp -a* ejecutado en una consola de comandos[111] dará como resultado lo siguiente:

```
host $> arp -a
? (192.168.1.1) en ec:8a:4c:ae:d3:a1 [ether] en
wlp2s0
```

La entrada hace referencia a la puerta de enlace (el *router*), 192.168.1.1, e indica la dirección MAC, ec:8a:4c:ae:d3:a1 y la interfaz por la que se alcanza, wlp2s0. La dirección del *router* está disponible porque al iniciar, GNU/Linux se puso en contacto con el servidor DHCP para obtener una dirección IP. Durante este proceso, ARP obtuvo la dirección física del *router*. El signo de interrogación que aparece al inicio de la línea, indica que no se ha podido resolver el nombre del *router*.

---

[108] IGMP (Internet Group Management Protocol) es un protocolo del nivel de red de la pila TPC/IP que permite a un host anunciar su pertenencia a un grupo *multicast*.

[109] LLMNR (Link Local Multicast Name Resolution) eso un protocolo del nivel de aplicación de la pila TCP/IP que permite a un *host* resolver nombres de otros *hosts* dentro de la misma red.

[110] SSDP (Simple Service Discovery Protocol) es un protocolo del nivel de aplicación de la pila TCP/IP que sirve para la búsqueda de dispositivos UPnP (Universal Plug and Play). UPnP permite que los dispositivos de una red descubran otros dispositivos presentes para intercambiar datos de configuración y servicios. Está diseñado principalmente para entornos domésticos.

[111] En una consola de comandos de GNU/Linux se pueden ejecutar comandos en un intérprete de comandos como *Bash*. Cada distribución de GNU/Linux tiene su propio procedimiento para acceder una terminal.

Cuando Windows contacta con otro dispositivo, el protocolo ARP obtiene su dirección física y almacena la entrada en la tabla. Por ejemplo, tras ejecutar el comando *ping* 192.168.1.138 la tabla ARP añade la siguiente entrada (obtenida con el comando arp -a):

```
192.168.1.138          5c-e0-c5-23-66-20dinámico
```

Del mismo modo, GNU/Linux añade una nueva entrada en la tabla ARP tras ejecutar el comando *ping* 192.168.1.141:

```
? (192.168.1.141) en 1c:4b:d6:f9:fe:44 [ether] en
wlp2s0
```

Crear una entrada estática en la tabla ARP

Si queremos que una cierta entrada permanezca indefinidamente en la tabla ARP, es decir, que sea una entrada estática, podemos ejecutar el comando *arp -s*. Por ejemplo, en Windows podríamos desear que la entrada asociada al *router* sea estática.

```
C:\Windows\System32> netsh interface ipv4
add neighbors "Conexión de área      local"
"192.168.1.1" "ec-8a-4c-ae-d3-a1"
```

NOTA: Para poder ejecutar este comando con éxito, es preciso abrir una consola de comandos con elevación[112].

Después de ejecutar este comando, al ejecutar el comando *arp -a* para consultar la tabla ARP, podremos observar la siguiente entrada:

```
192.168.1.1        ec-8a-4c-ae-d3-a1      estático
```

Lo mismo podemos hacer en GNU/Linux con el comando *arp -s*.

```
host $> sudo arp -s 192.168.1.1 ec-8a-4c-ae-d3-a1
```

NOTA: Obsérvese que se ha utilizado el comando *sudo*. Este comando se utiliza para llevar a cabo acciones que requieren privilegios de administrador.

---

[112] Para abrir una consola de comandos con elevación, hay que ir al botón de inicio, buscar el programa cmd y hacer clic con el botón derecho sobre el icono de la consola de comandos y elegir la opción *Ejecutar como administrador*.

Tras ejecutar el comando, podemos observar una nueva entrada en la tabla al ejecutar el comando *arp -a*:

```
? (192.168.1.1) en ec:8a:4c:aa:d5:a0 [ether] PERM
en wlp2s0
```

Si nos fijamos atentamente, veremos que aparece el término PERM, indicando que la entrada es estática.

Eliminar una entrada de la tabla ARP

La última opción interesante del comando *arp* es el borrado de una entrada. Por ejemplo, para borrar una entrada de la tabla ARP ejecutamos el siguiente comando:

```
C:\Windows\System32> arp -d 192.168.1.138
```

NOTA: Este comando requiere una consola de comandos con elevación.

Tras ejecutar este comando, la entrada correspondiente a la IP 192.168.1.138 ya no existe. Lo mismo podemos hacer en GNU/Linux:

```
host $> sudo arp -d 192.168.1.141
```

ACTIVIDADES

3.1. Enumera los elementos básicos que forman parte de un sistema de comunicaciones.

3.2. Hay una serie de consideraciones que complican las comunicaciones. Explica al menos cinco de estas consideraciones.

3.3. Explica en qué consiste una pila de protocolos.

3.4. ¿Qué es la PDU de un protocolo?

3.5. ¿En qué consiste la encapsulación de datos?

3.6. Enumera los niveles que componen la pila de protocolos OSI.

3.7. ¿Qué cuestiones definen el modelo de referencia OSI sobre cada nivel?

3.8. Explica la diferencia entre servicio orientado a la conexión y no orientado a la conexión.

3.9. Explica la diferencia entre servicio confirmado y no confirmado.

3.10. ¿Puede ser un servicio orientado a la conexión y no confirmado? Pon un ejemplo.

3.11. ¿Cuál es la función del nivel físico?

3.12. Enumera los tipos de medios físicos para la transmisión de datos.

3.13. ¿Qué aspectos define un protocolo del nivel físico?

3.14. ¿Qué función cumple el nivel de enlace?

3.15. En el tránsito de los datos entre dos puntos de Internet, ¿cuántas tecnologías de enlace diferentes se pueden utilizar?

3.16. ¿Qué función tiene el subnivel de control de enlace lógico?

3.17. ¿Qué función tiene el subnivel de control de acceso?

3.18. Explica qué función tiene un protocolo de contienda.

3.19. ¿Cuáles son los protocolos de contienda principales? ¿Con qué tecnología de enlace LAN se utiliza cada uno?

3.20. Dada la dirección MAC 00:16:96:e5:17:da, obtén el OUI y el identificador de la interfaz. ¿Cuál es el fabricante?

3.21. ¿Qué dirección es ff:ff:ff:ff:ff:ff? ¿Qué utilidad tiene?

3.22. ¿Qué es el preámbulo de una trama Ethernet? ¿Qué función tiene?

3.23. ¿Qué diferencia hay entre una trama IEEE 802.3 y una Ethernet II?

3.24. ¿Por qué hay una longitud mínima para la trama Ethernet?

3.25. ¿Qué estándares de Ethernet son los más utilizados en la actualidad en las redes LAN? Indica qué velocidad proporciona cada uno. Busca un modelo de interfaz de red en Internet que esté en venta y que implementa alguno de los estándares citados.

3.26. ¿Qué estándares de Ethernet son los más utilizados en la actualidad en las redes de servidores? Busca un modelo de interfaz de red en Internet que esté en venta y que implemente alguno de los estándares citados.

3.27. ¿Qué significa el acrónimo PoE?

3.28. ¿Qué funciones cumple el nivel de red?

3.29. Cita las características del protocolo IP.

3.30. ¿Qué significa que el protocolo IP es un protocolo inseguro?

3.31. ¿Por qué los paquetes de IPv4 pueden sufrir fragmentación?

3.32. IPv6 no soporta la fragmentación, ¿cómo resuelve el problema de la MTU?

3.33. Pasa los siguientes números de binario al sistema numérico decimal y al hexadecimal:
    a. 1001
    b. 101011101
    c. 11011010110111

3.34. Pasa los siguientes números de decimal al sistema numérico binario y al hexadecimal:
    a. 35
    b. 268
    c. 626
    d. 1025

3.35. Pasa los siguientes números de hexadecimal al sistema numérico decimal y al binario:

    a. F3

    b. FA3

    c. 3ABF

3.36. Completa la siguiente tabla:

Dirección de red	Primera dirección de *host*	Dirección *broadcast*
	192.168.10.1	192.168.10.255
172.16.8.0/22		

3.37. Indica cuáles de las siguientes direcciones son direcciones IP asignables, cuáles son direcciones *broadcast* y cuáles son direcciones de red:

    a. 192.168.8.0/20

    b. 172.34.15.191/26

    c. 8.8.4.4/30

    d. 15.10.53.63/26

    e. 10.0.0.64/25

3.38. Expresa en notación de puntos la máscara de las siguientes redes:

    a. 192.168.0.0/24

    b. 10.0.0.64/25

    c. 172.17.0.0/30

3.39. Obtén la dirección *link-local* IPv6 con formato EUI-64 de una interfaz de red con dirección MAC 5c:e0:c5:23:66:27.

3.40. ¿Qué dos tipos de direcciones *unicast* hay en IPv6?

3.41. ¿Por qué en IPv6 no hay direcciones *broadcast*? ¿Qué tipo de direcciones hay para dirigirse a más de un *host*?

3.42. ¿Para qué sirve el servicio DHCP?

3.43. ¿De qué manera puede un *host* IPv6 autoconfigurarse sin estado?

3.44. Enumera los campos que incluye una entrada en la tabla de enrutamiento como mínimo.

3.45. ¿Qué criterio sigue un *router* a la hora escoger la mejor ruta de su tabla de enrutamiento?

3.46. ¿Qué es una ruta por defecto? ¿Cuándo se utiliza?

3.47. En un equipo con Windows instalado, consulta los parámetros de red. Registra los siguientes valores:

a. Dirección física.

b. IPv4.

c. Máscara de red.

d. Puerta de enlace predeterminada.

e. Dirección IPv6 *link-local*.

3.48. A partir de la dirección física obtenida en la actividad 47, calcula la dirección *link-local* con formato EUI-64 correspondiente. ¿Coincide con la dirección *link-local* EUI-64 de la interfaz? Si no coincide, explica por qué y de qué modo cambiarlo.

3.49. En un *host* con GNU/Linux instalado, consulta los siguientes parámetros de red. Registra los siguientes valores:

a. Dirección física.

b. IPv4.

c. Máscara de red.

d. Dirección IPv6 *link-local*.

3.50. ¿Qué función tiene el protocolo ARP? Enumera sus mensajes principales.

3.51. Un nodo de una red, con dirección IP 192.168.10.15, necesita intercambiar información con el nodo con IP 192.168.10.30. ¿Por qué es necesario el protocolo ARP? Describe el contenido de los paquetes ARP intercambiados entre ambos nodos. Para cada paquete debes indicar en qué orden se envía y el contenido de sus campos principales.

3.52. En un equipo con Windows instalado lleva a cabo las siguientes tareas:

a. Obtener el contenido de su tabla ARP.

b. Crear una entrada estática en la tabla ARP.

c. Eliminar la entrada estática creada anteriormente.

3.53. En un *host* con GNU/Linux instalado lleva a cabo las siguientes tareas:

a. Obtener el contenido de su tabla ARP.

b. Crear una entrada estática en la tabla ARP.

c. Eliminar la entrada estática creada anteriormente.

4. Instalación y configuración de los nodos de la red de área local

Contenido

Introducción

En este último capítulo se va a abordar la instalación y configuración de los nodos de la red de área local. Este es el paso lógico una vez presentada en los capítulos anteriores la arquitectura de las redes de área local (Capítulo 1), los elementos de una red de área local (Capítulo 2) y los protocolos de una red de área local (Capítulo 3). Este capítulo es el último del libro, pero no el menos importante, de hecho, si se han asimilado bien los conceptos presentados a lo largo del libro será el capítulo más provechoso. En primer lugar, se presenta el armario de comunicaciones (sección 4.1), posteriormente se abordan los pasos necesarios para realizar la instalación de los adaptadores de red (físicos) y sus correspondientes controladores (*drivers*) en diferentes sistemas operativos (sección 4.2). Es en la sección 4.3 donde se introduce la instalación y configuración de los protocolos de red más habituales tanto para los sistemas operativos Windows como Linux, destacando los servicios DHCP, DNS y NetBIOS. La sección 4.4 tiene una gran envergadura, puesto que se presenta la instalación y configuración de servicios de red tales como servicios de acceso a la red (escritorio remoto, SSH), servicios de ficheros (CIFS/SMB, NFS), servicios de impresión (CUPs), servicios de correos (Postfix, cliente Thunderbird), servicio DHCP, servicio DNS, servicios web (Apache), servicios de directorio activo (Active Directory). Finalmente, el capítulo finaliza con los procedimientos que hay que llevar a cabo para realizar las configuraciones a *routers* y *switches* en la sección 4.5.

4.1. El armario de comunicaciones

Como ya se explicó en la sección 2.8, en las instalaciones de red se utiliza un tipo de armario llamado armario *rack*. Cuando dicho armario únicamente contiene componentes orientados a las comunicaciones, se denomina armario de comunicaciones. El armario de comunicaciones es el elemento de articulación principal del cableado estructurado y se utiliza para concentrar los diferentes elementos de interconexión de la red a varios niveles:

- **A nivel físico**, incluye todo lo necesario para llevar a cabo conexiones cruzadas, como latiguillos y *patch panels*. Además, contiene mecanismos para organizar el cableado, como pasacables.

- **A nivel de enlace**, contiene los *switches* de la red, que reconstruyen las señales y conmutan los datos.

- **A nivel de red**, pueden alojar *routers* para segmentar la red en diferentes subredes independientes.

4.1.1. Elementos del armario de comunicaciones

Descripción de un armario de comunicaciones

Los armarios de comunicaciones son soportes metálicos o bastidores, que disponen de perfiles metálicos perforados donde se atornilla el equipamiento. Todos los armarios de comunicaciones cuentan con una estructura de dos o cuatro postes verticales sobre los que se sostienen dichos perfiles. Obligatoriamente hay dos perfiles frontales, aunque los armarios más grandes poseen dos perfiles más a los lados para dispositivos pesados, como grandes servidores, SAI[113], etc. Dado que no existe un estándar que indique la separación entre los perfiles frontales y laterales, los laterales se pueden desplazar longitudinalmente para ajustarse al dispositivo que se esté instalando. En la Figura 4.1 se muestra una representación de un armario de comunicaciones.

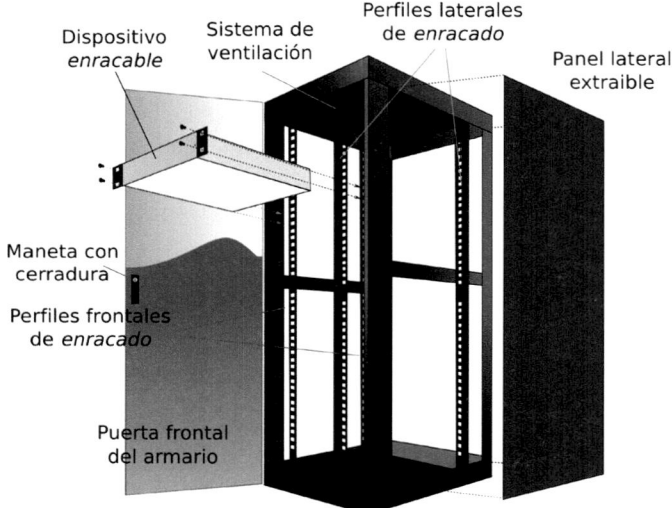

Figura 4.1. El equipamiento se atornilla sobre los perfiles del armario de comunicaciones.

Dimensiones

Las medidas en los armarios de comunicaciones están normalizadas:

- **Distancia entre los perfiles frontales**: los perfiles frontales están separadas entre sí para albergar dispositivos de 19" o de 10". La mayoría de

---

[113] Un sistema de alimentación ininterrumpida (SAI) es un dispositivo que contiene baterías, cuyo objetivo es suministrar corriente eléctrica durante un tiempo limitado en caso de caída de la red eléctrica.

dispositivos preparados para la instalación en un armario, llamados dispositivos enracables, son de 19" de ancho. El ancho de 10" se utiliza para instalaciones muy pequeñas.

- **Unidades *rack* o U**: la medida de altura que se utiliza en un armario de comunicaciones se denomina unidad *rack* o sencillamente *U*, que equivale a 1,75 pulgadas. Las unidades *rack* se emplean para medir la altura del equipamiento enracable en un armario. El menor tamaño disponible es de 1 U, aunque es posible encontrarlo en tamaños de hasta 12 U.

- **Altura**: la altura de un armario se proporciona en unidades *rack*, pudiendo encontrar desde armarios pequeños de 4 U hasta armarios grandes de alrededor de 60 U. A la altura proporcionada en unidades *rack*, hay que sumar entre 10 y 15 centímetros correspondientes a la suma de la base y el techo.

- **Perforado de los perfiles**: los perfiles de un armario de comunicaciones están perforados siguiendo unas medidas muy concretas. Un perfil presenta tres orificios por cada U de longitud. Los perfiles de menor calidad pueden sufrir imprecisiones en el perforado, lo que puede llegar a imposibilitar la instalación del equipamiento.

- **Anchura**: los armarios de comunicaciones para dispositivos de 19" tienen un ancho de 600 y 800 milímetros en el caso de los de mayor tamaño. Es importante consultar este dato para poder planificar el reparto de espacio, especialmente cuando se van a instalar varios armarios en una misma sala. Los armarios para dispositivos de 10" pueden presentarse con anchos variados de alrededor de 300 milímetros.

- **Profundidad**: la profundidad de los armarios no está normalizada, pero en el mercado se pueden encontrar dimensiones variadas, como 300, 400, 450, 500, 550, 600, 900, 1000 y 1200 milímetros. En general se recomienda adquirir un armario que tenga un fondo al menos 15 centímetros mayor que el *hardware* que se vaya a instalar, para permitir que el aire circule por el armario y disipar el calor generado por los equipos.

Tipos de armarios

En general, podemos distinguir entre armarios cerrados y armarios abiertos, comúnmente llamados bastidores.

- **Armario de comunicaciones cerrado**: en este tipo de armario el armazón donde se instala el equipamiento está protegido por paneles metálicos a los lados y opcionalmente abajo, un panel en la parte superior que puede incorporar ventiladores para disipar el calor, una puerta en la parte frontal, y opcionalmente otra puerta en la parte trasera. Los paneles laterales suelen disponer de un mecanismo para ser retiradas fácilmente con un simple clic y facilitar el acceso lateral al interior del armario. Las puertas frontal y trasera cuentan con una cerradura para mayor seguridad. En un armario de comunicaciones cerrado, el equipamiento está protegido del exterior, pero ocupa una superficie considerable y su interior es menos accesible que en el caso de los bastidores.

- **Armario de comunicaciones abierto o bastidor**: en los bastidores, el armazón del armario está desnudo y no cuenta con paneles exteriores. Al igual que los armarios de comunicaciones cerrados, los bastidores pueden tener dos o cuatro postes. Proporcionan una posibilidad económica de instalación de equipamiento donde el espacio limita el uso de un armario cerrado. Además, la ausencia de una carcasa permite un acceso rápido y cómodo al interior. Por contra, el equipamiento está expuesto al exterior siendo más vulnerable, por lo que son adecuados en caso de instalaciones cerradas con acceso limitado. Muchos bastidores incorporan ruedas para poder ser desplazados por el piso, dado su menor peso.

La mayor variedad de tipos de armario la encontramos entre los armarios de comunicaciones cerrados. Los que se van a citar a continuación son modelos habituales en el catálogo de cualquier proveedor armarios de comunicaciones.

- **Armarios murales**: son los armarios de menor tamaño, y pueden ser instalados directamente en la pared, aunque no es necesario, pudiendo descansar en el suelo. Su altura suele medir entre los 4 y los 18 U de altura, y su fondo entre 450 y 600 milímetros. Se utilizan principalmente para articular el cableado horizontal, por lo que es posible encontrarlos en las paredes de las habitaciones que disponen de instalación de cableado. Los elementos que se instalan en ellos son *patch panels*, *switches*, *routers*, cableado y opcionalmente accesorios como regletas enracables de alimentación (PDU, o Power Distribution Unit). En las gamas más altas de armarios murales podemos encontrar ventiladores en la parte superior, aunque no es lo más común. Dentro de los armarios murales, podemos encontrar dos tipos:

  — **Armarios murales de un cuerpo**: estos armarios poseen únicamente una puerta frontal de cristal con una cerradura. Una vez instalados en la pared, solamente es posible acceder a su interior a través de dicha puerta o de los paneles laterales.

— **Armarios murales de doble cuerpo**: al igual que los armarios de un cuerpo, poseen una puerta frontal de cristal con cerradura y paneles laterales que se pueden retirar. Además, disponen de un sistema de bisagras traseras que permiten separar el cuerpo del armario de la pared para acceder por la parte posterior. Este mecanismo dispone de una cerradura para limitar el acceso al armario.

- **Armarios murales económicos:** en el mercado es posible encontrar una gama de armarios económicos de 10 y 19 pulgadas, de entre 4 y 6 U de altura, con una estructura menos sólida, que pueden ser adecuados para ciertas aplicaciones poco exigentes. Al adquirir un armario de este tipo, es importante buscar referencias de otros compradores, puesto que pueden sufrir imprecisiones en las medidas, y encontrarnos con la desagradable sorpresa de que no se puede instalar el dispositivo deseado.

- **Armarios de suelo con puerta de cristal**: son los armarios destinados a albergar el equipamiento más pesado, como servidores, *chasis blade*, cabinas de discos, *routers*, *switches*, *firewalls* y uno o más SAI. Suelen ubicarse en salas de equipamiento junto con otros armarios similares y articulan el cableado vertical. Debido al peso de estos armarios, las salas de equipamiento suelen ubicarse en las plantas inferiores de los edificios. Tienen un ancho de 600 o 800 milímetros, y su fondo va de 600 a 1200 milímetros. Los armarios de 800 milímetros permiten acceder más fácilmente a su interior e instalar accesorios para la disposición ordenada del cableado, como ordenadores de cable. Casi siempre cuentan con elementos adicionales, como varios ventiladores en la parte superior, componentes para la puesta a tierra y al menos una PDU. Disponen de una puerta en el frontal de cristal y otra en la parte trasera que puede ser de metal microperforado o de cristal. También pueden tener configuración de hoja simple (con una única puerta del ancho del armario) o doble (con dos puertas de la mitad del ancho del armario). La ventaja que aporta un sistema de puertas dobles es que permite situar el armario en lugares de paso estrecho. Los armarios de suelo están equipados con patas de altura regulable y ruedas, para poder ser desplazados fácilmente y fijarlos en un punto del piso.

- **Armarios de suelo con puerta microperforada**: son similares a los armarios de suelo, pero en lugar de puertas de cristal cuentan con puertas de metal microperforadas, que permiten ver su interior sin estar completamente aislados del exterior. Estos armarios permiten una mayor ventilación, pero también dejan escapar el ruido generado por el equipamiento del interior del armario, por lo que son más ruidosos.

Figura 4.2. Tipos de armarios de comunicaciones. De izquierda a derecha, se pueden ver un armario de pie con puerta de cristal, un bastidor, un armario de pie con puerta microperforada y un armario mural de dos cuerpos.

Elementos enracables

El término *enracable* hace referencia a un elemento preparado para ser instalado en un armario de comunicaciones. Existe una amplia oferta de productos enracables, siendo los más habituales los siguientes:

- **Equipamiento electrónico**: el equipamiento electrónico enracable puede estar formado por servidores, *chasis blade*, *switches*, *routers*, *firewalls*, cabinas de discos y uno o más SAI. Todo dispositivo electrónico enracable tiene un ancho de 19". La altura siempre es un número exacto de U, que varía dependiendo del dispositivo. En cuanto al fondo, depende del tipo de dispositivo. Podemos encontrar desde pequeños *switches* de 1 U de altura y un fondo de menos de 20 centímetros, hasta grandes dispositivos de 12 U de altura y cerca de 1 metro de fondo.

- **Carriles telescópicos**: cuando se instala un equipo electrónico en un armario de comunicaciones directamente sobre los perfiles, la parte superior del equipo puede quedar inaccesible, debido al equipamiento instalado justo encima. Algunos dispositivos, como los servidores, disponen de una tapa desplegable en su parte superior para poder acceder a su interior y llevar a cabo tareas de mantenimiento y cambios en el *hardware*. Los carriles telescópicos solucionan este problema, ya que siguen el mismo principio que los carriles del cajón de un armario de ropa. Un dispositivo electrónico es atornillado a los carriles telescópicos, siendo estos últimos los que quedan fijados a los perfiles, permitiendo sacar dicho dispositivo a modo de cajón. De esta forma, el administrador puede acceder a la tapa superior del equipo simplemente tirando de él hacia afuera.

- **Patch panel**: cuando el cableado llega hasta un armario de comunicaciones, siempre termina en un dispositivo de comunicaciones, como un *switch* o un *router*. Pero esta conexión no se hace directamente, sino que se utiliza un elemento intermedio llamado *patch panel*, a veces también llamado panel de parcheo o panel de conexiones. Un *patch panel* contiene un cierto número de conectores hembra, ya sean de fibra óptica o de cobre. Cada cable procedente de la instalación tiene engastado en la parte trasera un conector hembra del *patch panel*, y en la parte frontal de este hay un puerto por cada cable. Los *patch panel* dejan espacio suficiente en la parte frontal para agregar etiquetas de identificación para cada puerto. La conexión al dispositivo de comunicaciones se realiza mediante un cable corto, llamado *latiguillo*, que une un puerto del *patch panel* con otro puerto del dispositivo correspondiente. El uso de uno o más *patch panel* permite que la gestión del cableado sea más sencilla y ordenada. Las instalaciones de baja calidad obvian su uso, pero terminan pagándolo con desorden en los cables y problemas de conectividad. Algunos *patch panel* pueden contar con soportes para el cableado en su parte posterior, llamados *peines ordenacables*, para mantener los cables en una posición adecuada, y evitar las tiranteces que podrían desengastar un cable de su conector hembra. En la Figura 4.3 se puede ver una representación de un *patch panel*.

- **Latiguillos**: son cables conectorizados de poca longitud. En el armario de comunicaciones son los cables que conectan los puertos de un *patch panel* con el resto de dispositivos.

- **Data switch KVM**: las siglas KVM responden a las palabras *keyboard* ('teclado'), *video* ('vídeo') y *mouse* ('ratón'). Muchos armarios de comunicaciones incorporan un dispositivo extraíble sobre carriles telescópicos que incluye un teclado, un monitor y un ratón. Un único *data switch KVM* puede conectarse a varios dispositivos diferentes, y el usuario elige el dispositivo de trabajo en cada momento mediante un interruptor.

- **Bandejas**: las bandejas permiten colocar en un armario de comunicaciones elementos que no se ajustan a las dimensiones de enracado. Por ejemplo, si es preciso instalar un pequeño *switch* de 10" en un armario de 19", se puede instalar una bandeja sobre la que poner dicho *switch*.

- **Pasacables**: los pasacables son estructuras que permiten organizar el cableado que circula por el armario de comunicaciones. Se pueden instalar en diferentes partes del armario para organizar el cableado que llega desde el exterior, o bien el que interconecta los elementos del armario, como los latiguillos.

- **PDU (Power Distribution Unit)**: las PDU son básicamente regletas de corriente enracables. El equipamiento electrónico se conecta a la PDU y esta a su vez se conecta bien a un SAI instalado en el armario, bien a una toma de la red eléctrica. En Europa, el número de tomas de una PDU se indica en número de *schukos*, que es el nombre del formato estándar de los enchufes que se utiliza en esta región.

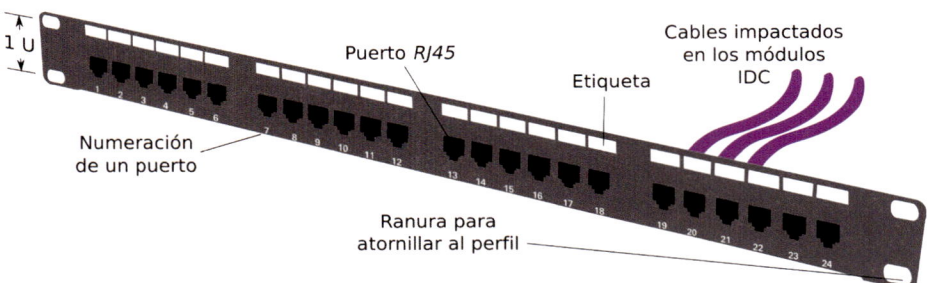

Figura 4.3. Representación de un *patch panel,* también llamado panel de conexiones o panel de parcheo.

4.1.2. Representación en el armario de las tomas de red de los nodos

Los armarios de comunicaciones deben contar con documentación que permita comprender rápidamente su contenido y la posición del cableado. Resulta habitual que los administradores peguen en la puerta de cristal del armario un papel con la información básica sobre el cableado, en forma de tabla con el origen y el destino de cada puerto de cada *patch panel*. Por ejemplo, imaginemos un armario de comunicaciones identificado mediante la etiqueta *1HC08*, que contiene dos *patch panels* de 24 puertos. El primero de ellos está identificado por la letra *A* y el segundo por la letra *B*. De modo que los puertos del *patch panel A* tienen las etiquetas *1HC08-A1* para el puerto número 1, *1HC08-A2* para el puerto número 2, y así sucesivamente. Del mismo modo, los puertos del *patch panel B* poseen las etiquetas *1HC08-B1* para el puerto número 1, *1HC08-B2* para el puerto número 2, etc. Supongamos también que el puerto 1HC08-A1 se dirige hacia una roseta de pared identificada como *RS15-2*, mientras que el puerto 1HC08-A2 se dirige hacia un puerto, identificado con la etiqueta *1IC02-A12*, perteneciente a un *patch panel* ubicado en otro armario de comunicaciones.

Entonces, en la puerta del armario 1HC08 debería haber una tabla con esta información. Una posible propuesta es la siguiente:

Tabla 4.1. Tabla de información básica sobre el cableado para pegar en la puerta del armario de comunicaciones

Origen	Destino	Comentario
1HC08-A1	RS15-2	Punto red ponente
1HC08-A2	1IC02-A12	Hacia bastidor ppal. planta 1
[...]		

Cuando un administrador consulta esta tabla, es capaz de decir con precisión hacia dónde se dirige cada puerto de cada *patch panel*. La información que se incluye en la puerta del armario de comunicaciones se complementa con los planos físicos de la red, que deben ubicar cada elemento con exactitud en el edificio, utilizando la convención de etiquetado utilizada[114].

4.2. Instalación de adaptadores de red y controladores

La instalación de los adaptadores de red tanto en los equipos clientes como en los servidores consta de dos partes claramente diferenciadas:

1. Instalación física de la pieza *hardware* (sección 4.2.1).

2. Instalación lógica del *software* que controla la pieza *hardware* (sección 4.2.2).

Los dos pasos anteriores son necesarios para poder disponer de los adaptadores de un modo funcional en cualquiera de los equipos y son descritos a continuación.

4.2.1. Instalación de adaptadores de red

La instalación física de la pieza *hardware* depende fundamentalmente del tipo de carcasa y de la interfaz del adaptador de red. Cada tipo de carcasa tiene un modo de apertura diferente o incluso puede ser necesario adquirir adaptadores

---

[114] Las normas ISO/IEC 14763-1 y EN 50174-1 dejan al instalador libertad para las tareas de identificación y etiquetado. La norma TIA/EIA 606-A por el contrario fijan unas precisas reglas para ser cumplidas por el instalador.

de red específicos para dicha carcasa. Es frecuente que para carcasas de tipo *rack* sea necesario adquirir tarjetas de perfil bajo (normalmente son más pequeñas físicamente, pero no tiene relación alguna el sobrenombre de *perfil bajo* con las prestaciones de la misma).

Respecto a los interfaces de comunicación de los adaptadores de red hoy en día es frecuente encontrar adaptadores con los siguientes interfaces:

1. PCI/PCI Express.

2. USB/Firewire.

En el caso de que se haga uso de la interfaz PCI o PCI Express, la instalación del adaptador de red será interno a la carcasa. Por otro lado, las interfaces USB y Firewire son utilizadas para las instalaciones externas (solamente es necesario enchufarlas).

La instalación del adaptador de red en caso de que se haga interno debe llevarse a cabo con los siguientes pasos:

1. Apagar el equipo y desconectar el cable de alimentación eléctrica.

2. Desatornillar la carcasa del equipo para poder acceder a su interior.

3. Seleccionar un *slot* (o ranura) libre de la placa base que coincida con el interfaz del adaptador de red.

4. Retirar la pletina de la carcasa (si estuviese) para que no haya una colisión con el adaptador de red.

5. Se inserta el adaptador de red en el *slot*.

6. Se atornilla el adaptador a la carcasa del equipo.

7. Se conecta el cable de alimentación eléctrica y se enciende el equipo.

4.2.2. Instalación de controladores de los adaptadores de red

Una vez que el adaptador de red se encuentra físicamente instalado, es necesario proceder a instalar y configurar los controladores (también conocidos como *drivers*). Los controladores son una aplicación *software* que permite interactuar al sistema operativo con la pieza hardware. De modo que, es totalmente dependiente del sistema operativo y suele ser proporcionado por los fabricantes de la pieza *hardware*.

Sin la instalación y configuración de los controladores, la pieza *hardware* no funcionará. Esto a los usuarios de equipos domésticos que disponen de sistemas operativos en versiones domésticas como son Microsoft Windows y distribuciones de GNU/Linux como Ubuntu/Mint pueden resultarles extraño debido a que la mayoría de los controladores de las piezas *hardware* son proporcionadas por los sistemas operativos para que sean instaladas y configuradas sin apenas interacción por parte de los usuarios.

No obstante, en las siguientes secciones se van a describir los pasos necesarios para realizar la instalación manualmente de los controladores (los cuales deben ser proporcionados por los fabricantes) utilizando diferentes sistemas operativos.

4.2.2.1. Instalación de controladores de los adaptadores de red en sistemas operativos de la familia de Microsoft

La instalación de controladores utilizando los sistemas operativos de la familia de Microsoft se lleva a cabo utilizando el entorno gráfico. Aunque pueden aparecer pequeñas variaciones según la versión del sistema operativo que se esté utilizando, en líneas generales los pasos son muy parecidos. Así que, a continuación, se enumeran los pasos generales que se deben cubrir según la propia empresa Microsoft:

1. El primer paso consiste en localizar el *driver* del dispositivo que se quiera instalar. Este *software* puede haber sido proporcionado para descargar de la página oficial del fabricante. Es muy importante descargar el controlador de la página oficial del fabricante y no de otras páginas, puesto que este *software* puede tener código malicioso e infectar nuestro equipo.

2. Normalmente el controlador será descargado en un fichero comprimido en formato ZIP o RAR. El estándar *de facto* que se ha impuesto han sido los ficheros ZIP para los controladores en el sistema operativo Windows. Por lo tanto, requiere de un *software* específico que permita la descompresión de dicho formato (en caso de que su versión de Microsoft no pueda descomprimir estos ficheros).

3. Tras descomprimir el fichero en un directorio se podrá encontrar un fichero con la extensión .inf. Este es el formato escogido para la mayoría de los controladores en Windows. Este será el fichero que se deba seleccionar cuando se esté configurando el controlador.

4. Para realizar la instalación del controlador, se debe acceder al menú *Panel de control*, al cual se puede acceder desde el botón inicio y realizando una búsqueda por el mismo.

5. Una vez situado en el panel de control, se debe acceder a la opción *Sistema* y *Seguridad → Sistema*. En el menú de la derecha puede observar que existe una opción denominada *Administrador de dispositivos*.

6. Desde el menú de dispositivos seleccionaremos *Adaptadores de red* y buscaremos el adaptador de red que se ha instalado físicamente. (Si aquí no aparece puede haber un problema físico con el dispositivo).

7. Una vez seleccionado el adaptador de red que se desea instalar, se puede hacer clic utilizando el botón secundario para desplegar un menú contextual donde se pueden escoger diferentes opciones como *Actualizar software de controlador*, *Desinstalar*, *Deshabilitar* o *Instalar software de controlador*.

8. Una vez seleccionada la opción de instalar o actualizar el *software* de controlador, se abrirá un menú en el cual se solicita al usuario que escoja dónde buscar el *software* del controlador. La primera opción es dejar al sistema operativo buscar en su base de datos (local o remoto) por el controlador del dispositivo. Normalmente esta opción no funcionará a menos que el sistema operativo haya tenido instalados y configurados los controladores en algún momento. La segunda opción consiste en seleccionar manualmente el fichero del controlador. Esta opción será la que se seleccionará, puesto que se ha descargado el controlador para ser utilizado.

9. El siguiente paso consiste en seleccionar el directorio donde se descargó el controlador.

10. Si el controlador utilizado es el del sistema operativo (no es de una versión del sistema operativo diferente), ya se dispondrá del controlador correctamente instalado y configurado.

4.2.2.2. Instalación de controladores de los adaptadores de red en sistemas operativos GNU/Linux

La instalación de los controladores en los sistemas operativos GNU/Linux tiene el mismo fundamento conceptualmente que la instalación en los sistemas operativos de Microsoft. No obstante, lo normal en estos sistemas operativos es utilizar la consola de Linux. Aunque, hoy en día, los entornos visuales de los sistemas operativos GNU/Linux han mejorado considerablemente llegando al punto que es posible instalar controladores haciendo doble clic en un paquete de *software* (por ejemplo, .DEB o RPM). Aunque, hoy en día, es raro que un adaptador de red no esté soportado en un entorno, GNU/Linux se va a dar una serie de pasos como guía para realizar la instalación de controladores genéricos proporcionada por la empresa Oracle para instalar un adaptador de red en un equipo servidor:

1. El primer paso consiste en realizar un listado de las actuales interfaces de red que se encuentran en el sistema operativo haciendo uso del comando *ifconfig* antes de instalar físicamente la pieza *hardware*.

```
host #> ifconfig -a | grep eth
eth0      Link encap:Ethernet  HWaddr 00:14:4F:CA:15:68
eth1      Link encap:Ethernet  HWaddr 00:14:4F:CA:15:69
```

> *NOTA:* En la actualidad muchas distribuciones GNU/Linux están cambiando la nomenclatura para designar sus interfaces de red. Por ello, es posible que el comando anterior no genere ninguna salida. En tal caso, puede probarse a cambiar el comando por el siguiente:
> `ifconfig -a | grep en`

2. Una vez que se instala físicamente la pieza *hardware*, deberá aparecer un nueva *interface/*interfaz que permite conocer que se ha instalado físicamente de modo satisfactorio.

3. Localizar el controlador proporcionado por el fabricante desde su página web y descomprimirlo, del mismo modo que se ha realizado para los controladores del sistema operativo Microsoft. Por regla general, los controladores en GNU/Linux se encuentran empaquetados y comprimidos utilizando TAR y GZIP.

```
host #> mkdir directorio_temporal
host #> cp /ruta/descargado/controlador/SB6000_MF_10GbE_
Drivers_Linux_48230ai.bz2  directorio_temporal
host #> cd directorio_temporal
host #> tar -xjf SB6000_MF_10GbE_Drivers_Linux_48230ai.bz2
```

4. Instala el paquete descomprimido. En este caso varía según el fichero descargado y el sistema de paquetes que disponga nuestra distribución de Linux.

   a. *Shell script*: `host #> sh driver.sh`

   b. Paquete RPM: `host #> rpm -ivh driver.rpm`

   c. Paquete DEB: `host #> dpkg -i driver.deb`

5. Cargar el controlador en el *kernel*: se hace la suposición de que el controlador que se ha instalado se llama *hxge*.

   a. Se carga el controlador: `host #> modprobe hxge`

   b. Se verifica que el controlador está cargado. Esta información cambiará en función del sistema operativo (*kernel*) y controlador instalado.

```
host #> lsmod | grep hxge
hxge                   175440  0
host #> modinfo hxge
filename:       /lib/modules/2.6.18-164.el5/kernel/
drivers/net/hxge.ko
version:        1.2.7
license:        GPL
description:    Sun Microsystems(R) 10 Gigabit Network
Driver
author:         Sun Microsystems, james.
puthukattukaran@sun.com
srcversion:     270F053A5DE6A454D1D224D
alias:          pci:v0000108Ed0000AAAAsv*sd*bc*sc*i*
depends:
vermagic:       2.6.18-164.el5 SMP mod_unload gcc-4.1
parm:           enable_jumbo:enable jumbo packets
(int)
```

4.3. Instalación y configuración de protocolos de red más habituales

Una vez que las interfaces de red han sido instaladas y configuradas, llega el momento de configurar los parámetros de red. Dependiendo del sistema operativo, el procedimiento de configuración puede variar, aunque el propósito siempre sea el mismo, posibilitar la comunicación con el resto de la red.

4.3.1. Parámetros característicos

Existen muchos parámetros relacionados con el nivel de red que se pueden configurar. La mayoría de ellos requieren conocimientos avanzados. Por ejemplo, GNU/Linux tiene más de un centenar de parámetros relacionados con la red que se pueden configurar. Sin embargo, un administrador de red raramente modifica todos los parámetros. De hecho, se suelen modificar siempre los mismos parámetros, a saber:

- **Dirección IP**: proporciona el direccionamiento a nivel de red.

- **Máscara de red**: delimita el tamaño de la red y el rango de direcciones de la red. Si la máscara de red indicada no es correcta, entonces hay muchas probabilidades de que no haya conectividad o de que haya partes de la red a las que no se pueda acceder.

- **Puerta de enlace**: es la dirección IP del *router* con el que se debe contactar en caso de que se deseen enviar datos fuera de la red. La puerta de enlace también se conoce como *gateway*.

- **Nombre del equipo**: los administradores asignan nombres a los dispositivos de la red, ya que para las personas resulta más fácil recordar un nombre que una dirección IP. Por ejemplo, un servidor de ficheros podría llamarse *srv_ficheros.seder.net*, lo que resulta más fácil de recordar que 192.168.1.203.

- **Servidores DNS**: aunque los nombres de equipo son útiles para las personas, el protocolo IP necesita direcciones IP para poder direccionar sus paquetes. Los servidores DNS saben cómo traducir un nombre a una dirección IP y viceversa.

- **NetBIOS y LLMNR**: en muchas redes, especialmente si son pequeñas, no se ha configurado un servidor DNS para traducir nombres. Entonces se utilizan otros servicios, como NetBIOS y LLMNR, que resuelven nombres empleando consultas *broadcast* y *multicast,* respectivamente.

- **Servidor WINS**: NetBIOS resuelve nombres haciendo uso de paquetes *broadcast*, lo que es poco adecuado para una red grande. Los servidores WINS trabajan conjuntamente con NetBIOS para poder resolver los nombres de los equipos de manera más eficiente. Microsoft recomienda el uso del servicio DNS en lugar de los servicios NetBIOS y WINS desde que apareció en el mercado Windows 2000, aunque sigue dándole soporte por cuestiones de compatibilidad con sistemas antiguos.

4.3.2. Configuración del protocolo TCP/IP

A menudo se habla de configurar el protocolo TCP/IP. Sin embargo, como ya se argumentó en la sección 3.1, TCP/IP es una pila de protocolos, no un protocolo en sí. La dirección IP, la máscara de red y la puerta de enlace son parámetros relacionados con el protocolo IP. Por otra parte, la dirección de los servidores DNS, el nombre del equipo y los protocolos NetBIOS y LLMNR están relacionados con el nivel de aplicación. Para explicar la configuración de todos estos parámetros, vamos a basarnos en la topología mostrada en la Figura 4.4.

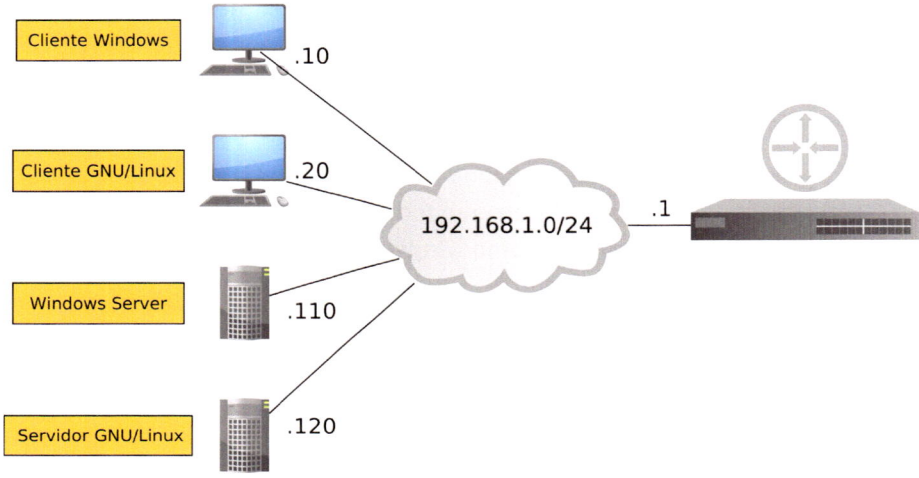

Figura 4.4. Ejemplo de topología.

NOTA: Los siguientes apartados se centran en el protocolo de red IPv4, por su mayor presencia en las redes LAN.

4.3.3. Elementos de configuración de TCP/IP

Un administrador de red típico configura sistemas diferentes. Lo más habitual es que tenga que trabajar con sistemas Microsoft Windows y GNU/Linux. El propósito de la configuración y los parámetros que hay que configurar son los mismos en ambos casos, aunque el procedimiento sea diferente en cada uno.

4.3.3.1. Configuración de los parámetros de red en Windows

Windows permite configurar los parámetros de la red tanto gráficamente como a través de consola de comandos. Nos vamos a centrar en la alternativa gráfica, ya que es la más habitual en este sistema operativo. Si se desea saber más sobre la configuración mediante comandos, se debe consultar sobre el comando *netsh*.

Los pasos para configurar los parámetros de red en Windows han cambiado a lo largo de sus diferentes versiones. Sin embargo, desde Windows Vista se puede hacer a través del *Centro de redes y recursos compartidos*.

Configuración estática

Una vez abierto el *Centro de redes y recursos compartidos*, se deben seguir los siguientes pasos:

1. En la sección *Ver las redes activas*, seleccionamos la interfaz de red deseada. Después, hacemos clic en el enlace Ethernet asociado a dicha red y se abrirá una ventana con el título *Estado de Ethernet*.

2. En la ventana *Estado de Ethernet*, hacemos clic en el botón *Propiedades*, de forma que se abrirá una nueva ventana con el título *Propiedades de Ethernet*. En el menú con el título *Esta conexión usa los siguientes elementos*, seleccionamos la opción *Protocolo de Internet versión 4 (TCP/IPv4)* y hacemos clic en el botón *Propiedades*. Entonces se abrirá una ventana con el título *Propiedades: Protocolo de Internet versión 4 (TCP/IPv4)*.

3. En la ventana con el título *Propiedades: Protocolo de Internet versión 4 (TCP/IPv4)*, seleccionamos el botón de opción *Usar la siguiente dirección IP*. Después, en los campos de texto *Dirección IP*, *Máscara de subred* y *Puerta de enlace predeterminada,* escribimos los parámetros de red deseados.

Configuración dinámica por DHCP

Una vez abierto el *Centro de redes y recursos compartidos*, debemos seguir los siguientes pasos:

1. En la sección *Ver las redes activas*, seleccionamos la interfaz de red deseada. Después, hacer clic en el enlace Ethernet asociado a dicha red y se abrirá una ventana con el título *Estado de Ethernet*.

2. En la ventana *Estado de Ethernet*, hacer clic en el botón *Propiedades*, de forma que se abrirá una nueva ventana con el título *Propiedades de Ethernet*. En el menú con el título *Esta conexión usa los siguientes elementos*, seleccionar la opción *Protocolo de Internet versión 4 (TCP/IPv4)* y hacer clic en el botón *Propiedades*. Entonces se abrirá una ventana con el título *Propiedades: Protocolo de Internet versión 4 (TCP/IPv4)*.

3. En la ventana con el título *Propiedades: Protocolo de Internet versión 4 (TCP/IPv4),* seleccionamos el botón de opción *Obtener una dirección IP automáticamente*.

4.3.3.2. Parámetros de red en GNU/Linux

En GNU/Linux, al igual que en Windows, existe la alternativa gráfica y otra basada en consola de comandos. A diferencia de Windows, es bastante habitual encontrar servidores GNU/Linux sin entorno gráfico, por lo que en este caso sí vamos a entrar de lleno en ambas alternativas.

Configuración basada en una interfaz gráfica

En GNU/Linux existen muchas distribuciones diferentes, con sus propias particularidades. Para la parte gráfica vamos a utilizar un asistente llamado Network Manager, que se puede instalar en cualquier entorno de escritorio de GNU/Linux. Las principales distribuciones que cuentan con entorno de escritorio disponen de este *software* preinstalado. Dependiendo del entorno de escritorio utilizado, variará la manera de abrirlo. La explicación siguiente se enmarca dentro del entorno Unity, perteneciente a la distribución Ubuntu, una de las más populares en la actualidad. Para abrir Network Manager en el entorno Unity, debemos seguir los siguientes pasos:

1. En el botón de inicio, escribimos *red*.

2. Hacemos clic sobre el icono con la descripción *Conexiones de red*.

3. Tras hacer esto, se abrirá Network Manager. En la Figura 4.5 se puede ver la interfaz de la aplicación.

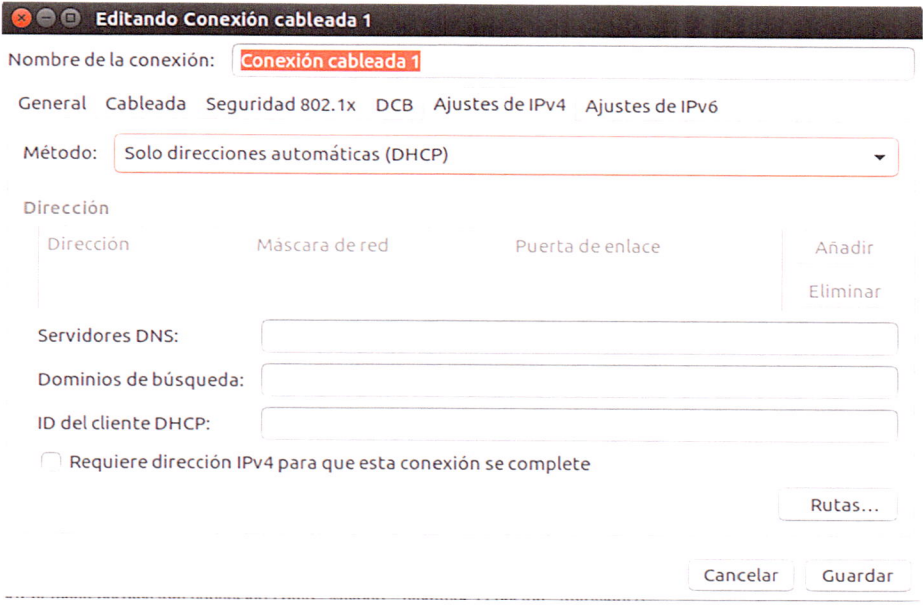

Figura 4.5. Interfaz del programa Network Manager.

Configuración automática por DHCP

Para configurar la interfaz de red para que obtenga una dirección IP automáticamente por DHCP, debemos hacer lo siguiente:

1. En la ventana de Network Manager, activamos la pestaña *Ajustes de IPv4*.

2. En el menú desplegable etiquetado como *Método*, elegimos la opción *Automático (DHCP)*. Elegimos también la opción *Obtener la dirección del servidor DNS automáticamente*.

3. Hacemos clic en el botón *Guardar*.

Configuración manual

Para asignar manualmente los parámetros de configuración, se deben seguir los siguientes pasos:

1. En la ventana de Network Manager, activamos la pestaña *Ajustes de IPv4*.

2. En el menú desplegable etiquetado como *Método*, elegimos la opción *Manual*.

3. Hacemos clic en el botón *Añadir*.

4. En la sección editable que aparece en la tabla *Dirección*, escribimos la dirección IP, la máscara de red y la puerta de enlace.

5. Hacemos clic en el botón *Guardar*.

Configuración basada en comandos

Consiste en utilizar comandos para configurar los parámetros de la red. Existen esencialmente dos paquetes de comandos que podemos utilizar, llamados *net-tools* e *iproute2*. La decantación por uno u otro paquete es una cuestión más bien personal. Supongamos que se desea configurar la interfaz *eth0*. Entonces los comandos más básicos se muestran en la Tabla 4.2.

Tabla 4.2. Comandos básicos de configuración de red en GNU/Linux

Acción	net-tools	iproute2
Mostrar las interfaces conectadas	`ifconfig`	`ip link show`
Activar una interfaz de red	`sudo ifconfig eth0 up`	`sudo ip link set eth0 up`

Desactivar una interfaz de red
`sudo ifconfig eth0 down`
`sudo ip link set eth0 down`		

Asignar una dirección IPv4 a una interfaz	`sudo ifconfig eth0 192.168.1.20/24`	`sudo ip addr add 192.168.1.20/24 dev eth0`
Borrar una dirección IPv4 a una interfaz	`sudo ifconfig eth0 0`	`sudo ip addr del 192.168.1.20/24 dev eth0`
Mostrar las direcciones IPv4 de una interfaz	`ifconfig eth0`	`ip addr show dev eth0`

Para configurar los parámetros de red de una interfaz por DHCP mediante comandos debemos seguir los siguientes pasos:

1. Borramos la dirección IPv4 de la interfaz, ya sea mediante *net-tools* o mediante *iproute2*.

2. Ejecutamos el comando *dhclient nombre_interfaz*.

host $> **sudo ifconfig eth0 0**

host $> **sudo dhclient eth0**

Si se desea volver a configurar estáticamente la interfaz se debe ejecutar el comando *killall dhclient*, y después configurar de nuevo la interfaz manualmente:

host $> **sudo killall dhclient**

host $> **sudo ifconfig eth0 192.168.1.20**

4.3.3.3. Configuración basada en ficheros de texto

En GNU/Linux las configuraciones se guardan en ficheros de texto. Usar GNU/Linux tiene muchas ventajas sobre usar otros sistemas. Pero también tiene sus desventajas. Una de estas desventajas es que nos podemos encontrar maneras diferentes de hacer las mismas cosas según la distribución. En los ficheros de configuración de GNU/Linux, podemos encontrar principalmente dos formatos: el de RedHat y el de Debian.

Los sistemas derivados de Debian más populares en la actualidad son Ubuntu y Linux Mint. El fichero de configuración se encuentra en la carpeta */etc/network/interfaces*. Para configurar la interfaz *eth0* estáticamente, el contenido del fichero debe ser el siguiente:

auto eth0

iface eth0 inet static

address 192.168.1.20

netmask 255.255.255.0

gateway 192.168.1.254

Si lo que deseamos es configurar los parámetros de red por DHCP, el contenido debe ser similar al siguiente:

auto eth0

iface eth0 inet dhcp

En los sistemas derivados de RedHat, existe un fichero de configuración por cada interfaz de red. Los ficheros están ubicados en la carpeta */etc/sysconfig/network-scripts/*. Por ejemplo, para la interfaz *eth0*, encontraremos un fichero llamado *ifcfg-eth0*. Para configurar la interfaz *eth0* estáticamente, el contenido del fichero *ifcfg-eth0* debe ser similar al siguiente:

HWADDR="00:25:4C:83:D1:7F"

NAME="eth0"

```
TYPE="Ethernet"
BOOTPROTO="static"
IPADDR=192.168.1.20
NETMASK=255.255.255.0
GATEWAY=192.168.1.1
```

Si lo que deseamos es configurar los parámetros de red mediante DHCP, el fichero debe tener como mínimo el siguiente contenido:

```
HWADDR="00:25:4C:83:D1:7F"
NAME="eth0"
TYPE="Ethernet"
BOOTPROTO="dhcp"
```

Aplicar la configuración

Para aplicar la configuración contenida en el fichero de configuración correspondiente, hay que reiniciar el servicio de red para que se aplique la configuración. Existen variaciones dependiendo de la distribución para llevar esta tarea a cabo, pero el siguiente procedimiento funciona en todas:

1. Desactivar la interfaz usando el paquete *net-tools* o bien *iproute2*.
2. Activar la interfaz de red usando el paquete *net-tools* o bien *iproute2*.

4.3.4. Dirección IP

Todos los dispositivos en red permiten consultar su dirección IP mediante algún mecanismo. Dependiendo del sistema operativo, dicho mecanismo variará.

4.3.4.1. Consultar los parámetros de red en Windows

En Windows existen diversas maneras de consultar la dirección IP. Vamos a proponer la alternativa gráfica, ya que es la opción documentada en la página de soporte de Microsoft:

1. Abrir el *Centro de redes y recursos compartidos*.

   - En Windows 11, seleccione *Inicio,* escriba *panel de control* y, a continuación, seleccione *Panel de control > Red e Internet > Centro de redes y uso compartido.*

   - En Windows 8.1 o posterior, hacer clic en el botón de inicio, escribir *Ver conexiones de red* y seleccionar la opción mostrada en la lista.

- En Windows 7, hacer clic en el botón de inicio y seleccionar la opción *Panel de control*. Una vez abierto, elegir *Centro de redes y recursos compartidos.*

2. Una vez abierto el *Centro de redes y recursos compartidos*, en la sección *Ver las redes activas* se pueden ver las interfaces de red actualmente en funcionamiento. Al hacer clic sobre cualquiera de las interfaces, cuyo nombre aparece junto a la etiqueta *Conexiones*, aparece una ventana con el título *Estado de conexión de área local*.

3. En la ventana *Estado de conexión de área local*, hacer clic en el botón *Detalles*, donde podremos ver diferentes detalles de configuración de la interfaz. En nuestro caso buscamos la dirección IP, que aparece junto a la etiqueta *IPv4 Dirección IP*.

4.3.4.2. Consultar los parámetros de red en GNU/Linux

En GNU/Linux es habitual el uso de una consola de comandos para realizar todo tipo de tareas administrativas. Para consultar los parámetros de la interfaz de red, se debe ejecutar el comando *ifconfig*. La dirección IP aparece especificada junto a la etiqueta ***inet addr***.

```
host $> ifconfig
eth0      Link encap:Ethernet  HWaddr
00:0F:EA:91:04:07
   inet addr:192.168.1.2  Bcast:192.168.1.255
Mask:255.255.255.0
   inet6 addr: fe80::20f:eaff:fe91:407/64 Scope:Link
   UP BROADCAST RUNNING MULTICAST  MTU:1500
Metric:1
   RX packets:31167 errors:0 dropped:0 overruns:0
frame:0
   TX packets:26404 errors:0 dropped:0 overruns:0
carrier:0
   collisions:0 txqueuelen:1000
   RX bytes:38338591 (36.5 MiB)  TX bytes:3538152
(3.3 MiB)
   Interrupt:18 Base address:0xc000
lo        Link encap:Local Loopback
```

```
inet addr:127.0.0.1  Mask:255.0.0.0
inet6 addr: ::1/128 Scope:Host
UP LOOPBACK RUNNING  MTU:16436  Metric:1
RX packets:1994 errors:0 dropped:0 overruns:0
frame:0
TX packets:1994 errors:0 dropped:0 overruns:0
carrier:0
collisions:0 txqueuelen:0
RX bytes:188041 (183.6 KiB)  TX bytes:188041
(183.6 KiB)
```

NOTA: También aparece especificada la dirección IPv6 junto a la etiqueta *inet6 addr*. En el ejemplo se muestra únicamente una dirección *link-local.* GNU/Linux siempre utiliza el formato EUI-64 para las direcciones *link-local.*

4.3.5. Máscara de subred

La máscara de subred de un dispositivo en red es otro de los parámetros que un administrador puede necesitar consultar. Al igual que ocurre con la dirección IP, la forma de consultarla varía dependiendo del sistema operativo que se esté usando.

4.3.5.1. Consultar la máscara de subred en Windows

El procedimiento para consultar la máscara de subred es similar al explicado en la sección 4.3.4.1 para consultar la dirección IP. La diferencia está en que en lugar de consultar el valor especificado junto a la etiqueta **IPv4 Dirección IP**, se debe consultar el parámetro especificado junto a la etiqueta **IPv4 Máscara de subred**.

4.3.5.2. Consultar la máscara de subred en GNU/Linux

La máscara de subred se puede obtener en GNU/Linux utilizando el comando *ifconfig* del mismo modo que se describe en la sección 4.3.4.2. La máscara de subred aparece junto a la etiqueta **Mask**.

```
host $> ifconfig
eth0      Link encap:Ethernet   HWaddr 00:0F:EA:91:04:07
    inet addr:192.168.1.2  Bcast:192.168.1.255
Mask:255.255.255.0
    inet6 addr: fe80::20f:eaff:fe91:407/64 Scope:Link
    UP BROADCAST RUNNING MULTICAST  MTU:1500  Metric:1
    RX packets:31167 errors:0 dropped:0 overruns:0
frame:0
    TX packets:26404 errors:0 dropped:0 overruns:0
carrier:0
    collisions:0 txqueuelen:1000
    RX bytes:38338591 (36.5 MiB)  TX bytes:3538152 (3.3
MiB)
    Interrupt:18 Base address:0xc000
lo        Link encap:Local Loopback
    inet addr:127.0.0.1  Mask:255.0.0.0
    inet6 addr: ::1/128 Scope:Host
    UP LOOPBACK RUNNING  MTU:16436  Metric:1
    RX packets:1994 errors:0 dropped:0 overruns:0
frame:0
    TX packets:1994 errors:0 dropped:0 overruns:0
carrier:0
    collisions:0 txqueuelen:0
RX bytes:188041 (183.6 KiB) TX bytes:188041 (183.6
KiB)
```

4.3.6. Puerta de enlace

Como se comentó en la sección 4.3.1, la puerta de enlace (o *gateway*) es la dirección IP del *router* con el que se debe contactar en caso de que se deseen enviar datos fuera de la red.

4.3.6.1. Consultar la dirección IP de la puerta de enlace en Windows

Una vez más, el procedimiento para consultar la puerta de enlace coincide con el detallado en la sección 4.3.4.1 para consultar la dirección IP. En este caso, en lugar de consultar el valor especificado junto a la etiqueta **IPv4 Dirección IP**, se debe consultar el parámetro especificado junto a la etiqueta **IPv4 Puerta de enlace predeterminada**.

4.3.6.2. Consultar la dirección IP de la puerta de enlace en GNU/Linux

En GNU/Linux existen diferentes procedimientos para consultar la puerta de enlace. Uno de ellos es utilizando el comando *ip route show*:

```
host $> ip route show
default via 192.168.1.1 dev eth0 proto static  metric
600
192.168.1.0/24 dev eth0 proto kernel  scope link  src
192.168.1.2  metric 600
```

La puerta de enlace por defecto (192.168.1.1) aparece junto a la etiqueta *default via*.

4.3.7. Comprobar la conectividad

Para verificar que se dispone de conectividad, la forma más sencilla consiste en intentar hacer *ping* a la puerta de enlace. En la sección 4.3.6 se describe la forma de conocer la dirección IP de la puerta de enlace. A continuación, se explica la manera de comprobar la conectividad tanto en sistemas Windows como GNU/Linux.

4.3.7.1. Comprobar la conectividad en sistemas Windows

A continuación, se muestra el resultado de hacer *ping* a una puerta de enlace con la dirección IP 192.168.1.1.

> *NOTA:* Si la configuración de red se ha obtenido mediante DHCP, debe averiguarse la dirección de la puerta de enlace. Para ello, se puede consultar lo comentado en la sección 3.8 donde se explicó cómo consultarla.

```
C:\Windows\System32> ping 192.168.1.1
Haciendo ping a 192.168.1.1 con 32 bytes de datos:
Respuesta desde 192.168.1.1: bytes=32 tiempo=4ms TTL=52
```

```
Respuesta desde 192.168.1.1: bytes=32 tiempo=3ms TTL=52
Respuesta desde 192.168.1.1: bytes=32 tiempo=5ms TTL=52
Respuesta desde 192.168.1.1: bytes=32 tiempo=1ms TTL=52

Estadísticas de ping para 192.168.1.1:
Paquetes: enviados = 4, recibidos = 4, perdidos = 0
(0% perdidos),
Tiempos aproximados de ida y vuelta en milisegundos:
Mínimo = 1ms, Máximo = 5ms, Media = 3ms
```

En ocasiones, la puerta de enlace utiliza un *firewall* que bloquea los paquetes ICMP[115] enviados con el comando *ping*, de forma que no recibiremos respuesta. Es decir, si no recibimos respuesta al ejecutar el comando *ping*, no significa que no haya conectividad, sino simplemente que la puerta de enlace no está respondiendo a los paquetes ICMP. Cuando se da esta situación, podemos consultar la tabla ARP[116] en busca de una entrada con la dirección IP de la puerta de enlace, tal y como se explicó en el epígrafe *Consultar la tabla ARP* en la Sección 3.8.

```
C:\Windows\System32> arp -a

Interfaz: 192.168.1.10 --- 0x6
  Dirección de Internet    Dirección física    Tipo
  192.168.1.1              ec-8a-4c-ab-d6-a3   dinámico
  192.168.1.20             00-25-4c-83-d1-7f   dinámico
  192.168.1.110            3c-77-e7-b1-93-ec   dinámico
  192.168.1.120            ec-8a-4c-c3-8b-cf   dinámico
  192.168.1.255            ff-ff-ff-ff-ff-ff   estático
  224.0.0.22               01-00-5e-00-00-16   estático
  224.0.0.252              01-00-5e-00-00-fc   estático
```

---

[115] ICMP (Internet Message Control Protocol) es un protocolo de control y notificación de errores relacionados con el protocolo IP. El comando *ping* envía paquetes ICMP de tipo Echo, que son respondidos por el destino mediante paquetes ICMP Echo reply.

[116] El protocolo ICMP funciona a nivel de red. Téngase en cuenta que para que los paquetes ICMP lleguen hasta la puerta de enlace primero debe resolverse la dirección física de la interfaz destino, tal y como se explicó en la sección 3.8.

```
224.0.0.253              01-00-5e-00-00-fd   estático
239.255.255.250          01-00-5e-7f-ff-fa   estático
255.255.255.255          ff-ff-ff-ff-ff-ff   estático
```

4.3.7.2. Comprobación de conectividad en GNU/Linux

Para poder comprobar que tenemos conectividad, podemos utilizar el comando *ping* para verificar que podemos alcanzar la puerta de enlace:

```
host $> ping 192.168.1.1
PING 192.168.1.1 (192.168.1.1) 56(84) bytes of data.
64 bytes from 192.168.1.1: icmp_seq=1 ttl=64 time=2.38 ms
64 bytes from 192.168.1.1: icmp_seq=2 ttl=64 time=3.31 ms
64 bytes from 192.168.1.1: icmp_seq=3 ttl=64 time=3.19 ms
64 bytes from 192.168.1.1: icmp_seq=4 ttl=64 time=3.50 ms
```

Puesto que la puerta de enlace está respondiendo, podemos concluir que tenemos conectividad. En caso de que no responda, no significa que no tengamos conectividad, puesto que el *router* podría estar bloqueando nuestros paquetes ICMP mediante un *firewall*, como ya se comentó en el apartado 4.3.3. Por ello, si ha habido comunicación con el *router*, entonces su IP debe aparecer en la tabla ARP.

```
host $> arp -n
Dirección      TipoHW DirecciónHW      Indic Máscara  Interfaz
192.168.1.1    ether  ec:8a:4c:ab:d6:a3      C        eth0
```

4.3.8. Configuración de los parámetros de red en equipos de *networking*

Existen multitud de fabricantes de equipamiento de *networking*, y cada uno de ellos aporta sus propios procedimientos para configurarlo. Por ello, para configurar los parámetros de red es preciso consultar la documentación del dispositivo que se desee configurar. El principal proveedor de dispositivos de *networking* en la actualidad es Cisco Systems. Una de las ventajas de adquirir un dispositivo de este fabricante es la ingente cantidad de documentación existente, así como su calidad.

Los dispositivos de *networking* no suelen disponer de puertos para conectar directamente dispositivos como un monitor o un teclado. En su lugar cuentan con puertos especialmente diseñados para conectarse a ellos desde un ordenador mediante un programa emulador de terminal. Estos puertos son principalmente de dos tipos:

- **Puerto serie**: se trata de un puerto RS232 de tipo DB9[117]. Para conectarse a un puerto de este tipo, es preciso contar con un puerto serie en el ordenador y un cable DB9-DB9 de tipo *null-modem* (cruzado).

- **Puerto de consola**: consiste en un puerto de tipo RJ45 diseñado para comunicaciones serie. Es el puerto que instala Cisco en sus equipos, aunque también lo podemos encontrar en dispositivos de otros fabricantes. Para conectarse a un puerto de consola, es preciso contar con un cable de consola DB9-RJ45.

Además de conectarse directamente por puerto serie o de consola al dispositivo, también es posible conectarse en remoto utilizando protocolos de terminal remota, como Telnet y SSH, o bien utilizar una consola de administración web instalada en el dispositivo.

4.3.8.1. Configuración mediante comandos

Una vez que se ha establecido conexión con el *router*, ya sea a través de un puerto de consola, serie o en remoto, se deben introducir los comandos necesarios para configurar los parámetros de red. Siguiendo la topología de ejemplo propuesta en la Figura 4.4, la configuración de los parámetros de red mediante comandos en un *router* Cisco consistiría en los siguientes comandos:

```
Router> enable
Router# configure terminal
Router(config)# interface fastethernet 0/0
Router(config-if)# ip address 192.168.1.1 255.255.255.0
Router(config-if)# no shutdown
```

---

[117] Un puerto DB9 posee 9 pines y se utiliza para comunicaciones en serie. Está recogido en el estándar EIA/TIA RS-232C. En la actualidad es utilizado principalmente por administradores para conectarse mediante un emulador de terminal a dispositivos a los que no se puede acceder mediante un teclado y un ratón.

4.3.8.2. Configuración mediante una consola de administración web

Las consolas de administración web proporcionan un mecanismo sencillo para configurar los dispositivos de *networking*. En la Figura 4.6 puede verse la consola de administración web del *firmware* DD-WRT para *routers* inalámbricos:

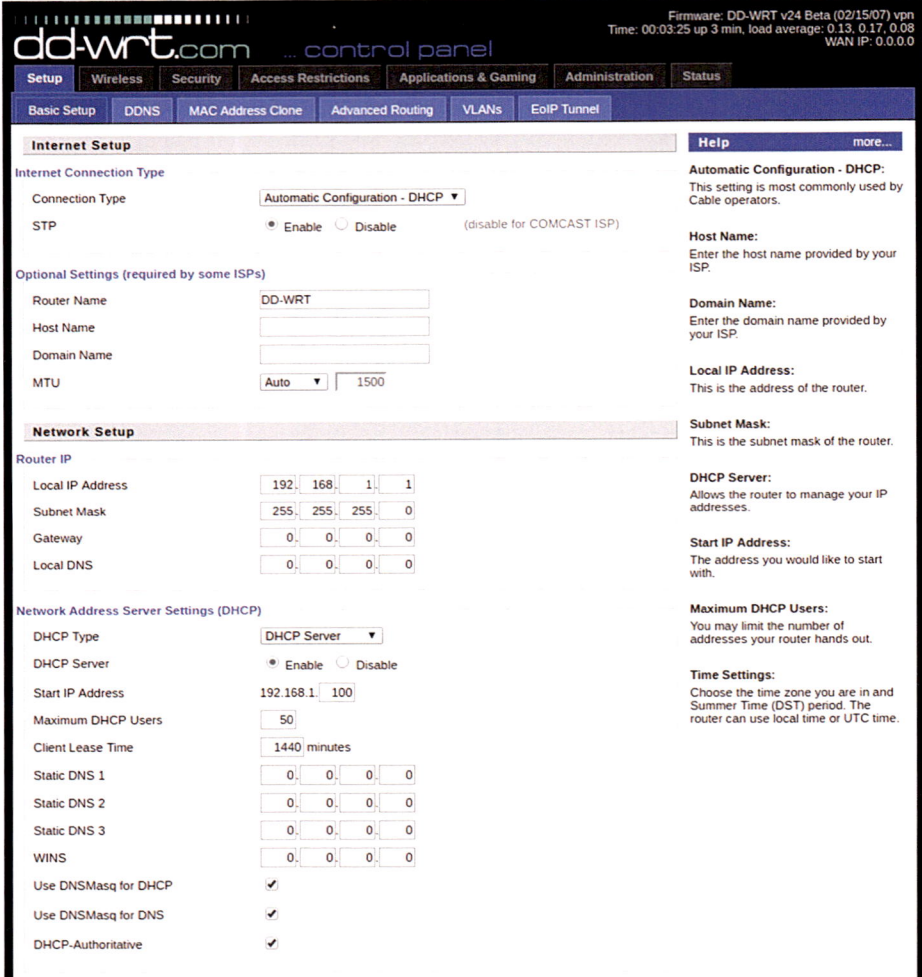

Figura 4.6. Consola de administración web del *firmware* DD-WRT para *routers* inalámbricos.

4.3.9. Resolución de nombres

Cada vez que se accede a un servicio a través de un nombre en lugar de una dirección IP, hay un servicio que traduce ese nombre a una dirección IP. Existen diferentes servicios para realizar esta traducción:

- DNS
- NetBIOS
- LLMNR

En los apartados siguientes se tratarán estos servicios.

4.3.10. Servidor DNS

DNS (Domain Name System) es el servicio de nombres de dominio que se utiliza en Internet. Resuelve nombre de tipo FQDN (Fully Qualified Domain Name) que incluye un nombre de máquina y un nombre de dominio. Por ejemplo, el nombre de máquina *srv_ficheros.seder.net* incluye el nombre de una máquina, *srv_ficheros*, y un nombre de dominio, *seder.net*. Originalmente, el sistema DNS se concibió para resolver nombres de ordenadores en Internet, pero en la actualidad se ha extendido también a la resolución de nombres en las redes privadas.

Cuando un dispositivo necesita ponerse en contacto con otro del que solamente dispone de su nombre FQDN, antes de iniciar la comunicación, hace una solicitud un servidor DNS para que traduzca el nombre. El servidor DNS responde con la dirección IP asociada a dicho nombre, de forma que el dispositivo ya puede conectar con él. Por ello, uno de los parámetros principales de configuración de TCP/IP es la dirección IP del servidor DNS. Como mecanismo de seguridad se suele añadir a la configuración la dirección IP de una segunda DNS, para ser utilizada en caso de que la primera falle.

4.3.10.1. Configurar la DNS en Windows

Una vez abierto el *Centro de redes y recursos compartidos*, se deben seguir los siguientes pasos:

1. En la sección *Ver las redes activas*, seleccionar la interfaz de red deseada. Después, hacer clic en el enlace Ethernet asociado a dicha red y se abrirá una ventana con el título *Estado de Ethernet*.

2. En la ventana *Estado de Ethernet*, hacer clic en el botón *Propiedades*, de forma que se abrirá una nueva ventana con el título *Propiedades de Ethernet*. En el menú con el título *Esta conexión usa los siguientes elementos*, seleccionar la opción *Protocolo de Internet versión 4 (TCP/IPv4)* y hacer clic en el botón *Propiedades*. Entonces se abrirá una ventana con el título *Propiedades: Protocolo de Internet versión 4 (TCP/IPv4)*.

3. En la ventana con el título *Propiedades: Protocolo de Internet versión 4 (TCP/IPv4)*, seleccionamos el botón de opción *Usar las siguientes direcciones de servidor DNS*. En los campos de texto *Servidor DNS preferido* y *Servidor DNS alternativo* se pueden indicar las direcciones de los servidores DNS. Finalmente, hacer clic en *Aceptar*.

4.3.10.2. Verificar la resolución de nombre DNS en Windows

Cuando Windows no puede alcanzar los servidores DNS proporcionados, muestra una advertencia en la barra de iconos indicando que no hay conexión a Internet. Una segunda manera de comprobar si hay resolución de nombres DNS es utilizar el comando *ping* dirigido a un nombre DNS. En el siguiente ejemplo se muestra el resultado de hacer *ping* a www.google.com:

```
C:\Windows\System32> ping www.google.com


Haciendo ping a www.google.com [74.125.227.105] con 32
bytes de datos:
Respuesta desde 74.125.227.105: bytes=32 tiempo=80ms
TTL=52
Respuesta desde 74.125.227.105: bytes=32 tiempo=79ms
TTL=52
Respuesta desde 74.125.227.105: bytes=32 tiempo=68ms
TTL=52
Respuesta desde 74.125.227.105: bytes=32 tiempo=234ms
TTL=52


Estadísticas de ping para 74.125.227.105:
Paquetes: enviados = 4, recibidos = 4, perdidos = 0
(0% perdidos),
Tiempos aproximados de ida y vuelta en milisegundos:
Mínimo = 68ms, Máximo = 234ms, Media = 115ms
```

Para poder hacer *ping*, Windows debe primero conocer la dirección IP asociada al nombre *www.google.com*. Para ello, utiliza el servicio DNS, lo que nos sirve a nosotros para comprobar si se ha podido resolver el nombre.

Un tercer modo de comprobar la resolución de nombres es utilizar el comando *nslookup*. Este comando se utiliza para realizar consultas directamente a un servidor DNS. Si no se especifica un servidor DNS, entonces *nslookup* utiliza la DNS indicada en la configuración de red:

```
C:\Windows\System32> nslookup www.google.con
Servidor:   google-public-dns-a.google.com
Address:    8.8.8.8

Respuesta no autoritativa:
Nombre:    www.google.com
Addresses: 2a00:1450:4003:801::2004
           216.58.211.228
```

En el comando anterior, se comprueba si nuestra DNS puede resolver el nombre *www.google.com*. Como se puede observar, la respuesta de la DNS incluye una dirección IP, lo que significa que ha podido resolver el nombre.

4.3.10.3. Configurar la DNS en GNU/Linux

En GNU/Linux la dirección de los servidores DNS se puede configurar mediante Network Manager o mediante ficheros de configuración. Al igual que ocurre con los parámetros de la red, en un sistema con entorno de escritorio se debe usar Network Manager, y solo se deben utilizar los ficheros de configuración en sistemas sin entorno de escritorio.

Configurar la DNS en GNU/Linux usando Network Manager

Una vez abierta la aplicación Network Manager, y editando la conexión de red deseada, se debe seguir el siguiente procedimiento:

1. Acceder a la pestaña *Ajustes de IPv4*.

2. Elegir uno de los métodos ofrecidos: *Automático (DHCP)*, *Solo direcciones automáticas (DHCP)"* o bien *Manual*.

3. En la entrada de texto con la etiqueta *Servidores DNS*, escribir la dirección de los servidores DNS separados por el carácter "*,*". Por ejemplo: *8.8.8.8, 8.8.4.4.*

4. En la entrada de texto *Dominios de búsqueda*, se debe indicar el nombre de dominio de nuestra organización; por ejemplo, *seder.net*. Este nombre de dominio se añade a todos los nombres que no se puedan resolver. Por ejemplo, si el nombre *srv ficheros* no consigue ser resuelto, entonces se prueba con *srv ficheros.seder.net*.

5. Hacer clic en el botón *Aceptar*.

> *NOTA:* En la ventana de edición de conexión de Network Manager, se puede elegir entre los métodos con DHCP:
>
> - Automático (DHCP): el servidor DHCP proporciona los parámetros de configuración de la red, incluyendo dirección IP, máscara de red, puerta de enlace y servidor DNS. Además, se pueden especificar servidores DNS adicionales.
>
> - Solo direcciones automáticas (DHCP): el servidor DHCP proporciona la dirección IP, la máscara y la puerta de enlace, pero no las DNS, y debe ser el usuario quien las defina.

Configurar la DNS en GNU/Linux usando la consola de comandos

Como suele ser habitual en el mundo de GNU/Linux, dependiendo del sistema las cosas se hacen de uno u otro modo. El método más extendido para configurar una DNS es mediante el fichero */etc/resolv.conf*, que tiene un aspecto similar al siguiente:

```
nameserver 8.8.8.8
nameserver 8.8.4.4
search seder.net
```

Con esto suele ser suficiente para configurar la DNS en la mayoría de los sistemas GNU/Linux. En distribuciones derivadas de Debian, también se pueden indicar las DNS en el fichero */etc/network/interfaces*, agregando lo siguiente junto a la configuración de la interfaz correspondiente:

```
dns-search seder.net
dns-nameservers 8.8.8.8 8.8.4.4
```

En distribuciones derivadas de RedHat, se puede utilizar el fichero de configuración de la interfaz de red correspondiente. Por ejemplo, para indicar las DNS y el dominio de búsqueda para la interfaz *eth0*, */etc/sysconfig/networks-scripts/ifcfg-eth0,* debería contener lo siguiente:

```
HWADDR="00:25:4C:83:D1:7F"
NAME="eth0"
TYPE="Ethernet"
BOOTPROTO="static"
IPADDR=192.168.1.20
NETMASK=255.255.255.0
GATEWAY=192.168.1.1
DNS1=8.8.8.8
DNS2=8.8.4.4
DOMAIN="seder.net"
```

4.3.10.4. Verificación de la resolución de nombre DNS en GNU/Linux

En GNU/Linux se pueden utilizar varios procedimientos para comprobar la resolución de nombres. Mediante el comando *ping* dirigido a un nombre podemos comprobar si se está resolviendo dicho nombre:

```
host $> ping www.google.com
PING www.google.com (216.58.201.132) 56(84) bytes of
data.
64 bytes from mad06s25-in-f4.1e100.net (216.58.201.132):
icmp_seq=1 ttl=55 time=27.2 ms
```

Como se puede ver, el nombre *www.google.com* ha sido resuelto como la IP 216.58.201.132. Otro modo de averiguar si se resuelve un nombre es mediante el comando *dig*. Este comando se utiliza para hacer consultas a nuestro servidor DNS:

```
host $> dig www.google.com
```

```
; <<>> DiG 9.10.3-P4-Ubuntu <<>> www.google.com
;; global options: +cmd
;; Got answer:
;; ->>HEADER<<- opcode: QUERY, status: NOERROR, id:
16990
;; flags: qr rd ra; QUERY: 1, ANSWER: 1, AUTHORITY: 0,
ADDITIONAL: 0

;; QUESTION SECTION:
;www.google.com.                 IN    A

;; ANSWER SECTION:
www.google.com.         71    IN    A    216.58.201.132

;; Query time: 723 msec
;; SERVER: 127.0.1.1#53(127.0.1.1)
;; WHEN: Fri Jul 22 10:07:43 CEST 2016
;; MSG SIZE  rcvd: 48
```

Como se puede observar, en la sección *ANSWER SECTION* se muestra la dirección IP asociada al nombre *www.google.com*.

4.3.11. Servidor WINS

El servicio WINS se utilizó en redes Microsoft principalmente durante los años noventa y principios de los 2000 como servicio de nombres. Con la aparición del servicio de directorio Active Directory en Windows 2000 Server, WINS quedó relegado a un segundo plano, y Microsoft comenzó a recomendar DNS como servicio principal de resolución de nombres. Microsoft recomienda el uso del servidor WINS si se utilizan versiones de Windows anteriores a Windows XP o bien si se utilizan sistemas o servicios antiguos que dependen de NetBIOS para su funcionamiento.

4.3.12. NetBIOS

Microsoft incluye la resolución de nombres NetBIOS en sus sistemas operativos desde los años noventa. Los nombres NetBIOS no distinguen entre mayúsculas y minúsculas, y tienen un máximo de 15 caracteres, incluyendo letras, números, guiones y puntos. Por ejemplo, un nombre para un servidor de ficheros podría ser *SRV-FICHEROS*. Cuando se establece el nombre NetBIOS de un equipo con Windows instalado, además hay que indicar un segundo nombre. Este segundo nombre puede ser el nombre de un grupo de trabajo, o bien el nombre de un dominio.

4.3.12.1. Nombre NetBIOS y grupo de trabajo

Un grupo de trabajo es un conjunto de ordenadores que mantienen una relación de confianza para facilitar el acceso a sus recursos compartidos en red. Podríamos compararlo con una familia de personas que comparten un mismo apellido. Para configurar el nombre NetBIOS de un equipo con Windows instalado y añadirlo a un grupo de trabajo, debemos seguir el siguiente procedimiento:

1. Acceder al *Panel de control* y elegir la categoría *Sistema y seguridad*.

2. Dentro de la categoría *Sistema y seguridad*, en el apartado *Sistema,* hacer clic sobre el enlace con el texto *Mostrar el nombre de este equipo*. Entonces se mostrará una sección con el nombre *Ver información básica acerca del equipo*.

3. En la sección *Ver información básica acerca del equipo*, hacer clic en el enlace con el texto *Cambiar configuración*. Entonces se abrirá una ventana con el título *Propiedades del sistema*. En dicha ventana, hacer clic en el botón *Cambiar,* tras lo que se abrirá una ventana con el título *Cambios en el dominio o el nombre del equipo.*

4. En la ventana con el título *Cambios en el dominio o el nombre del equipo*, añadir el nombre del equipo, así como el nombre del grupo de trabajo en los campos de texto con las etiquetas *Nombre de equipo* y *Grupo de trabajo,* respectivamente. Después, hacer clic en el botón *Aceptar*.

5. Finalmente, aparecerá una notificación con el siguiente texto *Se unió correctamente al grupo de trabajo ...*. Para aplicar los cambios, será necesario reiniciar.

4.3.12.2. Verificación de la resolución de nombres mediante NetBIOS

Se puede comprobar la resolución de nombre NetBIOS mediante el comando *nbtstat*. Con la opción *-n* se puede acceder a la tabla local de NetBIOS para comprobar la tabla de nombres *NetBIOS* registrados localmente en la máquina:

```
C:\Windows\System32> nbtstat -n
Conexión de área local:
Dirección IP del nodo: [192.168.1.142] Id. de ámbito : []


   Tabla de nombres locales NetBIOS


      Nombre                Tipo          Estado
   ----------------------------------------------
      W10-VBOX           <00>  Único        Registrado
      AULA05             <00>  Grupo        Registrado
      w10-VBOX           <20>  Único        Registrado
```

Como se puede observar, en la columna *Estado* aparece la palabra *Registrado*, indicando que el nombre ha sido registrado en la red al unir el equipo al grupo de trabajo. Si se utiliza la opción *-a* se puede resolver el nombre de otra máquina. Por ejemplo:

```
C:\Windows\System32> nbtstat -a W10-VBOX
Conexión de área local:
Dirección IP del nodo: [192.168.1.142] Id. de ámbito : []


   Tabla de nombres de equipos remotos de NetBIOS


      Nombre                Tipo          Estado
   ----------------------------------------------
      W10-VBOX           <00>  Único        Registrado
      AULA05             <00>  Grupo        Registrado
      w10-VBOX           <20>  Único        Registrado


   Dirección MAC = 08-00-27-D8-E8-F5
```

4.3.12.3. Nombre NetBIOS y el servicio WINS

El inconveniente que tiene el uso de NetBIOS como servicio para resolver nombres es que emplea tráfico *broadcast*, lo que es inconveniente en una red de tamaño mediano o grande, ya que cada paquete *broadcast* es enviado a todos los puntos de la red reduciendo así su rendimiento. El servicio WINS (Windows

Internet Naming Service) es un servicio de nombres para NetBIOS, que resuelve el problema centralizando todas las consultas. A partir de Windows 2000, el servicio WINS fue desplazado por el servicio DNS integrado en Active Directory. En la actualidad se mantiene únicamente por cuestiones de compatibilidad con sistemas antiguos.

4.3.12.4. El nombre NetBIOS y Active Directory

Active Directory es la implementación del servicio de directorio[118] de Microsoft, que permite a los administradores de la red gestionar de forma centralizada cuestiones como la autenticación de usuarios, recursos compartidos disponibles en la red, permisos y políticas de acceso, despliegue de aplicaciones, entre otros.

Active Directory utiliza el servicio DNS para la resolución de nombres, reduciendo así la carga sobre la red que introduce el servicio NetBIOS. Por compatibilidad con los equipos que utilizan NetBIOS, los nombres de los equipos integrados en un dominio Active Directory cumplen las mismas normas que los nombres NetBIOS, es decir, tienen un máximo de 15 caracteres, incluyendo letras, números, guiones y puntos.

Los equipos pertenecientes a un dominio Active Directory mantienen una relación de confianza entre sí para el acceso a los recursos compartidos, de forma que equipos externos a él no pueden acceder del mismo modo. Para que un equipo pertenezca a un dominio Active Directory, deben darse dos circunstancias:

- Debe existir como mínimo un controlador de dominio, es decir, un servidor implementando el servicio Active Directory. La instalación y configuración del servicio se aborda en la sección 4.4.8.2.

- Debe unirse el equipo al dominio. La unión de un equipo al dominio se aborda en el apartado 4.4.8.4.

4.3.13. El protocolo de red SPX/IPX

En la actualidad el protocolo TCP/IP domina todos los ámbitos de las redes de ordenadores. Sin embargo, no siempre ha sido así. A finales de los años noventa,

---

[118] Un servicio de directorio mantiene una base de datos con la información sobre los recursos disponibles en una red, junto con información que permite al administrador de la red gestionar las políticas de acceso de los usuarios a dichos recursos.

el sistema operativo Novell NetWare (actualmente desaparecido) competía con Windows como sistema operativo de escritorio y de servidor. Novell Netware utilizaba una pila de protocolos diferente llamada SPX/IPX. Durante los años 2000 el protocolo SPX/IPX cayó en desuso, quedando solamente algunas reminiscencias en impresoras en red. Actualmente esta pila de protocolos no se utiliza.

4.3.14. Configuración de la seguridad

El término *seguridad* implica tres ámbitos diferentes, conocidos por sus iniciales, CID:

- **Confidencialidad**: es la cualidad de privacidad de un mensaje, comunicación o datos para que solo sean leídos (y en caso de ser leídos solo puedan ser comprensibles) por la persona o sistema que esté autorizado. La pérdida de confidencialidad puede desembocar en multas, pérdida de confianza del cliente o pérdida de las ventajas estratégicas.

- **Integridad**: es la cualidad de un mensaje, comunicación o datos que permite comprobar que no se ha producido manipulación alguna en el original. Supongamos que nuestro banco pierde la integridad sobre los datos de tus cuentas, de forma que se producen cargos anómalos y no hay forma de comprobar si son reales.

- **Disponibilidad**: indica que un servicio, unos datos o un sistema son accesibles a los usuarios autorizados en el momento en que lo necesiten. Cuando no se cumple esta cualidad, se dice que hay una negación del servicio o DoS. Indudablemente, hay sistemas más críticos que otros, de forma que la negación de un servicio puede ser desastrosa o simplemente una anécdota. Por ejemplo, una denegación de servicio en el sistema de navegación de un avión puede ser catastrófica, mientras que una denegación de servicio sobre el sistema de emisión en papel de los recibos de un banco tendría bastante menos impacto.

Garantizar el CIA (*Confidentiality Integrity Avaliability*) de un sistema es un tema extremadamente amplio. En esta sección se tratarán dos aspectos de la seguridad:

- **Autenticación de identidad**: en una red es deseable que solo puedan acceder a los recursos compartidos aquellos usuarios autorizados. Mediante el proceso de autenticación de identidad, el servidor que comparte el recurso en cuestión confirma la identidad del usuario y, en función de esta información, autoriza o deniega el acceso a dicho recurso.

- **Cifrado de los datos**: para evitar que un observador pueda obtener el nombre y la contraseña de un usuario capturando el tráfico de la red, las credenciales deben ser cifradas. Y no solo eso, la comunicación completa entre cliente y servidor pueden ser protegidas mediante el cifrado.

4.3.14.1. Autenticación de identidad

Son varios los métodos de autenticación disponibles. Los más habituales en una red son el uso de credenciales basadas en usuario y contraseña, la criptografía asimétrica basada en un par de claves pública y privada, y el uso de certificados digitales.

Usuario y contraseña

El uso de contraseñas es tan antiguo como la civilización. En la autenticación basada en usuario y contraseña, el punto débil es sin duda la contraseña. Usando las técnicas adecuadas, es posible romper las contraseñas de los usuarios. Pero estas técnicas son menos efectivas con buenas contraseñas. Existen distintas aproximaciones a la hora de construir contraseñas seguras. Las siguientes están documentadas en diferentes libros sobre seguridad:

- *Unix and Linux System Administration (4th edition)*: la característica más importante de una contraseña es su longitud. En teoría, las contraseñas más seguras son secuencias aleatorias de letras, caracteres especiales y números, pero la dificultad para recordarlas hace difícil escribirlas (la escritura lenta puede ser objeto de ataque *shoulder-surfing*[119]) y recordarlas.

- **Grady Ward propone la idea de *sinsentido chocante***:

  Sinsentido chocante significa crear una frase corta que resulta chocante o absurda en la cultura del usuario. Es decir, contiene ideas groseras, racistas, ilógicas o cualquier otro tipo de ideas extremistas. Esta técnica es admisible, ya que, por su propia naturaleza, el propietario de la contraseña nunca la revelará a nadie debido a su contenido potencialmente ofensivo. La naturaleza extrema de la frase hace poco probable que el usuario la olvide. Un ejemplo de sinsentido chocante podría ser: «Los moluscos mordisquean mis galopantes genitales». El lector puede indudablemente crear frases mucho más chocantes para sí mismos.

---

[119] *Shoulder-surfing* es una técnica consistente en mirar las pulsaciones de teclado de un usuario cuando introduce el usuario y la contraseña.

- **Foundations of security**: otra aproximación sobre contraseñas fuertes, incluida en este libro, es la siguiente:

  — Usar las contraseñas más largas posibles.

  — Incluir letras números y caracteres especiales.

  — Contraseñas diferentes para cada sistema.

  — Transformación de una *passphrase* en una contraseña. Por ejemplo: «Nada es realmente trabajo a no ser que prefieras estar haciendo otra cosa» → n!ErTaNsQp3hOc.

  — Utilizar contraseñas *honeypots*: confundir a los atacantes, para que sean los atacados, asignando contraseñas fáciles a cuentas de usuario predefinidas o fáciles de averiguar, como *Invitado*, *Usuario*, etc. Dicha cuenta será configurada como una cárcel en cuanto a privilegios. De este modo, cuando un usuario trate de iniciar sesión, nos daremos por enterados: alguien intenta entrar en el sistema. Podemos utilizar mecanismos de aviso que alerten al administrador de este hecho, y así tomar las medidas oportunas (rastrear la IP, reconfigurar el *firewall*, cambiar contraseñas...).

  — **Windows Server 2008 Security Resource Kit**: este libro dice claramente: «Deja de pensar en palabras, piensa en frases». Windows soporta *passwords* de hasta 127 caracteres, todos presentes en el teclado (incluida la barra espaciadora). Para endurecer la *passphrase*, se pueden realizar conversiones de vocales y consonantes a números y símbolos especiales, como por ejemplo a = @, i = !, e = 3, etcétera.

Criptografía asimétrica

La criptografía asimétrica se basa en el uso de un par de claves, una pública y otra privada. Los datos transmitidos son cifrados con una de las dos claves y, una vez son recibidos en el otro extremo, son descifrados con la otra clave. Para la autenticación mediante criptografía asimétrica, el nombre de usuario es cifrado mediante la clave privada (en poder únicamente del usuario) y son descifrados en el extremo del servidor mediante la clave pública. Gracias a la relación entre la clave privada y pública, el descifrado del nombre de usuario en el lado del servidor garantiza la identidad del usuario. En el epígrafe *Conexión SSH sin contraseña* de la sección 4.4.1.2 se utiliza este método.

Certificados digitales

Un certificado digital es un documento digital mediante el que una autoridad de certificación (CA) garantiza la vinculación entre la identidad de un usuario (nombre, dirección, etc.) y su clave pública. El uso del certificado se basa en criptografía asimétrica, aunque aporta un extra de seguridad gracias a la autoridad certificadora, que da fe de que la clave pública pertenece a un usuario concreto. La autenticación en dominios Active Directory se basa en esta idea. La autenticación en red se centraliza en el controlador de dominio, que hace las veces de autoridad certificadora.

Otros procedimientos

Además de los procedimientos citados, existen otros diferentes. Por ejemplo, el protocolo de autenticación en red que se utiliza en grupos de trabajo Windows se llama NTLM y utiliza un procedimiento llamado Challenge/Response. Este procedimiento se basa en un *acertijo* que plantea el servidor al sistema que pretende acceder a sus recursos compartidos.

4.3.14.2. Cifrado de datos

Como se ha comentado en la sección 4.3.14.1 la autenticación puede incorporar cifrado o no. Sin embargo, el administrador de la red debe saber que, más allá de la autenticación, el intercambio seguro de datos depende del servicio y de su configuración. Para ilustrar este punto, se van a poner como ejemplo dos servicios, uno de ellos seguro y otro inseguro:

- **FTP**: es un protocolo para la transferencia de ficheros. Este protocolo es inseguro, envía las credenciales de usuario (nombre de usuario y contraseña) en texto plano y no cifra los datos intercambiados, de forma que un tercero que esté capturando el tráfico de red podrá ver claramente la contraseña de usuario, así como los datos intercambiados.

- **SSH**: es un protocolo para la conexión remota a un sistema GNU/Linux. Habitualmente se emplea para iniciar sesiones de terminal en un servidor SSH y poder ejecutar comandos en él. Este protocolo aplica cifrado para la autenticación y para el posterior intercambio de información. De este modo, un tercero no podrá comprender la información que se intercambia.

4.3.15. Procedimientos sistemáticos de configuración

La sistematización de procedimientos es conveniente para un administrador de redes, ya que le garantiza que no está olvidando ninguna tarea. No existe una única forma de sistematizar la configuración de un dispositivo en red, pero podemos aportar un método basado en la pila de protocolos TCP/IP. Lo interesante de la pila TCP/IP a la hora de establecer una metodología de implantación, configuración y mantenimiento de la red es que cubre ordenadamente todos los aspectos que intervienen en la comunicación. Una propuesta de método sistemático para configurar un equipo en red podría recorrer la pila de protocolos desde abajo hacia arriba, del siguiente modo:

1. **Nivel físico**: comprobar que los cables tienen conectividad y que están correctamente conectados a las interfaces de red.

2. **Nivel de acceso a la red**: comprobar que la interfaz de red está correctamente instalada, tanto a nivel de *hardware* como de *software*.

3. **Nivel de red**: configurar los parámetros de red. Comprobar que hay conectividad con la puerta de enlace.

4. **Nivel de aplicación**: configurar la dirección IP de las DNS, y el nombre del dispositivo, y unirlo al grupo de trabajo o dominio correspondiente. Comprobar que hay resolución de nombres.

4.4. Instalación y configuración de servicios de red

El propósito último de una red es ofrecer servicios finales dirigidos a los usuarios. Algunos de los servicios más habituales en una red son:

- **Servicios de acceso a la red**: son servicios de control de acceso a los recursos de la red, incluidas otras redes.

- **Servicio DHCP**: proporciona a los equipos de la red que lo solicitan una dirección IP, una máscara de red y la dirección de una puerta de enlace, así como otros parámetros como la dirección de los servidores DNS.

- **Servicio DNS**: traduce nombres de *host* a direcciones IP.

- **Servicio de ficheros**: comparte con la red carpetas de ficheros, así como su contenido, para que los usuarios puedan acceder a dichos recursos como si estuviesen ubicados en su propio equipo.

- **Servicio de directorio**: gestiona de manera centralizada cuestiones como la autenticación, control de los recursos compartidos, control de acceso a los recursos, políticas de red, etcétera.

- **Servicio de impresión**: permite a los equipos de la red imprimir en impresoras que no están directamente conectadas a ellos y gestionar las colas de impresión para establecer prioridades a la hora de imprimir gran cantidad de trabajos.

- **Servicio de correo electrónico**: permite a los usuarios de la red enviar y recibir correo electrónico.

4.4.1. Servicios de acceso a la red

Un servicio de acceso a la red (NAS) actúa como punto de control de acceso a un recurso de la red. Se trata de un concepto muy amplio, al que se ajustan servicios muy variados, como, por ejemplo:

- **Servidor de acceso remoto**: permite la conexión de un cliente a una red corporativa o a Internet.

- **Servidor proxy**: actúa como intermediario en las peticiones que los usuarios realizan de recursos en Internet.

- **Servidor de escritorio remoto**: permite manejar el escritorio de un servidor remoto como si el usuario estuviese sentado delante.

- **Servidor de terminal remota**: permite ejecutar comandos en una consola de comandos de un servidor remoto.

- **Servidor VPN**: permite extender una red de manera segura sobre Internet. Existen dos tipos principales de servicio VPN:

  — **Punto a punto (*site to site*)**: dos redes remotas permanecen conectadas, actuando como si se tratase de la misma red.

  — **Acceso remoto (*remote access* o *road warrior*)**: un *host* remoto se conecta a la red desde el exterior, actuando como si estuviese físicamente conectado a ella.

Debido a la amplitud de servicios comentados, se abordarán solo algunos ejemplos de servicios de acceso a la red. Las opciones elegidas son ampliamente utilizadas en la actualidad. En la sección 4.4.1.1 se tratan los servicios de escritorio remoto. En la sección 4.4.1.2 se abordará el servicio de terminal remota SSH, imprescindible para cualquier administrador de redes.

4.4.1.1. Servicios de escritorio remoto

Las soluciones de escritorio remoto permiten trabajar en un equipo ubicado en otro lugar, dentro de la misma red o en otra distinta. En este tipo de servicios, el servidor es el equipo que se desea controlar, y el cliente es el equipo desde el que se controla el primero. La razón para acceder de forma remota a un servidor de control remoto puede estar entre las siguiente:

- Utilizar una aplicación que solo se puede ejecutar en el servidor remoto.

- Llevar a cabo tareas de mantenimiento en un servidor que no tenemos delante.

Existen múltiples soluciones en el mercado, que se apoyan en un cierto protocolo para controlar de forma remota la máquina remota. Algunos ejemplos populares son:

- **TeamViewer**: se trata de un *software* de escritorio de una máquina remota que soporta cifrado, transferencia de ficheros y múltiples sesiones simultáneas. Se basa en la transferencia de eventos de ratón y teclado hacia el servidor y el envío de capturas de la pantalla del servidor a modo de vídeo hacia el cliente, por lo que utiliza mucho ancho de banda, y en caso de una conexión limitada, la calidad de la imagen puede ser baja. Su principal ventaja es su simplicidad de configuración. Utiliza un protocolo propietario. Su filosofía de código cerrado ha traído a TeamViewer problemas de seguridad.

- **Soluciones VNC (RealVNC, TightVNC, X11vnc, etc.)**: VNC (Virtual Network Computing) es una tecnología para compartir el escritorio que utiliza el protocolo RFB. Envía los eventos de teclado y ratón hacia el servidor, junto con actualizaciones de la pantalla en sentido contrario. Las soluciones VNC suelen soportar cifrado, transferencia de ficheros y múltiples sesiones simultáneas. Su filosofía, basada en el envío de capturas de pantalla puede llegar a consumir mucho ancho de banda, al igual que TeamViewer.

- **Servicios de escritorio remoto de Microsoft** (anteriormente conocido como Terminal Server): se trata de la solución de acceso remoto nativa de Windows. Utiliza el protocolo RDP, que envía las pulsaciones de teclado y eventos de ratón hacia el servidor, pero en lugar de enviar capturas de pantalla hacia el cliente, transforma la información gráfica de la pantalla del servidor a un formato propio de RDP y la envía hacia el cliente, que, una vez que recibe la información, reconstruye el estado de la pantalla. Esta filosofía reduce la cantidad de datos que hay que transmitir, y por tanto el consumo de ancho de banda. Como todos los protocolos de escritorio remoto modernos, soporta cifrado, transferencia de ficheros y múltiples sesiones, además de conseguir una superior calidad de imagen.

Un ejemplo de servicio de control remoto: servicios de escritorio remoto Microsoft

Los servicios de escritorio remoto se llamaban Terminal Services en versiones anteriores a Windows Server 2008. El procedimiento para agregar el rol servicios de escritorio remoto es similar al que hemos utilizado anteriormente para agregar el servicio DNS, DHCP o Active Directory:

1. En la ventana *Administrador del servidor*, elegimos la opción *Agregar roles y características*. Entonces, se abre un asistente para agregar roles y características.

2. En el primer paso, *Antes de comenzar*, hacemos clic en el botón *Siguiente*.

3. En el siguiente paso, *Tipo de instalación*, dejamos marcada la opción *Instalación basada en características y roles*.

4. En el paso siguiente, *Selección del servidor*, seleccionamos el nombre del servidor y hacemos clic en el botón *Siguiente*.

5. En el paso *Roles de servidor*, marcamos la casilla con la etiqueta *Servicios de escritorio remoto*. Después pulsamos el botón *Siguiente*.

6. El paso siguiente es *Características.* No es necesario seleccionar ninguna característica adicional para el rol *Servicios de escritorio remoto*, de forma que podemos hacer clic directamente en el botón *Siguiente.*

7. El paso *Servicios de escritorio remoto* es una descripción del servicio. Hacemos clic en el botón *Siguiente.*

8. En el paso siguiente *Servicios de rol* se deben marcar los servicios que se van a instalar. Se ofrecen varios servicios, pero los mínimos necesarios son *Host de sesión de escritorio remoto,* y si no disponemos de un servidor de licencias, también necesitaremos *Administración de licencias de escritorio remoto*; el resto de servicios de rol es opcional. Una vez que los hemos marcado, hacemos clic en el botón *Siguiente.*

9. El siguiente paso, *Confirmación*, nos muestra los componentes que se van a instalar. Marcamos la casilla con el texto *Reiniciar automáticamente el servidor de destino en caso necesario*. Después hacemos clic en el botón *Instalar*.

Una vez que el servicio se ha instalado, podemos probarlo desde una máquina cliente. Para conectar, debemos abrir la aplicación *Conexión a escritorio remoto*. Dependiendo de la versión de Windows que estemos utilizando, estará en un lugar u otro. Por ejemplo, en Windows 7, podemos encontrarla en *Inicio/Accesorios*, y a partir de Windows 8 lo encontraremos mediante la búsqueda del texto *Conexión a escritorio remoto*. Independientemente de su ubicación, la aplicación es similar en todas las versiones de Windows. Supongamos que contamos con un servidor Windows Server 2023, con dirección IP 192.168.1.140, nombre *NetBIOS WIN2023_SVR*, y un usuario local llamado Administrador. En nuestro ejemplo, el cliente y el servidor no están unidos a un dominio. Los pasos a seguir para conectar al servidor a través del programa *Conexión a escritorio remoto* son los siguientes:

1. En la ventana inicial de *Conexión a escritorio remoto*, se rellena el campo de texto *equipo* con la dirección IP 192.168.1.140. También podemos utilizar un nombre si tenemos una DNS configurada correctamente para resolver el nombre del servidor. Después hacemos clic en el botón *Conectar*.

2. En el siguiente paso se nos pide introducir las credenciales. Hay que tener en cuenta que, si no estamos en un dominio, debemos especificar el nombre de la máquina además del nombre de usuario. Por ello, en el campo de texto debemos escribir *WIN2023_SVR\Administrador*. En el campo de texto para la contraseña introducimos la contraseña del usuario Administrador en *WIN2023_SVR*. Después, hacemos clic en el botón *Aceptar*.

3. En el paso siguiente, se nos notifica que existe un problema con el certificado de seguridad que identifica al servidor. Ignoramos el mensaje y hacemos clic en el botón *Sí*.

4. Una vez hecho esto, ya tendremos acceso al servidor remoto.

Microsoft concede dos licencias gratuitas de conexión a escritorio remoto. Si queremos que más usuarios se conecten a la misma máquina, deberemos adquirir licencias e instalarlas en un servidor de licencias de escritorio remoto.

4.4.1.2. SSH

A diferencia de los servicios de escritorio remoto, este servicio solo soporta la conexión a una consola de comandos del servidor. SSH es una versión segura de un protocolo anterior muy popular (Telnet). Soporta el envío de ficheros y, gracias a su flexibilidad, SSH puede ser utilizado como túnel seguro para enviar otros protocolos sobre él. Por ejemplo, el reenvío de X11 sobre SSH permite conectar de forma remota con un escritorio de GNU/Linux.

SSH se sigue utilizando actualmente gracias a su seguridad y su flexibilidad para tunelizar otros protocolos inseguros. Para poder conectar a un servidor SSH, este debe tener instalado el *software* necesario.

Instalación de SSH en el servidor

En distribuciones basadas en Debian, la instalación se lleva a cabo del siguiente modo:

```
host $> sudo apt-get install openssh-server
```

Si se trata de una distribución derivada de RedHat:

```
host $> sudo yum install openssh-server
```

Una vez que ha sido instalado, debemos reiniciar el servicio:

```
host $> sudo systemctl restart sshd.service
```

Conexión desde el cliente SSH

GNU/Linux suele incorporar un cliente SSH, de forma que en principio no tenemos que instalar nada en el equipo cliente. Supongamos que el servidor SSH tiene la IP 192.168.1.140, y que tiene definida una cuenta local de usuario llamada *jperez*. Entonces, desde el equipo cliente, debemos ejecutar el siguiente comando:

```
host $> ssh jperez@192.168.1.140
```

Tras ejecutar este comando, se nos pedirá la contraseña del usuario *jperez*. Si la introducimos correctamente, entonces se iniciará una sesión en el equipo remoto, y podremos ejecutar comandos en él.

Conexión SSH con el usuario root

Por defecto, SSH no permite el inicio de sesión con el usuario *root* directamente. Es decir, por defecto no podremos hacer lo siguiente:

```
host $> ssh root@192.168.1.140
```

Se trata de un mecanismo de seguridad para impedir la ejecución por error de comandos que pudieran dejar sin conectividad el equipo. Sin embargo, es posible modificar este comportamiento. Para ello, se debe editar el fichero */etc/ssh/ sshd_config*. En dicho fichero, hay que añadir una línea con el texto *PermitRootLogin yes* en la sección *Authentication*. Dicha sección debe quedar del siguiente modo:

```
# Authentication:
# LoginGraceTime 2m
PermitRootLogin yes
# StrictModes yes
# MaxAuthTries 6
# MaxSessions 10
```

> *Nota:* El carácter # se coloca delante de un comentario. Es decir, toda línea que tenga al principio dicho carácter no tiene ningún efecto. Puede que la línea con el texto *PermiteRootLogin yes* exista inicialmente con el carácter # delante. En tal caso, solo hay que eliminar el carácter.

Transferencia de ficheros

SSH soporta la transferencia de ficheros empleando el comando *scp*. Supongamos que deseamos transferir desde el equipo cliente un fichero llamado *documento.txt* hasta un servidor SSH con dirección IP 192.168.1.140. En concreto, deseamos copiar el fichero en la carpeta */home/jperez/Documentos*. Entonces, el comando que se va a ejecutar será:

```
host $> scp documento.txt jperez@192.168.1.140:/home/
jperez/Documentos
```

Este comando nos pide la contraseña del usuario *jperez* en el servidor SSH. También podemos transferir un fichero desde el servidor SSH hacia el cliente. El caso inverso al ejemplo anterior, es decir, descargar desde el servidor SSH con dirección IP 192.168.1.140 un fichero llamado *documento.txt* ubicado en la carpeta */home/jperez/Documentos* se conseguiría del siguiente modo:

```
host $> scp jperez@192.168.1.140:/home/jperez/Documentos/
documento.txt.
```

Nota: En este caso, el símbolo "." indica el directorio en el que nos encontramos actualmente.

Conexión SSH sin contraseña

SSH permite la autenticación mediante criptografía asimétrica[120], es decir, utilizando un par de claves pública y privada. Si la identificación se produce de este modo, entonces no será necesario introducir manualmente una contraseña. Más allá de la comodidad que supone no introducir la contraseña, este procedimiento es necesario cuando se desea ejecutar de manera desatendida una tarea en el servidor.

La autenticación mediante criptografía asimétrica en SSH se basa en la siguiente idea:

- El cliente SSH cuenta con una clave privada y otra pública.

- El servidor SSH dispone de una copia de la clave pública del cliente.

- Cuando el cliente envía el mensaje de autenticación cifrado con la clave privada, el servidor lo descifra mediante la clave pública, de forma que el cliente queda identificado.

Para crear un par de claves pública y privada en el cliente, debemos ejecutar el siguiente comando:

```
host $> ssh-keygen -b 4096 -t rsa
```

Mediante la opción *-b 4096* estamos indicando que la clave asimétrica que se generará tenga un tamaño de 4096 bits. Otros tamaños, como 1024 y 2048, son posibles, pero ofrecen menor seguridad. La opción *-t rsa* indica que el algoritmo

---

[120] En la criptografía asimétrica existen dos claves, llamémoslas *Kpv* (clave privada) y *Kpb* (clave pública). Supongamos que llamamos *E(m,k)* al algoritmo de cifrado para el mensaje *m*, empleando la clave *k*, y *D(x,k)* el algoritmo de descifrado para el mensaje *x* y la clave *k*. Entonces se cumple lo siguiente:

$$D(E(m,kpv),kpb) = D(E(m,kpb),kpv) = m$$

Es decir, el cifrado de un mensaje con la clave privada solamente puede ser descifrado utilizando la clave pública y viceversa.

usado para generar el par de claves será RSA[121]. Otro protocolo habitual es DSA[122]. Tras ejecutar el comando se nos harán algunas preguntas:

- **Enter file in which to save the key (/home/mauri/.ssh/id_rsa)**: pregunta sobre dónde deseamos almacenar las claves pública y privada. El fichero por defecto es adecuado en la mayoría de los casos, por lo que basta con pulsar la tecla *Intro*.

- **Enter passphrase (empty for no passphrase)**: para mayor seguridad podemos añadir una contraseña. Añadir una contraseña elimina la ventaja de poder autenticar sin contraseña. Por ello, en la mayoría de los casos lo más aconsejable es dejarla vacía y pulsar la tecla *Intro*.

Una vez que hemos respondido a las preguntas, podremos encontrar en */home/mauri/.ssh/* un par de ficheros:

- **id_rsa**: es el fichero con la clave privada.

- **id_rsa.pub**: es el fichero con la clave pública.

El siguiente paso consiste en copiar la clave pública del cliente generada anteriormente en el servidor. Esto se puede hacer de varias maneras, incluyendo mediante SCP. Supongamos que desde el cliente nos vamos a conectar contra el usuario *jperez* del servidor SSH. Entonces, el fichero debe ser copiado dentro del fichero */home/jperez/.ssh/authorized_keys*. Si el fichero no existe, debe ser creado. Si existe, y ya contiene otras claves dentro, la clave de *jperez* debe ser añadida al final. El siguiente comando permite hacer esto sin demasiado esfuerzo, suponiendo que ya contamos con el fichero *id_rsa.pub* en el servidor:

```
jperez@SSH_svr $> cat id_rsa.pub >> ~/.ssh/authorized_key
```

Este comando debe ser ejecutado en el servidor. Una vez hecho esto, podremos iniciar una sesión SSH sin introducir una contraseña.

---

[121] RSA utiliza el problema matemático de la factorización de un número entero n grande (1024 bits). Este número entero es producto de dos números primos p y q de la misma longitud. Entonces la clave pública es el número n y la privada es (p,q). El tamaño de la llave pública debería ser más grande que 1024 bits para un margen razonable de seguridad. Llaves de tamaño, supongamos, de 2048 bits deberían brindar seguridad por muchos años.

[122] DSA (Digital Signature Algorithm) es un estándar del Gobierno Federal de los Estados Unidos para firmas digitales. Este algoritmo fue propuesto por el Instituto Nacional de Normas y Tecnología de los Estados Unidos para su uso en su Estándar de Firma Digital (DSS), especificado en el FIPS 186. DSA se hizo público el 30 de agosto de 1991. Este algoritmo, como su nombre indica, sirve para firmar y no para cifrar información. Una desventaja de este algoritmo es que requiere mucho más tiempo de cómputo que RSA.

4.4.2. Servicio de ficheros

El almacenamiento en red tiene como finalidad poder acceder desde un equipo a dispositivos de almacenamiento ubicados en otros equipos de la red. La necesidad de acceder a dispositivos de almacenamiento separados del propio equipo responde a diferentes situaciones:

- Varios equipos de la red necesitan acceder a los mismos ficheros.

- El espacio de almacenamiento que se necesita es mayor de lo que el propio dispositivo puede albergar internamente.

- La información debe ser altamente disponible, de forma que la información se almacena simultáneamente en varios dispositivos.

Existen varias alternativas a la hora de compartir un dispositivo de almacenamiento con la red:

- **Servidores de ficheros**: son dispositivos que comparten un sistema de ficheros mediante un protocolo específico del nivel de aplicación, como CIFS en el caso de Microsoft, o NFS en el caso de GNU/Linux. En su forma más sencilla consiste en la compartición en red de una carpeta del servidor. Sin embargo, la compartición de una carpeta puede ser insuficiente para las necesidades de los usuarios. Por ello, existen los sistemas de ficheros distribuidos. Microsoft cuenta con una tecnología llamada DFS (Distributed File System) que permite que varios servidores de almacenamiento puedan ofrecer una misma compartición, lo que proporciona tolerancia a fallos y mejora del rendimiento. Además, ofrece servicios de replicación, lo que permite mantener sincronizados los cambios en los ficheros.

- **NAS (Network Attached Storage)**: una NAS es un dispositivo de almacenamiento está conectado directamente a la LAN. El concepto es bastante parecido al de un servidor de almacenamiento, pero con algunas diferencias:

- Se trata de un servidor dedicado únicamente al almacenamiento.

- A la carpeta compartida se puede acceder utilizando diferentes protocolos, como CIFS, NFS, FTP o TFTP.

- Cuenta con varios discos, que pueden ser intercambiables en caliente, configurados en RAID[123].

---

[123] RAID (Redundant Array of Independent Disks) es una tecnología que permite usar de manera combinada varios discos como si fuese uno solo. Esto permite obtener mejoras como el aumento de la capacidad, la mejora del rendimiento, la tolerancia a los fallos en alguno de los discos y la mayor integridad de los datos.

- **SAN (Storage Area Network)**: la diferencia entre una NAS y una SAN es que en la NAS el equipo conectado accede a los ficheros del recurso compartido en red, mientras que en una SAN se conecta a bajo nivel con el dispositivo de almacenamiento, igual que si fuese un dispositivo interno. Es decir, mientras que NAS sirve carpetas y ficheros concretos, SAN sirve bloques concretos de un determinado disco. Las SAN se utilizan en redes de alta velocidad (iSCSI sobre GigabitEthernet y FiberChannel) dedicadas para el acceso exclusivo por parte de varios servidores que comparten los mismos dispositivos de almacenamiento. Debido a la criticidad de los datos, en una SAN se utilizan dispositivos de mayor calidad y precio.

4.4.2.1. Compartir una carpeta de Windows mediante CIFS/SMB

La principal herramienta de configuración de la red en Windows Server y posteriores es el *Centro de redes y recursos compartidos*, donde debemos activar el uso compartido de ficheros e impresoras. Para habilitar el uso compartido de ficheros e impresoras, hay que seguir los siguientes pasos:

1. Hacemos clic en el botón de inicio y luego sobre el *Panel de control*.

2. Hacemos clic sobre el botón *Redes e Internet*, y en la siguiente pantalla hacemos clic sobre el *Centro de redes y recursos compartidos*.

3. En el panel izquierdo, hacemos clic sobre el enlace *Cambiar configuración de uso compartido avanzado*.

4. En la siguiente pantalla, nos debemos asegurar que están seleccionadas las casillas etiquetadas con el siguiente texto:

   — Activar la detección de redes. Activar la configuración automática de los dispositivos conectados a la red.

   — Activar el uso compartido de ficheros e impresoras.

El siguiente paso es compartir una carpeta. Pero antes de hacerlo hay que comprender la forma en que funciona el control de acceso a carpetas compartidas en Windows. Cuando se comparte una carpeta hay que dar dos tipos de permisos:

- **Permisos NTFS**: son los permisos que tiene una carpeta o un fichero internamente en el servidor. Los permisos NTFS que podemos aplicar a una carpeta o un fichero son *Control total*, *Modificar*, *Lectura y ejecución*, *Mostrar el contenido de la carpeta*, *Lectura* y *Escritura*.

- **Permisos de recurso compartido**: son los permisos que tiene una carpeta o un fichero cuando se accede desde la red mediante el protocolo CIFS (anteriormente llamado SMB). Los permisos que podemos aplicar a una carpeta compartida en red son *Control total*, *Cambiar* y *Leer*.

Los permisos NTFS y los permisos de recurso compartido son independientes, y el más restrictivo de los dos será el que se aplique al acceder desde la red. Por ello, es importante que especifiquemos siempre los permisos a ambos niveles.

Permisos NTFS

Para cambiar los permisos NTFS de una carpeta o un fichero, debemos seguir los siguientes pasos:

1. Abrimos el explorador de archivos de Windows y nos dirigimos hasta la carpeta deseada.

2. Hacemos clic con el botón derecho del ratón sobre la carpeta a compartir, y elegimos la opción *Propiedades*.

3. En la ventana de propiedades, activamos la pestaña *Seguridad* y hacemos clic sobre el botón *Editar*. Entonces se abre una ventana con el título *Permisos de...*

4. Para añadir un nuevo usuario, debemos hacer clic sobre el botón *Agregar* y se abrirá una ventana con el título *Seleccionar usuarios o grupos*. En esta ventana se debe añadir la ubicación (por defecto el nombre del servidor) y el nombre del usuario. Después, hacemos clic en e' botón *Aceptar*, de forma que volveremos a la ventana de permisos, donde podemos establecer los permisos deseados para el usuario añadido. Una vez que hayamos terminado, hacemos clic en el botón *Aceptar*.

Compartir una carpeta en red y establecer permisos de recurso compartido

Una vez que los permisos NTFS han sido establecidos, hay que compartir la carpeta para que sea accesible desde la red. Para compartir una carpeta en red hay que seguir los siguientes pasos:

1. Abrimos el explorador de archivos de Windows y nos dirigimos hasta la carpeta deseada.

2. Hacemos clic con el botón derecho del ratón sobre la carpeta a compartir y elegimos la opción *Propiedades*.

3. En la ventana de *Propiedades*, activamos la pestaña *Compartir* y hacemos clic sobre el botón *Uso compartido avanzado*. Entonces se abre una ventana con el título *Uso compartido avanzado*.

4. En la ventana *Uso compartido avanzado*, marcamos la casilla *Compartir esta carpeta*. En el campo de texto con la etiqueta *Nombre del recurso compartido* aparece el nombre con que será vista la carpeta desde la red. Debemos modificarlo si es necesario. Después, hacemos clic sobre el botón *Permisos* y se abrirá una ventana donde podemos especificar los privilegios que se darán a los diferentes usuarios.

Usuarios del equipo y usuarios del dominio

Cuando se añade un nuevo usuario a los permisos de una carpeta o un fichero en el caso de NTFS, y de una carpeta en el caso de los permisos de recurso compartido, puede tratarse de una cuenta local del servidor, o bien de una cuenta de usuario de dominio. Para ilustrar este punto, vamos a poner un ejemplo. Supongamos que contamos con un servidor cuyo nombre *NetBIOS* es WIN2023_SVR, perteneciente a un dominio cuyo nombre NetBIOS es SEDER. Supongamos también que existe un usuario local en WIN2023_SVR llamado *jperez*, y también existe un usuario llamado *jperez* en el dominio. Entonces, al dar permisos a una cierta carpeta, es diferente dar permiso al usuario *WIN2023_SVR\jperez*, que dárselo al usuario *SEDER\jperez*. En el primer caso se trata de un usuario que únicamente existe en el servidor, y para poder acceder a la carpeta compartida, tanto el servidor como el equipo que accede deben pertenecer al mismo grupo de trabajo. En el segundo caso, se trata de un usuario que se puede utilizar en cualquier dispositivo que haya sido unido al dominio.

Acceder a una carpeta compartida

Supongamos que en el servidor WIN2023_SVR, perteneciente al grupo de trabajo WORKGROUP, existe un usuario llamado *jperez* que tiene permisos de acceso a una carpeta llamada *Nóminas*.

Supongamos también que deseamos acceder a dicha carpeta compartida desde un equipo con Windows instalado llamado WIN_PC, que pertenece al mismo grupo de trabajo que WIN2023_SVR. Entonces debemos seguir los siguientes pasos para acceder a la carpeta compartida *Nóminas* en el grupo de trabajo WORKGROUP:

1. Abrimos el explorador de archivos de Windows, y en el panel izquierdo hacemos clic sobre el nodo *Red*. Entonces, en la parte de la derecha apa-

recen las máquinas que han sido descubiertas en la red, entre las que debería estar WIN2023_SVR.

2. Una vez que hemos encontrado el icono para el servidor WIN2023_SVR, hacemos clic sobre él. Entonces se abrirá una ventana con el título *Seguridad de Windows* para introducir las credenciales del usuario. Debemos fijarnos que junto a la etiqueta *Dominio*, aparece el nombre WIN_PC. Los datos que se deben introducir son los siguientes:

    — En el campo de texto etiquetado con el texto *Nombre de usuario,* debemos escribir *WIN2023_SVR\jperez*. Al hacer esto, veremos que el texto que acompaña a la etiqueta *Dominio* ha cambiado a *WIN2023_SVR*.

    — En el apartado de contraseña debemos introducir la contraseña del usuario *jperez* en WIN2023_SVR.

3. Después de esto, tendremos acceso a la carpeta compartida.

4.4.2.2. Compartir una carpeta de GNU/Linux en red mediante NFS

NFS, al igual que CIFS/SMB permite compartir un sistema de ficheros en red. Es habitual en sistemas GNU/Linux, aunque Windows también provee soporte para cliente NFS (aunque solo para algunas versiones). En nuestro caso, nos centraremos en compartir una carpeta mediante NFS con otro sistema GNU/Linux.

Configuración en el servidor NFS

Como siempre ocurre en el mundo GNU/Linux, la instalación dependerá de la distribución utilizada. En sistemas derivados de RedHat, el comando que se va a ejecutar será:

```
host $> sudo yum install nfs-utils
```

En sistemas derivados de Debian, el comando de instalación será:

```
host $> sudo apt-get install nfs-kernel-server
```

A continuación, hay que especificar qué directorios se van a compartir y con qué propiedades. Esto se hace indicándolo en el fichero */etc/exports*. Suponiendo que se desea compartir la carpeta */mnt/nfs/* con todos los equipos de la red 192.168.1.0/24, entonces el contenido de */etc/exports* será el siguiente:

```
/mnt/nfs 192.168.1.0/24(rw,no_root_squash)
```

Lo que significa esta línea es lo siguiente:

- Se indica */mnt/nfs* como directorio que se está compartiendo.

- También se aclara que la compartición es válida para las máquinas en la red 192.168.1.0/24. También se puede especificar una dirección concreta o un nombre de equipo, siempre que este pueda ser resuelto por DNS o especificado en el fichero */etc/hosts*[124].

- Por último, se indican dos opciones para la compartición, pero existen otras además de estas. Las más comunes son:

  — **ro** Esta opción provoca que el montaje de NFS sea solo de lectura. Esta opción está activada por omisión.

  — **rw** Esta opción monta la jerarquía de ficheros en lectura-escritura.

  — **root_squash** Indica que un cliente identificado como *root* tendrá acceso al directorio con privilegios de un usuario anónimo.

  — **no_root_squash** Permite que un cliente identificado como *root* tenga acceso de superusuario al punto de montaje.

Configuración del cliente

En el equipo que va a acceder a la compartición NFS también hay que instalar *software*. Si estamos usando una distribución derivada de RedHat, entonces debemos ejecutar los siguientes comandos:

```
host $> sudo yum install nfs-utils
```

Además, debemos reiniciar y habilitar dos servicios:

```
host $> sudo systemctl restart rpcbind
host $> sudo systemctl start nfs-mountd
host $> sudo systemctl enable rpcbind
host $> sudo systemctl enable nfs-mountd
```

En un sistema derivado de Debian, el comando de instalación será:

```
host $> sudo apt-get install nfs-common
```

---

[124] En el fichero */etc/hosts* se pueden especificar nombres de máquina y su IP. Este fichero es consultado por GNU/Linux antes de realizar la consulta DNS.

Montar una unidad compartida en red

Supongamos que existe un servidor NFS con la dirección IP 192.168.1.140 compartiendo la carpeta */mnt/nfs*. Supongamos también que se quiere montar el volumen NFS en la carpeta */home/nfs* de un equipo cliente. Entonces, en el equipo cliente, debemos ejecutar el siguiente comando:

```
host $> sudo mount -t nfs 192.168.1.140:/mnt/nfs /home/nfs
```

Mediante el comando anterior estamos indicando lo siguiente:

- Se desea montar un sistema de ficheros NFS.

- El volumen NFS compartido en red se encuentra en la carpeta */mnt/nfs* del servidor con IP 192.168.1.140.

- El volumen debe montarse en la carpeta */home/nfs*.

4.4.3. Servicios de impresión

Un servidor de impresión permite compartir en red las impresoras a las que está conectado. En la actualidad, la mayoría de impresoras proporcionan su propio servidor de impresión, de forma que se pueden conectar directamente a la red cableada o inalámbrica. Además, los sistemas operativos cliente actuales facilitan la búsqueda de las impresoras conectadas en red y su configuración.

En cualquier caso, un servidor de impresión permite compartir en red impresoras que no tienen un servicio de impresión integrado. Además, concentran todas las impresoras en un único servidor, de forma que se pueden gestionar las colas de impresión desde un único punto, el servidor de impresión. Existen servidores de impresión *software* y *hardware*:

- **Servidores de impresión *hardware***: son dispositivos gestionables, con un formato similar a un pequeño *switch*, que cuentan con varios puertos USB (u otro tipo de puertos de impresora) donde se conectan las impresoras y un puerto Ethernet o una antena para conectar a la red.

- **Servidores de impresión *software***: son características que proporcionan los sistemas operativos, o bien aplicaciones de terceros. Windows Server cuenta con un servicio de impresión propio, y en GNU/Linux se puede crear un servidor de impresión utilizando una compartición con Samba, o bien con el servidor CUPS.

4.4.3.1. El servidor CUPS en GNU/Linux

La instalación y configuración de CUPS es realmente sencilla. El comando de instalación depende de la distribución. En distribuciones derivadas de RedHat, la instalación se lleva a cabo con el comando siguiente:

```
host #> yum install cups
```

En sistemas derivados de Debian, la instalación se lleva a cabo con el siguiente comando:

```
host $> sudo apt-get install cups
```

Una vez que ha sido instalado, hay que iniciar el servicio. Para ello, se puede ejecutar el siguiente comando:

```
host $> sudo systemctl start cups
```

Después, ya se puede acceder a la consola de administración de CUPS. Suponiendo que el servidor GNU/Linux tiene la dirección IP 192.168.1.240, la consola de administración web se puede abrir accediendo a la URL http://192.168.1.240:631. En la Figura 4.7 se puede ver el aspecto de la pantalla inicial de la consola de administración web de CUPS.

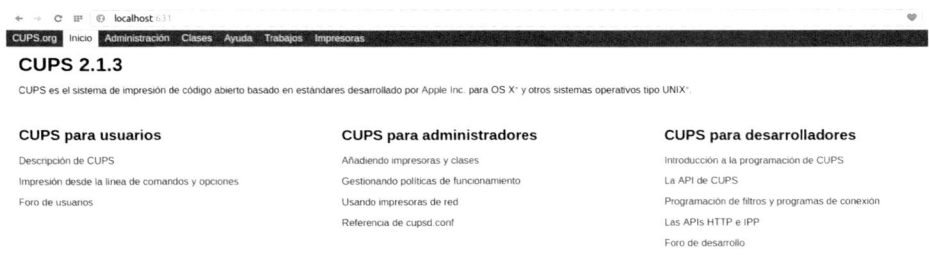

Figura 4.7. Consola de administración web de CUPS.

En la pestaña de *Administración* se pueden añadir, encontrar y administrar las impresoras que se desean compartir en red.

Añadir una impresora a CUPS

Para añadir una impresora a CUPS, se deben seguir los siguientes pasos:

- Hacer clic en el botón *Añadir impresora.* Entonces se abrirá la página *Añadir impresora.* CUPS ofrece tres grupos de impresoras:

— **Impresoras locales**: son impresoras conectadas localmente al servidor.

— **Impresoras en red descubiertas**: son impresoras descubiertas en red. La mayoría de impresoras actuales son detectadas automáticamente y aparecen en este grupo. Para configurar una impresora, basta con seleccionarla y hacer clic en el botón *Siguiente.*

— **Otras impresoras en red**: para impresoras en red que no han sido detectadas automáticamente y se desean configurar manualmente. Si la impresora no es detectada, se puede añadir manualmente la impresora. Para ello, hay que seleccionar una de las opciones de configuración. Una vez que se selecciona la opción adecuada, se pasa a una página donde hay que especificar la dirección de la impresora. La dirección IP de una impresora se puede especificar mediante el siguiente formato: socket://192.168.1.250. Se puede obtener la dirección IP de la impresora a través de su menú de configuración o imprimiendo una página de información de la impresora. Después, hay que hacer clic en el botón *Siguiente.*

- En la siguiente página se solicita información sobre la impresora como nombre, descripción y ubicación. También se puede decidir si se desea compartir la impresora.

- En la siguiente página se puede especificar el modelo de impresora. En algunas ocasiones, la impresora no aparece en la lista, pero se puede suministrar un archivo PPD que se puede descargar en la mayoría de los casos de la página del fabricante de la impresora. Una vez finalizado, hacer clic en el botón Añadir impresora. Después, la impresora ya está disponible.

4.4.3.2. Configurar una impresora en red en un cliente Windows

Para agregar una impresora configurada en un servidor CUPS en un equipo con Windows instalado, se deben seguir los siguientes pasos:

- Abrir la ventana del *Panel de control.* En dicha ventana, hacer clic en la opción *Ver dispositivos e impresoras* de la categoría *Hardware y sonido.*

- En la siguiente pantalla hacer clic en el botón *Agregar una impresora.* En la siguiente ventana se debe hacer clic sobre el botón *La impresora deseada no está en la lista.* Entonces se abre una ventana con varias opciones. Se debe seleccionar la opción *Seleccionar una impresora compartida por nombre.* En el campo de texto, se debe especificar la URL de la impresora, que tendrá el siguiente formato: http://localhost:631/printers/nombre_impresora.

Por ejemplo, si la impresora es una Brother DCP-J140W, la URL de la impresora sería similar a la siguiente:

```
http://localhost:631/printers/BrotherDCP-J140W
```

- En la siguiente ventana se selecciona el fabricante y el modelo de impresora. Después se hace clic en el botón *Aceptar.* Después, la impresora está configurada en el equipo y ya es posible imprimir a través del servidor de impresión.

4.4.4. Servicio de correos

Un servicio de correo electrónico permite enviar mensajes de texto (con la posibilidad de adjuntar ficheros) de forma asíncrona. En la actualidad el uso del servicio de correo electrónico está masivamente extendido en Internet. Existen grandes proveedores de correo electrónico que ofrecen sus servicios a cualquier usuario con conexión a Internet, como Outlook, Gmail o Yahoo. Sin embargo, las empresas suelen utilizar sus propios servidores privados de correo.

El servicio de correo electrónico está compuesto por tres componentes principales:

- **MUA (Mail User Agent)**: es el *software* cliente a través del cual el usuario accede a los correos electrónicos asociados a su cuenta de correo. Se encarga de enviar correos mediante el protocolo SMTP y recibirlos mediante el protocolo POP3 o bien IMAP. Algunos ejemplos son Mozilla Thunderbird, Evolution o MS Outlook.

- **MTA (Mail Transfer Agent)**: se trata del *software* servidor que recibe los correos de un MUA y los hace llegar hasta su destino. El destino de un correo puede ser otro MTA u otro MDA. Ejemplos de MTA son Postfix, Qmail o Sendmail.

- **MDA (Mail Delivery Agent)**: es el *software* que recibe los correos que le entrega el MTA y los almacena en los buzones de correo correspondientes. El MDA se sitúa entre el MTA y el MUA, y libera al MTA de la gestión del almacenamiento de los correos en el servidor. Ejemplos de MDA son Dovecot, Procmail, y Maildrop.

El siguiente ejemplo aporta un poco de luz al funcionamiento del servicio de correo electrónico:

1. Un usuario abre su MUA (por ejemplo, Mozilla Thunderbird) y escribe un correo electrónico desde su cuenta, *remitente@dominio1.com*, dirigido a la cuenta de correo *destinatario@dominio2.com*.

2. Al enviar el correo, el MUA se conecta con el MTA, ubicado en el servidor *mx.dominio1.com*. El MTA comprueba que el remitente pertenece a su dominio, *dominio1.com*, pero que el destinatario pertenece a otro dominio. Por ello, el MTA envía el correo hacia el MTA del dominio *dominio2.com*. A este envío de MTA a MTA, se le llama *relay*.

3. El MTA del dominio *dominio2.com* se ejecuta en un servidor llamado *mx.dominio2.com*. Cuando dicho MTA recibe el correo, comprueba que el destinatario pertenece a su mismo dominio, por lo que entrega el correo a su MDA.

4. El MDA almacena el correo en el soporte de almacenamiento correspondiente al buzón de la cuenta *destinatario@dominio2.com*. Dicho soporte puede ser una carpeta en un sistema de ficheros, una base de datos o cualquier otro sistema de almacenamiento.

5. Cuando el usuario destinatario del mensaje abre su MUA (ya sea una aplicación de escritorio o bien un cliente *webmail*), este obtiene mediante POP3 o IMAP los correos almacenados en el buzón de la cuenta *destinatario@dominio2.com*. El MUA permite al usuario consultar la lista de correos recibidos e inspeccionarlos uno a uno.

En la sección 4.4.4.1 se va a analizar la instalación y configuración de un servidor Postfix en GNU/Linux, uno de los servidores de correo más utilizados en la actualidad. En el apartado 4.4.4.2 se entrará en la configuración de un cliente de correo Mozilla Thunderbird.

4.4.4.1. Instalación y configuración de un servidor Postfix en GNU/Linux

Todo servidor de correo tiene un nombre. Normalmente los servidores de correo tienen nombres como *mail, mx, mx1* y similares. El nombre FQDN incluye, además del nombre del servidor, el nombre de dominio. Por ejemplo, el servidor llamado *mail* del dominio *seder.net*, tiene como FQDN *mail@seder.net*. Para que cualquier *host* en Internet pueda enviar correos al servidor *mail.seder.net*, debe existir una DNS autoritaria que sea capaz de transformar dicho nombre en una dirección IP. En la sección 4.4.6 se aborda la instalación y configuración de un servidor DNS.

El servicio de correo que se va a instalar consta de Postfix como MTA y de Dovecot como MDA. La instalación en GNU/Linux depende de la distribución.

En sistemas derivados de Debian, la instalación se lleva a cabo del siguiente modo:

```
host $> sudo apt-get install postfix
```

En sistemas derivados de RedHat, la instalación se lleva a cabo del siguiente modo:

```
host #> yum install postfix
```

Configuración inicial

Durante la instalación de Postfix, aparece un asistente que pregunta el tipo de configuración. Se debe elegir la opción *Sitio de Internet.* Después el proceso de instalación terminará. Hay muchos más parámetros que deben ser configurados. Para configurar los principales, se debe ejecutar el siguiente comando una vez que ha terminado la instalación:

```
host $> sudo dpkg-reconfigure postfix
```

Tras ejecutar el comando, se abrirá un asistente que preguntará el valor de los siguientes parámetros:

- **Tipo de configuración**: los valores posibles son *Sin configuración, Sitio de Internet, Internet con smart host* y *Solo correo local.* Se debe elegir la opción *Sitio de Internet.*

- **Nombre del sistema de correo**: se debe indicar el FQDN del servidor. Este nombre debe coincidir con el declarado en el servidor DNS autoritario del dominio. Por ejemplo, un nombre podría ser *mail.seder.net.*

- **Recipiente de correo para el administrador y *postmaster***: aquí indicamos el buzón de correo para el administrador. Podemos escribir el nombre *root*, por ejemplo.

- **Dominios destinatarios**: es preciso indicar los dominios que atenderá el servidor de correo. En el ejemplo propuesto, el dominio sería *seder.net.*

- **Forzar actualizaciones síncronas**: las actualizaciones síncronas implican que los correos se procesarán inmediatamente, pudiendo así sobrecargar el servidor. La elección depende de los requisitos del servicio. En la mayoría de los casos, no forzar las actualizaciones síncronas es la mejor opción.

- **Redes locales**: definimos las redes locales a las que permitimos acceso al servidor. Por defecto se define la dirección del *localhost*, 127.0.0.0/8, y se debe además detallar las direcciones de red donde estarán los MUA que se conectarán al servidor. Por ejemplo, 192.168.1.0/24.

- **Límite de tamaño del buzón de correo**: definir un tamaño fijo puede tener inconvenientes, ya que un usuario podría perder parte de los correos recibidos. Especificar un *0* implica no definir un límite.

- **Carácter de extensión de direcciones locales**: por defecto aparece el símbolo +. Este símbolo es utilizado para crear direcciones extendidas. Por ejemplo, *jperez+trabajo@seder.net* es una dirección extendida. El servidor de correo prueba primero con *jperez+trabajo* antes de probar con *jperez*.

- **Protocolos de Internet a usar**: esta opción indica qué versiones del protocolo IP se van a utilizar. Por defecto aparece marcada la opción *Todos,* lo que incluye IPv4 e IPv6.

Después, la configuración inicial termina. A partir de este punto, hay que seguir realizando algunas configuraciones extra.

Configuración del buzón de correo

Para empezar, hay que definir el buzón de correo, es decir, dónde se almacenarán los correos en el servidor. Hay dos formatos principales:

- *mbox*: todos los mensajes se almacenan en un único archivo.

- *Maildir*: separa los mensajes en archivos individuales que son movidos entre directorios según la acción que lleve a cabo el usuario.

Postfix tiene un parámetro, *home_mailbox,* que cuando toma el valor *Maildir/* crea una carpeta llamada así en la carpeta de cada usuario de correo. Dentro, se crea una estructura de carpetas por las que se moverán los mensajes dependiendo de la acción del usuario. El comando *postconf* permite realizar configuraciones de parámetros en Postfix. El comando que se va a utilizar es el siguiente:

```
host $> sudo postconf -e 'home_mailbox= Maildir/'
```

Mapeo de direcciones de correo y usuarios de GNU/Linux

Postfix puede utilizar varios métodos para almacenar correos. En su forma más simple, asigna a cada dirección de correo un usuario de GNU/Linux en cuya carpeta *Maildir/* almacenará los mensajes. Las equivalencias entre dirección de correo y usuario de GNU/Linux se especifican en un archivo de texto. Postfix debe saber de qué archivo se trata, para lo que se utiliza el parámetro *virtual_alias_maps*. El fichero que se suele utilizar para indicar las equivalencias es */etc/postfix/virtual.* El comando que se va a ejecutar es el siguiente:

```
host $> sudo postconf -e 'virtual_alias_maps= hash:/
etc/postfix/virtual'
```

Para especificar las equivalencias de direcciones, hay que editar el fichero y añadirlas manualmente. Para abrir el archivo, se puede utilizar un editor de texto como Nano, por ejemplo. El contenido del archivo puede ser algo similar a lo siguiente:

```
contacto@seder.net      jperez

jperez@seder.net        jperez

ventas@seder.net        pgarcia
```

Según la tabla anterior, el usuario *jperez* recibirá en su buzón los correos dirigidos a *contacto@seder.net* y a *jperez@seder.net.* Por otra parte, el usuario *pgarcia* recibirá en su buzón los correos dirigidos a *ventas@seder.net.* Para que las equivalencias sean aplicadas por el servidor, se debe ejecutar el siguiente comando:

```
host $> sudo postmap /etc/postfix/virtual
```

Después, se debe reiniciar el servidor.

```
host $> sudo systemctl restart postfix
```

Probar SMTP

Hasta este punto, se ha configurado el MTA Postfix de una manera básica. En este punto, el servicio SMTP ya está escuchando en el servidor. De hecho, podemos hacer una prueba utilizando el comando *telnet* desde el mismo servidor.

```
host $> telnet localhost smtp
Trying 192.168.1.240...
Connected to 192.168.1.240.
Escape character is '^]'.
220 ubuntusvr ESMTP Postfix (Ubuntu)
helo seder.net
```

```
250 ubuntusvr
mail from: contacto@seder.net
250 2.1.0 Ok
rcpt to: ventas@seder.net
250 2.1.5 Ok
data
354 End data with <CR><LF>.<CR><LF>
subject: Prueba de envío de correo

Esto es una prueba de correo.
.
250 2.0.0 Ok: queued as C382C20307
quit
221 2.0.0 Bye
Connection closed by foreign host.
```

De esta forma se ha enviado un correo a *ventas@seder.net.* Para poder visualizar el correo enviado al usuario *pgarcia,* se puede usar el comando *mail* como usuario *pgarcia*:

```
host $> su pgarcia
Contraseña:
host $> MAIL=~/Maildir
host $> mail
"/home/pgarcia/Maildir": 1 mensaje 1 sin leer
>U   1 José Pérez   21/786    Prueba de envío de correo
? quit
```

Instalación del servidor de correo entrante

Hasta este momento, hemos trabajado con el MTA. Para poder utilizar un cliente como Mozilla Thunderbird o MS Outlook, debemos contar con un MDA, es decir, un servidor de correo entrante. Como servidor de correo entrante, se puede utilizar el servidor Dovecot, aunque como ya se comentó, existen otras opciones.

En el ejemplo que se expone en esta sección, se utiliza el protocolo POP3[125], aunque también se puede utilizar IMAP[126] si se desea. Para instalarlo se debe utilizar el siguiente comando:

```
host $> sudo apt-get install dovecot-pop3d
```

En distribuciones derivadas de RedHat, la instalación se lleva a cabo con el siguiente comando:

```
host #> yum install dovecot
```

Configurar los buzones de correo en Dovecot

Hay que configurar Dovecot para que sepa dónde está el buzón de correo de cada usuario. De este modo, cuando un MUA solicite consultar los correos de un usuario, Dovecot sabrá dónde se encuentran. Dovecot utiliza un parámetro llamado *mail_location* para especificar la ubicación de los buzones de correo, que se encuentra en el archivo de configuración */etc/dovecot/dovecot.conf*. Es preciso abrir dicho archivo con un editor de texto, como Nano o Vi, dejar dicho parámetro con el siguiente valor:

```
mail_location = maildir:~/Maildir
```

Para que esta configuración se aplique, hay que reiniciar el servidor Dovecot:

```
host $> sudo systemctl restart dovecot
```

Comprobar POP3

Es posible realizar una prueba preliminar del servicio POP3 mediante el comando *telnet* desde el mismo servidor:

```
host $> telnet localhost pop3
Trying ::1…
Connected to localhost.
```

---

[125] El protocolo POP3 permite la descarga desde el servidor de los correos electrónicos en el *host* que ejecuta el MUA.

[126] El protocolo IMAP es utilizado habitualmente para los clientes de tipo *webmail*. No descarga los correos, sino que permite visualizarlos.

```
Escape character is '^]'.
+OK Dovecot ready.
USER jperez
+OK
PASS Perro20
+OK Logged in.
LIST
+OK 2 messages:
1 807
2 815
.
QUIT
+OK Loggin out.
Connection closed by foreign host.
```

La respuesta del servidor, *OK Logued in*, indica que el inicio de sesión se ha completado correctamente. El comando *LIST* muestra los mensajes en el buzón. Una sesión como esta muestra que POP3 funciona correctamente.

En la sección 4.4.4.2 se verá cómo configurar el cliente de correo Mozilla Thunderbird.

4.4.4.2. El cliente de correo Mozilla Thunderbird

Existen múltiples MUA, como MS Outlook, Mozilla Thunderbird o Nylas N1. En la presente sección se va a utilizar la aplicación Mozilla Thunderbird para configurar una cuenta de correo en un equipo con Windows instalado. Los datos de la cuenta que se van a utilizar son los siguientes:

- **Cuenta de correo**: *contacto@seder.net*
- **Servidor SMTP**: *mail.seder.net*
- **Servidor POP3**: *mail.seder.net*
- **Cuenta de usuario**: *jperez*

Una vez que se ha descargado e instalado la aplicación, al abrir Thunderbird se deben seguir los siguientes pasos:

1. En la pantalla principal, hacer clic sobre el botón *Correo electrónico.* Entonces se abrirá un asistente, con el texto *¿Le gustaría tener una nueva dirección de correo?* Hacer clic en el botón *Saltarse esto y usar mi cuenta de correo existente.*

2. En la siguiente pantalla del asistente se nos pregunta la siguiente información:

   - **Nombre**: corresponde al nombre y apellidos del usuario.

   - **Dirección de correo**: es la dirección de correo especificada en el servidor, es decir, *contacto@seder.net*.

   - **Contraseña**: es la contraseña del usuario correspondiente a la cuenta de correo, es decir, la contraseña de *jperez*.

   Una vez que se han indicado las credenciales de la cuenta, hacer clic en el botón *Continuar.*

3. Mozilla Thunderbird buscará un servidor de correo para el dominio indicado, en nuestro ejemplo, *seder.net.* Para localizar el servidor de correo, busca un registro tipo *MX* para dicho dominio en el servidor DNS que tenga configurado el equipo. Una vez que haya encontrado el servidor, se puede elegir entre un servidor de correo entrante POP3 o IMAP. En el ejemplo descrito en la sección 4.4.4.1 se ha configurado un servidor de correo entrante POP3 con Dovecot. Por ello, esta es la opción adecuada en este caso.

4. Mozilla Thunderbird considera inicialmente que el usuario en el servidor de correo es *contacto.* Llega a esta conclusión mirando el identificador de usuario de la cuenta de correo. Pero en este caso, el usuario no es *contacto,* sino *jperez.* Por ello, hay que configurar el usuario manualmente. Al hacer clic en el botón *Config. manual*, se despliega una sección que permite especificar el nombre del usuario. En la Figura 4.8 se puede ver la configuración de la cuenta de correo.

5. Finalmente, se debe hacer clic en el botón *Hecho* y la cuenta se habrá configurado.

A partir de este momento, se puede enviar y recibir correo, utilizando los botones *Recibir mensajes* y *Redactar.*

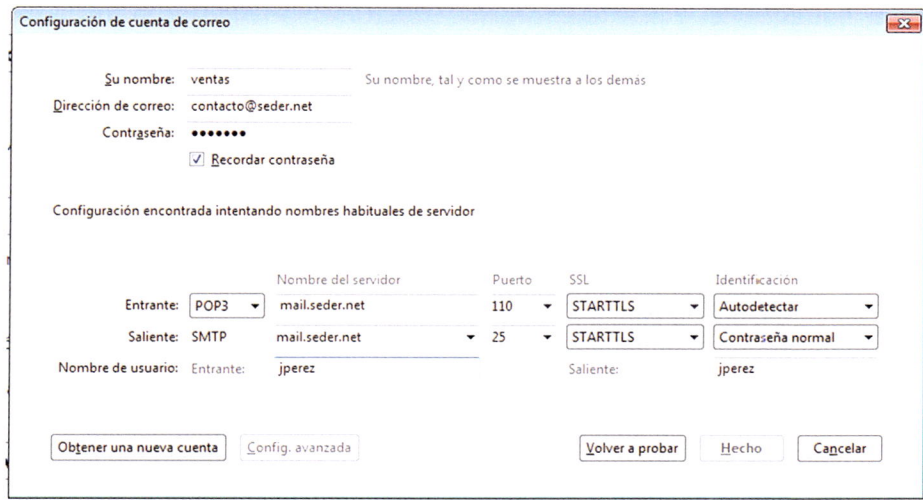

Figura 4.8. Configuración de la cuenta de correo *contacto@seder.net*.

4.4.5. Servicio DHCP

Un servidor DHCP asigna configuraciones de red de manera automática a los dispositivos clientes que se lo solicitan. Estas configuraciones incluyen cosas como dirección IP, máscara de red, puerta de enlace, servidores DNS, nombre de *host* y dominio, fecha de caducidad de la asignación, etc. El proceso de asignación se produce en cuatro pasos. En estos cuatro pasos, el tráfico es de tipo *broadcast*, lo que quiere decir que no sale de la red en que se produce. Es decir, el servidor DHCP debe estar ubicado en la misma red que los dispositivos que le solicitan una configuración. Los cuatro pasos mencionados son:

- **Descubrimiento DHCP (*DHCP discovery*)**: el cliente transmite un mensaje de descubrimiento DHCP a la red para identificar los servidores disponibles.

- **Ofrecimiento DHCP (*DHCP offer*)**: si un servidor DHCP está conectado a la red, y puede proporcionarle una dirección, envía un mensaje de ofrecimiento DHCP. Este mensaje contiene información sobre los parámetros de configuración DHCP y una configuración de red disponible (que no está siendo ocupada por otro dispositivo).

- **Respuesta con la petición DHCP (*DHCP request*)**: el cliente responde al ofrecimiento DHCP y solicita la dirección IP contenida en el mensaje de ofrecimiento DHCP. De forma alternativa, el cliente puede solicitar la última dirección que le fue asignada.

- **Confirmación con acuse de recibo (*DHCP acknowledge*)**: si la configuración asociada a la dirección IP solicitada por el cliente sigue libre, el servidor DHCP responde con un mensaje de acuse de recibo DHCP. A partir de este momento, el cliente puede empezar a utilizar la configuración asignada.

Cada servidor mantiene una base de datos con las direcciones asignadas. Las asignaciones pueden durar periodos diferentes según la configuración del servidor. Una vez asigna una configuración, mantiene un registro con la asignación para no asignar a dos máquinas la misma IP.

Un cliente no se puede apoderar indefinidamente de una dirección IP, de forma que el servidor reclama la dirección IP al final del periodo de asignación. Para evitar quedarse sin configuración de red, el cliente envía una petición de renovación al 50 % del periodo de concesión. Si el cliente no obtiene respuesta del servidor, vuelve a intentar renovar cuando ha transcurrido el 87,5 % del periodo de asignación. Si el servidor DHCP sigue sin estar disponible, intentará localizar un nuevo servidor DHCP y puede adquirir una configuración diferente.

Cuando el cliente se apaga normalmente, el cliente envía un mensaje de liberación DHCP, de forma que el servidor DHCP que asignó dicha configuración la marca como disponible. En cambio, cuando el cliente se apaga inesperadamente o se desconecta bruscamente de la red, y no le da tiempo a liberar su dirección IP, el servidor DHCP la reservará hasta que expire el periodo de asignación.

El servicio DHCP puede ser proporcionado por un servidor Windows, GNU/Linux o bien por un *router* de la red. En las redes más pequeñas, suele ser el *router* de la red quien da el servicio. En redes mayores, que requieren una configuración más compleja, el servicio DHCP puede ser proporcionado por un servidor Windows o GNU/Linux. El servicio DHCP es uno de los que más problemas puede causar a los administradores de red cuando escapa de su control, pudiendo suministrar a los equipos de la red configuraciones incorrectas e inutilizando parcialmente la red.

4.4.5.1. Servicio DHCP proporcionado por un *router*

Los *routers* de una LAN incorporan de fábrica en su *firmware* la opción de proporcionar el servicio DHCP. De hecho, los *routers* de gama más baja lo tienen activado por defecto. Por lo general, configurar un servidor DHCP en un *router* de gama baja es tan sencillo como acceder a la consola de administración web y completando el formulario correspondiente con el rango de IP válido. En la

Figura 4.9 se puede ver la configuración del servicio DHCP en una consola de administración web.

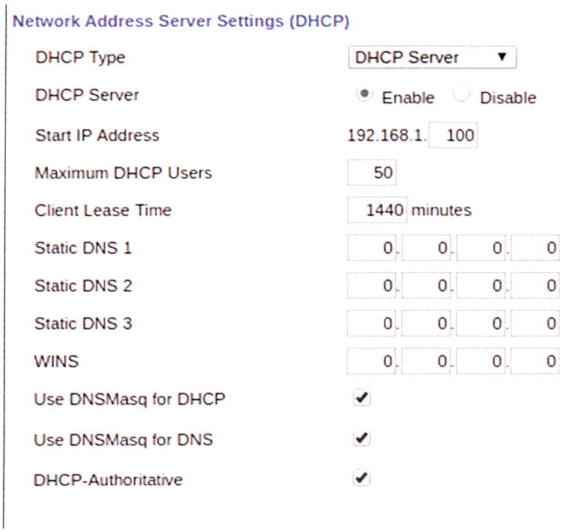

Network Address Server Settings (DHCP)

DHCP Type	DHCP Server ▼
DHCP Server	● Enable ○ Disable
Start IP Address	192.168.1. 100
Maximum DHCP Users	50
Client Lease Time	1440 minutes
Static DNS 1	0. 0. 0. 0
Static DNS 2	0. 0. 0. 0
Static DNS 3	0. 0. 0. 0
WINS	0. 0. 0. 0
Use DNSMasq for DHCP	✔
Use DNSMasq for DNS	✔
DHCP-Authoritative	✔

Figura 4.9. Consola web del *firmware* DD-WRT. Apartado de configuración del servicio DHCP.

En los *routers* de gama media y alta, la configuración DHCP se puede introducir mediante comandos. En un *router* Cisco, por ejemplo, los comandos necesarios para habilitar el servicio DHCP serían los siguientes:

```
Router> enable
Router# configure terminal
Router(config)# ip dhcp pool rango_LAN
Router(dhcp-config)# network 192.168.1.0 255.255.255.0
Router(dhcp-config)# default-router 192.168.10.1
Router(dhcp-config)# dns-server 8.8.8.8
Router(dhcp-config)# exit
Router(config)# ip dhcp excluded-address 192.168.1.1 192.168.1.10
```

En la configuración de ejemplo presentada, el servidor proporciona la configuración para los equipos de la red 192.168.1.0/24, en el rango de direcciones que va desde 192.168.1.11 hasta 192.168.1.254, con la DNS 8.8.8.8.

4.4.5.2. Servidor DHCP proporcionado por un servidor GNU/Linux

El servicio DHCP no viene por defecto instalado en ninguna distribución de GNU/Linux. El administrador debe instalarlo, y el modo de instalación depende de la distribución que estemos usando. Por ejemplo, en una distribución basada en Debian, la instalación será como sigue:

```
host $> sudo apt-get install isc-dhcp-server
```

En cambio, en una distribución basada en RedHat, la instalación será del siguiente modo:

```
host $> sudo yum install dhcp
```

> *NOTA:* Una de las tareas que lleva a cabo DistroWatch.com es comprobar periódicamente qué distribuciones son las más usadas. Según esta página, entre siete y ocho de las distribuciones más usadas mensualmente son derivadas de RedHat y Debian. Por esta razón, se ponen como ejemplo los procedimientos a seguir en distribuciones RedHat, Debian y sus derivadas. Sin embargo, hay que destacar que existen otras distribuciones y, por tanto, más alternativas de instalación y configuración.

Una vez que el servicio DHCP se ha instalado, hay que configurarlo. El fichero de configuración de DHCP, llamado *dhcpd.conf*, suele estar en la carpeta */etc/* o bien en alguna subcarpeta como */etc/dhcp3/* o */etc/dhcp/*. Dependiendo de la versión instalada y de la distribución, se encontrará en un lugar u otro, así que habrá de dedicar un par de minutos a buscarlo. Si no lo encontramos, GNU/Linux proporciona varios mecanismos para localizar la ubicación de un cierto fichero. Por ejemplo:

```
host $> find /etc/ -iname "dhcpd.conf"
```

Con este comando buscamos un fichero llamado *dhcpd.conf* dentro de la carpeta */etc/*.

Una vez que lo hemos encontrado, debemos añadir la configuración necesaria para que el servicio proporcione la configuración deseada a los equipos. Existen tres tipos principales de configuración:

- **Asignación automática**: los dispositivos reciben una asignación que tiene duración indeterminada, de forma que cada dispositivo mantendrá su configuración indefinidamente una vez que la ha recibido del servidor DHCP. Este tipo de asignación es adecuada para sistemas en los que hay un cierto control sobre los dispositivos que se van a conectar. En la práctica lo que se hace es poner un tiempo de caducidad muy largo para las asignaciones. Suele ser suficiente con un mes.

- **Asignación dinámica**: los dispositivos que reciben una configuración que tiene una duración limitada. Esta configuración es adecuada en redes en las que los dispositivos no son siempre los mismos, ya que de otro modo el rango de direcciones IP se agotaría.

- **Asignación manual**: cada dispositivo, identificado a través de su dirección MAC, recibe siempre la misma dirección IP. Esta configuración es adecuada cuando el administrador desea que solo los dispositivos identificados por su MAC reciban una asignación.

Configuración para la asignación automática

La configuración automática asigna a cada dispositivo que lo solicita una nueva configuración. La configuración es utilizada indefinidamente por el dispositivo.

```
ignore client-updates;
subnet 192.168.1.0 netmask 255.255.255.0{
option routers 192.168.1.5;
option subnet-mask 255.255.255.0;
option broadcast-address 192.168.1.255;
option domain-name "seder.net";
option domain-name-servers 192.168.1.5;
range 192.168.1.10 192.168.1.100;
min-lease-time 2592000;
default-lease-time 2592000;
max-lease-time 2592000;
}
```

Los parámetros utilizados son los siguientes:

- *ignore client-updates*: supongamos la siguiente situación. Un usuario pretende cambiar el nombre o la IP de una máquina. Si el servidor DHCP está configurado para actualizar la DNS, este cambio manual podría afectar a la configuración asignada por DHCP. *ignore client-updates* corrige este comportamiento. Es decir, es una buena opción para evitar registrar en DNS los cambios de nombre que partan de los usuarios.

- **subnet 192.168.1.0 netmask 255.255.255.0**: indica que la red sobre la que se asignan configuraciones es 192.168.1.0/24.

- **option routers 192.168.168.1.5**: indica la dirección de la puerta de enlace.

- **option subnet-mask 255.255.255.0**: es la máscara de red que se proporciona en cada asignación a un dispositivo.

- **option broacast-address 192.168.1.255**: la dirección *broadcast* de la red es 192.168.1.255.

- **option domain-name "seder.com"**: el nombre del dominio es *seder.com*.

- **option domain-name-servers 192.168.1.5**: la dirección IP del servidor DNS es 192.168.1.5.

- **range 192.168.1.10 192.168.1.100**: se indica que las direcciones IP asignadas a los dispositivos están entre 192.168.1.10 y 192.168.1.100. Cada vez que se realiza una asignación, el servidor DHCP anota la dirección IP asignada, la MAC del dispositivo al que se la asignado la dirección y su fecha de caducidad. De este modo, no asigna dos veces la misma dirección a dos dispositivos.

- **min-lease-time 25920000**: indica que el tiempo mínimo de asignación de la dirección IP es de 2592000 segundos, es decir, 30 días. En caso de que el cliente DHCP que hace la petición solicite un tiempo de expiración inferior a *min-lease-time*, se asignará este número de segundos.

- **default-lease-time 2592000**: en caso de que el cliente DHCP no indique una fecha de expiración preferida, el servidor le asigna la configuración por 2592000 segundos, es decir, 30 días.

- **max-lease-time 2592000**: indica el tiempo máximo que puede durar una asignación. Si el cliente DHCP solicita una fecha de expiración posterior a 2592000 segundos, entonces se asignará esta cantidad (30 días).

Una vez que se ha añadido la configuración en el fichero *dhcpd.conf*, hay que reiniciar el servicio. A lo largo del tiempo han ido apareciendo soluciones para administrar servicios, siendo las más importantes los *init scripts*, *upstart* y *Systemd*, siendo este último el que se está imponiendo progresivamente en todas las distribuciones. El comando para reiniciar el servicio DHCP utilizando *Systemd* es:

```
host $> sudo systemctl restart isc-dhcp-server.service
```

Configuración para la asignación dinámica

La configuración para la asignación dinámica se consigue reduciendo la duración de las asignaciones. En la configuración siguiente se proponen asignaciones de seis horas, con un máximo de 12 horas si el dispositivo solicita un periodo de expiración superior.

```
ignore client-updates;
subnet 192.168.1.0 netmask 255.255.255.0{
option routers 192.168.1.5;
option subnet-mask 255.255.255.0;
option broadcast-address 192.168.1.255;
option domain-name "seder.net";
option domain-name-servers 192.168.1.5;
range 192.168.2.1 192.167.2.100;
default-lease-time 21600;
max-lease-time 43200;
}
```

Configuración para la asignación manual

Otra opción para realizar las asignaciones es indicar a cada *host* de la red cuál será un configuración:

```
ignore client-updates;
subnet 192.168.1.0 netmask 255.255.255.0{
      option routers 192.168.1.5;
      option subnet-mask 255.255.255.0;
      option broadcast-address 192.168.1.255;
      option domain-name "seder.net";
      option domain-name-servers 192.168.1.5;
      host maquina1{
            option host-name "maquina1.seder.net";
            hardware ethernet 00:1b:24:e2:d7:41;
            fixed-address 192.168.1.10;
      }
      host maquina2{
            option host-name "maquina2.seder.net";
```

```
            hardware ethernet 00:2c:21:ef5:a7:13;
            fixed-address 192.168.1.11;
        }
}
```

Las opciones propias de esta configuración son las siguientes:

- **host nombre_maquina**: esta opción permite identificar un dispositivo fácilmente al leer el fichero de configuración.

- **option host-name "nombre_maquina.seder.com"**: especifica el nombre del cliente. El nombre puede ser FQDN o no (en este caso sí lo es, ya que incluye nombre y nombre de dominio). Esta opción es únicamente tenida en cuenta por el dispositivo cliente si no tienen asignado un nombre (cosa que no debería ocurrir).

- **hardware ethernet 00:1b:24:e2:d7:41**: identifica a un dispositivo cuya dirección MAC es 00:1b:24:e2:d7:41. Mediante este parámetro se indica a qué dispositivo se asignará la dirección IP especificada en el parámetro *fixed-address*.

- **fixed-address 192.168.1.10**: es la dirección que se asigna al dispositivo.

Servidores DHCP con más de una interfaz de red

Un servidor DHCP puede estar conectado a más de una red. Es importante definir en qué red se van a realizar las asignaciones, ya que de otro modo podríamos estar asignando direcciones en la red equivocada, y dejar la red parcialmente inservible. El modo de hacer esto es indicar a través de qué interfaz se van a atender las peticiones DHCP. En sistemas basados en Debian, se indica en el fichero */etc/default/isc-dhcp-server* mediante la siguiente línea:

```
INTERFACES="eth0"
```

En distribuciones basadas en RedHat, se indica en el fichero */etc/sysconfig/dhcpd* mediante la siguiente línea:

```
DHCPDARGS="eth0";
```

4.4.6. Servicio DNS

Un servidor DNS traduce nombres FQDN a direcciones IP y viceversa. El servicio DNS puede ser proporcionado por un servidor que se encuentra en una red diferente.

Por ello es habitual que el servidor DNS pertenezca a la empresa suministradora de Internet (ISP). Los dispositivos de una red conocen la dirección de los servidores DNS a través del servicio DHCP, o bien son configurados manualmente por el administrador de la red, como fue explicado en la sección 4.3.8. Tal y como se explicó en la sección 4.4.1, uno de los parámetros que se deben indicar al configurar un servidor DHCP es la dirección del servidor DNS.

Un servidor DNS admite tres modos principales de funcionamiento:

- **Servidor DNS maestro**: es el servidor DNS principal de la red. El listado de nombres y sus correspondientes direcciones pertenecientes a un dominio se almacenan en un fichero llamado *registro de zona*. Hay un registro de zona por cada dominio que gestiona el servidor. Existen dos tipos de zona:

  — **Zona de búsqueda directa**: es la zona que resuelve el nombre y devuelve la dirección IP.

  — **Zona de búsqueda inversa**: es la zona que resuelve una IP y devuelve el nombre.

- **Servidor DNS esclavo**: es un servidor DNS secundario que depende del primero. Los servidores DNS esclavos reciben una copia temporal de los registros de zona del servidor DNS maestro. Cuando el servidor DNS maestro queda fuera de servicio, el servidor DNS esclavo puede utilizar la copia temporal del registro de zona mientras se restablece, hasta que los registros caduquen.

- **Servidor DNS caché**: el servidor se comporta como si fuera un auténtico servidor DNS, pero en realidad no lo es. Cuando un dispositivo de la red le consulta un nombre, el servidor DNS caché reenvía la consulta a otro servidor DNS, y cuando recibe la respuesta, la almacena temporalmente para responder a futuras consultas similares. Los servidores DNS caché permiten acelerar las consultas DNS, ya que una vez que han resuelto un nombre pueden responder directamente a la misma consulta sin tener que volver a cursarla. Por esta razón, la mayoría de los *routers* implementan esta modalidad.

El servicio DNS puede ser proporcionado por un *router*, un servidor Windows Server o bien un servidor GNU/Linux. Hace falta una buena razón para tener un servidor DNS dedicado en una LAN más allá de una DNS caché. Y esta razón suele ser la existencia de varios dispositivos en la red dando servicios y compartiendo recursos, en número suficiente para que recordar sus direcciones IP sea un problema.

4.4.6.1. Servidor DNS implementado por un *router*

Los *routers* pueden implementar una DNS caché. Dependiendo del *firmware* del *router*, se configurará de uno u otro modo. Los *routers* de gama baja proporcionan el servicio DNS caché por defecto. Los *routers* de gama media y alta requieren que su activación sea manual. Por ejemplo, la configuración como DNS Caché de un *router* Cisco se puede conseguir con los siguientes comandos desde un emulador de terminal:

```
Router> enable
Router# configure terminal
Router(config)# ip domain lookup
Router(config)# ip name-server 8.8.8.8 8.8.4.4
```

4.4.6.2. Servidor DNS GNU/Linux

BIND (Berkeley Internet Name Domain) es el servidor de DNS más utilizado en Internet. Se trata de un *software* muy maduro, que resolvía direcciones en Internet cuando Windows aún no existía. Hay que tener en cuenta que la forma de instalar *bind* en un sistema GNU/Linux depende de la distribución. En distribuciones basadas en Debian, la forma de instalar el servidor *bind* es la siguiente:

```
host $> sudo apt-get install bind9
```

En cambio, si utilizamos una distribución basada en RedHat, el comando a utilizar sería:

```
host $> sudo yum install bind
```

Una vez instalado *bind*, debemos configurarlo. La configuración se reparte principalmente en dos tipos de fichero (aunque con la directiva *include* se puede repartir en más ficheros si se desea):

- **Fichero de configuración**: incluye la configuración del servicio DNS y las declaraciones de las diferentes zonas autoritarias[127]. El fichero principal de configuración se llama *named.conf*. En distribuciones derivadas de RedHat la ubicación de este fichero es la carpeta */etc/*, mientras que en sistemas basados en Debian, se encuentra en */etc/bind/*.

- **Registro de zona**: contiene los registros de una zona autoritaria. Estos ficheros se suelen ubicar en la carpeta */etc/bind/zones/*.

---

[127] El fichero de zona principal de un dominio se almacena en su DNS autoritaria.

El fichero de configuración *named.conf*

El fichero *named.conf* puede contener un gran número de opciones para detallar los pormenores del funcionamiento del servidor. A continuación se muestra un fichero de configuración *named.conf* de *bind* con las opciones más básicas:

```
options {
    directory "/var/cache/bind";
    forwarders {
        8.8.8.8;
        8.8.4.4;
    };
    authnxdomain no;
};


zone "seder.net" {
    type master;
    file "/etc/bind/zones/db.seder.net";
};
```

Las opciones que podemos encontrar son:

- ***directory "/var/cache/bind"***: indica el directorio donde se guardará la caché DNS de consultas realizadas a otros servidores.

- ***forwarders***: indica la dirección de los reenviadores DNS, es decir, las direcciones de las DNS a las que reenviar las consultas que no se puedan responder directamente.

- ***authnxdomain no***: el servidor no puede responder de forma autoritaria sobre dominios que no existen.

- ***zone "seder.net"***: declara una zona autoritaria para la DNS (seder.net). En el interior de la declaración, podemos ver que otros dos parámetros:

  — ***type master***: indica que la DNS es maestra, es decir, que contiene un fichero de registro de zona.

  — ***file "/etc/bind/zones/db.seder.net"***: indica la ruta y el nombre del fichero de registro de zona.

El fichero de registro de zona

En el fichero de configuración anterior se declaró la zona *seder.net*. El siguiente es un registro muy básico de la zona *seder.net*, ubicado en */etc/bind/zones/db.seder.net*:

```
; BIND data file for local loopback interface
$TTL    604800
@    IN    SOA    ns1.seder.net. root.localhost. (
                  2         ; Serial
              604800        ; Refresh
               86400        ; Retry
             2419200        ; Expire
              604800 )      ; Negative Cache TTL
;
@     IN    NS     ns1.seder.net.
@     IN    NS     ns2.seder.net.
ns1   IN    A      192.168.1.250
ns2   IN    A      192.168.1.251
@     IN    A      192.168.1.250
@     IN    MX     10    seder.net.
www   IN    A            192.168.1.250
ftp   IN    CNAME www
// Cambia las direcciones IP y los nombres para cada una
// de las máquinas locales que tengas en la red local.
pc1   IN    A      192.168.1.10
pc2   IN    A      192.168.0.11
pc3   IN    A      192.168.0.12
```

> *NOTA:* El carácter @ al principio de los RR es equivalente a poner el nombre de la zona (en este caso seder.net).

La información que se aporta en el registro de zona se divide en tres partes:

- El TTL (*time to live*): es el tiempo que el fichero de zona se da por bueno (no caducado). Una vez transcurrido este tiempo, el servidor esclavo debe volver a solicitar la transferencia de zona.

- El registro SOA (*Start Of Authority*): metainformación de la zona.

- Los registros de recurso (*RR*) de la zona: son las equivalencias entre nombres y direcciones IP de la zona.

El significado de los parámetros del RR SOA es el siguiente:

- **SOA**: el campo SOA permite la descripción del servidor de nombre de dominio con autoridad en la zona, así como la dirección de correo electrónico del contacto técnico (en donde el carácter @ es reemplazado por un punto).

- **Serial**: es un identificador del fichero, puede tener un valor arbitrario, pero se recomienda que tenga la fecha con una estructura AAAAMMDD y un consecutivo.

- **Refresh**: número de segundos que un servidor de nombres secundario debe esperar para comprobar de nuevo los valores de un registro.

- **Retry**: número de segundos que un servidor de nombres secundario debe esperar después de un intento fallido de recuperación de datos del servidor primario.

- **Expire**: cantidad de tiempo que un esclavo debería intentar contactar con el maestro antes de que los datos que contiene caduquen. Indica el tiempo que el servidor DNS puede manejar los datos caducados.

- **Negative cache TTL**: significa *time to live* y es el número de segundos por defecto que los *RR* que no especifican su propio *ttl* se mantienen activos en los servidores *NS* caché antes de volver a preguntar su valor real.

Después del RR SOA, están los RR de la zona. Todos definen cuatro cuestiones:

- **nombre**: es el nombre a resolver. Por ejemplo, *pc1*.

- **clase**: es el tipo de direcciones IP. El término *IN* indica que es una dirección IPv4.

- **tipo**: el tipo de registro describe el tipo RR. Por ejemplo, el tipo A indica que el registro de recursos almacena información de direcciones de *host*. Existen varios tipos de RR, siendo los más comunes los siguientes:

- **A (Address)**: traduce nombres de dispositivos a direcciones IPv4.

- **AAAA (*Address*)**: traduce nombres de dispositivos a direcciones IPv6.

- **CNAME (*Canonical Name*)**: se usa para crear equivalencias entre nombres, de forma que un servidor puede tener un nombre principal y varios alias. Este registro es útil cuando un mismo servidor da varios servicios, y se le quiere asignar un nombre por cada servicio que da. Por ejemplo, podríamos desear que un servidor que da servicio web y FTP en el dominio *seder.net*, se llame *www.seder.net* y también *ftp.seder.net*.

- **NS (*Name Server*)**: define la asociación que existe entre un nombre de dominio y los servidores de nombres que almacenan la información de dicho dominio. Cada dominio se puede asociar a una cantidad cualquiera de servidores de nombres.

- **MX (*Mail Exchange*)**: asocia un nombre de dominio a una lista de servidores de correo para ese dominio. Tiene un balanceo de carga y prioridad para el uso de uno o más servicios de correo.

Vamos a ver dos ejemplos de RR en detalle:

```
@     IN     NS     ns1.seder.net.
```

El símbolo @ representa al dominio *seder.net*. Por tanto, este registro indica que el dominio *seder.net* es resuelto por el servidor *ns1.seder.net*.

```
ns1   IN    A      192.168.1.250
```

Este registro indica que el nombre *ns1.seder.net* debe ser resuelto como 192.168.1.250.

Reiniciar el servicio

Una vez que el servidor DNS ha sido configurado, hay que reiniciarlo para que comience a funcionar. Para reiniciarlo en distribuciones basadas en Debian:

```
host $> sudo systemctl restart bind9
```

En distribuciones basadas en RedHat debe reiniciarse del siguiente modo:

```
host $> sudo systemctl restart named
```

4.4.7. Servicios web

El servicio web permite ejecutar en el lado del servidor una aplicación web y mostrar el resultado de dicha ejecución a través de una página web. La arquitectura que tiene una aplicación web puede ir desde una sencilla página estática hasta una compleja aplicación compuesta de varias capas de *software*, que incorpora un motor de persistencia e interactúa con otros sistemas y aplicaciones. Las técnicas y tecnologías de desarrollo de aplicaciones web han llegado en la actualidad a un nivel de desarrollo que les permite ofrecer aplicaciones corporativas a los usuarios en igualdad de condiciones a las aplicaciones de escritorio. Un servidor web suele combinar servicios como HTTP/HTTPS, SMTP y FTP:

- **HTTP (Hypertext Transfer Protocol)**: proporciona la transferencia de datos sin cifrar entre el servidor y el cliente. La forma más habitual de cliente HTTP es un servidor web.

- **HTTPS (Hypertext Transfer Protocol Secure)**: proporciona el mismo servicio que HTTP, pero con cifrado de los datos, permitiendo así el intercambio seguro de información.

- **SMTP (Simple Mail Transfer Protocol)**: permite el envío de correo electrónico. Se suele utilizar en las aplicaciones para enviar notificaciones a la cuenta de correo de los usuarios.

- **FTP (File Transfer Protocol)**: se utiliza para la transferencia de ficheros entre el cliente y el servidor. Habitualmente, los desarrolladores escriben localmente sus aplicaciones y una vez que han sido completadas las suben al servidor utilizando FTP.

Existen múltiples servidores web en el mercado, aunque dos de los más populares en la actualidad son:

- **Servidor web Apache**: el servidor Apache (cuyo nombre completo es Apache HTTP Web Server) es un servidor web *open source* mantenido por la Apache Software Foundation. Se distribuye gratuitamente y su filosofía de código abierto permite la contribución de personas externas para mejorarlo. Apache puede ejecutarse en la mayoría de sistemas operativos, aunque su entorno natural es GNU/Linux. Habitualmente se utiliza en combinación con MySQL y el intérprete de PHP, en un paquete llamado LAMP (Linux Apache MySQL and PHP). Otra versión habitual de este paquete es XAMPP, soportado por múltiples sistemas operativos (de ahí la X), que incluye Apache, MySQL, PHP y Perl. Apache es la opción preferida para el desarrollo de aplicaciones basadas en PHP. Apache es capaz de dar por sí mismo los servicios HTTP y HTTPS, de forma que los servicios SMTP y FTP (usados habitualmente por las aplicaciones web) deben ser proporcionados por otras aplicaciones de servidor, como Sendmail o Postfix para SMTP, y Vsftp o Filezilla server en el caso de FTP.

- **Servidor IIS (Internet Information Services)**: es el servidor web de Microsoft y ocupa el segundo puesto en servidores web más usados después de Apache. Solo se puede ejecutar en Windows y es gratuito. Es habitual escuchar que IIS es menos seguro que Apache, aunque esta comparación puede no ser justa, ya que la mayor parte del *malware* se destina a Windows y no a GNU/Linux, sistema en el que suele ejecutarse Apache. IIS ofrece soporte completo para el *framework* *.NET* y ASPX, por lo que es la elección adecuada si las aplicaciones web ejecutadas se basan en estas tecnologías, aunque también soporta otros lenguajes como PHP, Perl o Python. IIS incluye los servicios HTTP, HTTPS, SMTP y FTP.

4.4.7.1. Instalación de Apache en GNU/Linux

Si estamos usando una distribución derivada de RedHat, entonces ejecutaremos el siguiente comando:

```
host $> sudo yum install httpd
```

Si estamos usando una distribución derivada de Debian, entonces ejecutaremos el siguiente comando:

```
host $> sudo apt-get install apache2
```

Una vez que la instalación se ha completado, debemos reiniciar el servidor. En distribuciones derivadas de RedHat, ejecutaremos:

```
host $> systemctl restart httpd
```

En distribuciones derivadas de Debian, ejecutaremos:

```
host $> systemctl restart apache2
```

Una vez que Apache ya está instalado e iniciado, podemos comprobar si funciona correctamente. Supongamos que Apache se está ejecutando en un servidor GNU/Linux con dirección IP 192.168.1.140. Entonces, desde el navegador web de otro equipo, podemos escribir en la barra de direcciones http://192.168.1.140. Si todo es correcto, podremos ver una página de prueba de Apache.

Si la comprobación ha sido exitosa, podemos pasar a publicar nuestra primera página web en Apache. Para ello, debemos seguir los siguientes pasos:

1. Renombramos la página de bienvenida de Apache2 con el siguiente comando:

```
sudo mv /var/www/html/index.html /var/www/html/index.old
```

2. Creamos y editamos un nuevo fichero llamado *index.html* en la carpeta */var/www/html/*. Para ello, debemos ejecutar el siguiente comando:

```
host $> sudo nano /var/www/html/index.html
```

3. Escribimos el mismo código HTML:

```
<h1> ¡Hola mundo! <h1>
```

4. Guardamos el fichero, con la combinación de teclas *Ctrl+X*.

5. Desde el navegador web de otro equipo debemos escribir en la barra de direcciones la dirección http://192.168.1.140. Si todo es correcto, deberíamos ver la página web que hemos creado.

4.4.8. Servicios de directorio Active Directory

Active Directory es la implementación de Microsoft del servicio de directorio. En la actualidad es el servicio de directorio dominante en las redes corporativas de todo el mundo. En principio es necesario un servidor Windows para utilizar todas sus funcionalidades, aunque también se puede implantar con algunas limitaciones en otros sistemas operativos como GNU/Linux. Active Directory se apoya en otros servicios como DNS y DHCP para la resolución de nombres y la configuración de red de los dispositivos. Algunas de las ventajas que reporta utilizar un controlador de dominio Active Directory son:

- Autenticación y control de acceso centralizados.
- Creación y borrado de cuentas de usuario, grupos de usuario y cuentas de máquina de forma desatendida.
- Control de los recursos compartidos en la red.
- Catálogo de recursos disponibles en red disponible para ser consultado por cualquier usuario.
- Usuarios móviles, que pueden iniciar sesión en cualquier dispositivo de la red con acceso a sus ficheros personales.
- Sistemas de almacenamiento distribuido.
- Despliegue de aplicaciones por los dispositivos sin intervención de los usuarios.
- Ejecución de *scripts* durante el inicio y apagado de equipos.
- Configuración de prácticamente cualquier aspecto de la configuración de los equipos de forma centralizada a través de directivas de grupo.

4.4.8.1. ¿Cuándo es necesario Active Directory?

Instalar Active Directory supone un gasto en software, ya que se debe adquirir al menos una licencia de Windows Server. Por ello, el administrador debe tener claro cuándo es necesario Active Directory. Las siguientes preguntas pueden ayudar a responder a esta pregunta:

- ¿Es necesario centralizar la administración de los recursos, como impresoras, usuarios o grupos de usuarios?

- ¿Es necesario controlar las cuentas de usuario desde un solo lugar?

- ¿Es necesario utilizar aplicaciones que usan Active Directory?

En caso de que una o varias de estas preguntas tengan una respuesta afirmativa, Active Directory puede ser necesario.

4.4.8.2. Instalar un servidor Active Directory en una red de área local

La instalación y configuración del servicio Active Directory va más allá de los propósitos de este libro. Se trata de un tema muy amplio que cuenta con sus propios exámenes[128] como parte de las certificaciones expedidas por Microsoft. Sin embargo, sí es de interés el uso de cuentas de usuario creadas en el controlador de dominio. Cuando se ha instalado un controlador de dominio, una de las primeras cosas que se suele hacer es definir cuentas de usuario de dominio, estableciendo el nombre de usuario, su contraseña, el grupo de usuarios al que pertenece, etc. Esta cuenta de usuario puede ser utilizada para iniciar sesión en cualquier equipo que haya sido unido al dominio. En la sección 4.4.8.3 se aborda la unión de un equipo a un dominio Active Directory. En la sección 4.4.8.4 se explica el modo de iniciar una sesión con una cuenta de usuario del dominio.

4.4.8.3. Unir un equipo con Windows instalado al dominio

Para poder acceder a los recursos del dominio desde un dispositivo, este debe haber sido catalogado como un dispositivo de confianza. Internamente, esto implica el almacenamiento en el dispositivo y en el controlador de dominio de una misma clave que permite crear un canal de comunicación seguro entre ambos. Para que el controlador de dominio entregue al dispositivo dicha clave, es preciso

---

[128] El examen 70-640 *Windows Server 2008 Active Directory, Configuring* forma parte de las certificaciones MCP, MCTS, MCTIP y MCA, y el examen 60-410 *Installing and configuring Windows Server 2012* forma parte de las certificaciones MCP, MCSA y MCSE.

completar un proceso llamado *unir una máquina al dominio*. La unión de un equipo con Windows instalado a un dominio es una tarea que se debe llevar a cabo desde el mismo equipo, siguiendo los siguientes pasos:

1. Abrir el *Panel de control* en el equipo que se desea añadir al dominio, y elegir la opción *Sistema y seguridad*.

2. Una vez en la sección de *Sistema y seguridad*, elegimos la opción *Sistema*.

3. En la pantalla de *Sistema*, hacer clic sobre el enlace con el texto *Cambiar configuración*. Entonces se abrirá una ventana con el título *Propiedades del sistema*. En esta ventana debemos hacer clic sobre un botón con el texto *Cambiar*.

4. Tras presionar el botón *Cambiar*, se abre una nueva ventana titulada *Cambios en el dominio o el nombre del equipo*. En esta ventana, hay un campo de texto llamada *Nombre del equipo*. En este campo se debe escribir el nombre que va a tener el equipo en el dominio *PC1*. En la sección *Miembro del*, debemos seleccionar el botón de opción con la etiqueta *Dominio* y escribir en el campo correspondiente el nombre del dominio. El nombre del dominio se puede indicar mediante el nombre FQDN, como *seder.net*, o bien mediante el nombre NetBIOS. Para que el nombre FQDN funcione, la configuración de red del equipo debe tener como DNS la dirección IP del controlador de dominio. En caso contrario la unión fallará, pues el equipo no podrá contactar con el controlador de dominio al no poder resolver su IP. Por otra parte, el nombre NetBIOS no tiene este inconveniente, pero requiere que el controlador de dominio esté en la misma red que el equipo.

4.4.8.4. Iniciar una sesión de usuario en el dominio

Una vez que un dispositivo pertenece a un dominio, incluido el controlador del dominio, cuenta con dos tipos de cuentas:

- **Cuentas locales**: son cuentas que solo tienen validez en el equipo donde están definidas.

- **Cuentas del dominio**: tienen validez en cualquier equipo perteneciente al dominio.

Para distinguirlas, las cuentas de usuario se preceden por el nombre NetBIOS del contexto al que pertenecen. Por ejemplo, la cuenta *SVR2023DC1\Administrador* es una cuenta de administrador local del servidor cuyo nombre es

SVR2023DC1, mientras que la cuenta *SEDER\Administrador* es una cuenta de administrador del dominio. Para utilizar una cuenta de usuario del dominio *seder.net* (en nuestro ejemplo) en la pantalla de *login*, debe aparecer el texto *Iniciar sesión en SEDER*. En caso de no ser así, habrá que hacer clic sobre el botón *Opciones de inicio de sesión* para corregirlo. Para poder administrar Active Directory, debemos iniciar con la cuenta de administrador del dominio.

4.4.9. Otros servicios

Hasta aquí hemos visto algunos de los servicios más utilizados en una LAN. Existen muchos más que se utilizan diariamente en las LAN, como FTP y SFTP, empleado para la transferencia de archivos, SNMP, para realizar consultas a los dispositivos en red, y empleado por muchos sistemas de monitorización, NTP, para la sincronización de reloj de los *host* de la red, RIP y OSPF, para la configuración dinámica de rutas de red, etc. Además, continuamente aparecen nuevos servicios para aportar nuevas funcionalidades a la red. En cualquier caso, cada nuevo servicio sigue la misma idea que los anteriores:

- **Hay un servidor**: todo servicio se ejecuta en un servidor. Su instalación y configuración es solamente cuestión de consultar la documentación adecuada y seguir las indicaciones.

- **Hay un *software* cliente**: para poder utilizar un servicio, siempre hay una o más aplicaciones ejecutadas en el *host* cliente. Por lo general, su instalación y configuración también es cuestión de emplear la documentación indicada.

Un administrador de red debe habituarse a encontrar la documentación necesaria para configurar el *software* del servidor y del cliente, y poner en marcha cualquier nuevo servicio.

4.5. Procedimiento de aplicación de configuraciones a *routers* y *switches*

La tarea de configurar un *router* o un *switch* puede darse en circunstancias muy variadas, como, por ejemplo:

- El administrador se encuentra en la misma habitación que el dispositivo, y tiene acceso físico a él.

- El administrador no puede acceder físicamente al dispositivo, pero puede acceder a él a través de la red.

- Se ha intentado contactar con el dispositivo a través de la red, pero no responde.

- El administrador ha olvidado la contraseña de acceso al dispositivo.

- Es la primera vez que se configura el dispositivo.

- Se desea hacer una copia de seguridad de la configuración del dispositivo.

- Ya se ha configurado previamente y se desea volver a configurar el dispositivo de forma similar.

- Existe un dispositivo igual a otro, a los que se desea aplicar la misma configuración.

- El dispositivo no es capaz de arrancar.

Para todas estas situaciones existe un procedimiento:

- **Acceso al dispositivo**:

  — **Configuración remota**: se pueden utilizar protocolos como Telnet o SSH para acceder al dispositivo a través de la red.

  — **Configuración local**: cuando no es posible contactar remotamente con el dispositivo, o bien tenemos acceso físico a él, se puede utilizar cable de consola y un emulador de terminal.

- **Copia de seguridad de la configuración**:

  — **Exportación de la configuración**: se puede exportar la configuración del *router* a un fichero, que, dependiendo del dispositivo, se puede almacenar internamente en el mismo o bien ser guardado en otro equipo.

  — **Importación de la configuración**: posteriormente se puede importar el fichero de configuración exportado previamente, para aplicar la configuración de almacena.

- **Olvido de la contraseña**:

  — **Reseteo del dispositivo**: muchos dispositivos incorporan algún mecanismo, como un botón para devolver el dispositivo a la configuración de fábrica.

  — **Arrancar con una imagen de recuperación**: los dispositivos de gama media y alta proporcionan algún mecanismo para acceder al dispositivo sin pasar por el proceso de autenticación (sin borrar la configuración), y poder así modificar la configuración para dejarlo de nuevo accesible.

- **Recuperación de desastres**:

  — **Restaurar un *firmware* que ha sido dañado**: en ocasiones el *firmware* del dispositivo es borrado o dañado accidentalmente. La mayoría de dispositivos de gama media y alta proporcionan una imagen de recuperación en ROM que permite arrancar el dispositivo en un modo básico para realizar tareas básicas, como la reinstalación del *firmware*.

4.5.1. Las aplicaciones de emulación de terminal

En los años setenta la vanguardia de la informática se basaba en el uso de *mainframes* a los que se conectaban *terminales tontas*. La terminal tonta únicamente enviaba hasta la *mainframe* los símbolos de carácter que el operador presionaba en su teclado. Por otra parte, la *mainframe* iba componiendo la línea carácter a carácter hasta que el operador presionaba el carácter de retorno de carro en el teclado, momento en que procedía a interpretar su significado y a ejecutar la tarea correspondiente. Una vez que la tarea comenzaba a ejecutarse, la *mainframe* iba enviando hacia la terminal tonta cada carácter de salida producido en la ejecución, que se iban mostrando en la pantalla de la terminal. Muchos *routers* y *switches* de gama media y alta utilizan un mecanismo similar al que usaban las *mainframes*. Este mecanismo incluye tres elementos:

- **Un puerto de terminal**: el puerto en el *router* o *switch* puede ser de los siguientes tipos:

  — Un puerto serie RS-232 tipo DB9 macho.

  — Un puerto de consola RJ45.

- **El cable**: el cable a través del que se conecta el ordenador puede ser de dos tipos:

  — Para un puerto serie, se necesita un cable RS232 tipo DB9 hembra a DB9 hembra cruzado o también llamado *null-modem*.

  — Para un puerto de consola RJ45, se necesita un cable de consola, que tiene en un extremo un conector RS232 tipo DB9 hembra y en el otro, un conector RJ45.

- **Un emulador de terminal**: el emulador de terminal se ejecuta en el ordenador conectado al dispositivo con el cable *null-modem* o de consola (dependiendo del puerto que tiene el dispositivo). Su función es la misma que cumplía una terminal tonta en el caso de una *mainframe*, es decir, enviar carácter a carácter a través del cable hacia el dispositivo y mostrar los caracteres recibidos desde el mismo.

Lo primero es acceder al *router*. Si no sabemos una dirección IP del mismo o el *router* no está respondiendo, podemos utilizar el puerto de consola con un cable serie. Existen múltiples emuladores de terminal disponibles, tanto para Windows como para GNU/Linux. Un ejemplo en Windows, es PuTTY, y en GNU/Linux GTKTerm. Su instalación es similar a la instalación de cualquier otro programa.

Instalación de PuTTY

El programa PuTTY se puede descargar desde la página http://www.putty.org. Se trata de un ejecutable llamado putty.exe. Una vez descargado, no hay más que ejecutarlo, y se abrirá la aplicación.

Instalación de GTKterm

El programa GTKterm está disponible en los repositorios de distribuciones derivadas de Debian y de RedHat. Para instalar GTKterm en una instalación derivada de RedHat, hay que ejecutar el siguiente comando:

```
host $> sudo yum install gtkterm
```

Para instalarlo en una distribución derivada de Debian:

```
host $> sudo apt-get install gtkterm
```

4.5.2. Configuración de las aplicaciones de emulación de terminal

Una vez instalado el emulador y conectado el equipo al dispositivo, debemos configurar correctamente el emulador para poder conectar. Los parámetros que hay que definir son:

- **Puerto**: identificador del puerto serie del ordenador.

- **Velocidad**: indica la velocidad a la que se transmiten bits entre el emulador de terminal y del dispositivo. Se indica en bps y es preciso que la velocidad indicada en el emulador coincida con la que utiliza el dispositivo. Por lo general, es un parámetro definido en la documentación del dispositivo que se puede modificar. Si la velocidad del emulador y del dispositivo no coinciden, se mostrarán caracteres extraños por pantalla.

- **Paridad**: cada carácter enviado hacia o desde el dispositivo puede incluir un bit de paridad para la detección de errores.

- **Tamaño de un carácter**: indica el tamaño de un carácter.

- **Número de bits de parada**: es el número de bits que hay entre palabra y palabra.

- **Control de flujo**: especifica si habrá algún mecanismo de coordinación entre emisor y receptor. El control de flujo puede ser de tres tipos:

  — **Ninguno**: no usar ningún mecanismo de control de flujo.

  — **Por *hardware***: también llamado RTS/CTS (del inglés *Request to Send / Clear to Send*) dedica un par de hilos para informar a emisor y receptor de cuándo uno u otro está listo para enviar o recibir información.

  — **Por *software***: llamado XON/XOFF, se envía un código para informar del inicio o fin de la comunicación.

Los parámetros correctos suelen indicarse en la documentación del dispositivo.

4.5.2.1. Iniciar una sesión con el emulador de terminal de PuTTY

En primer lugar, el dispositivo (*router* o *switch*) se debe conectar al equipo mediante el cable adecuado. Para poder iniciar una sesión, hay que seguir los siguientes pasos:

1. **Configurar los parámetros de emulador de terminal**: al ejecutar PuTTY, se abrirá una ventana con el título *PuTTY Configuration*. En el panel izquierdo, con el título *Category*, hay un árbol de opciones que inicialmente marca el nodo *Session*. Para configurar los parámetros del emulador de terminal, hay que elegir el nodo *Serial* que están dentro del nodo *Connection*. Una vez seleccionado el nodo *Serial*, en el panel de la derecha se pueden introducir los parámetros adecuados.

2. **Iniciar una sesión de terminal**: una vez que se han configurado los parámetros del emulador de terminal, hacemos clic en el botón *Open*, y se iniciará una sesión de terminal.

4.5.2.2. Iniciar una sesión con el emulador de terminal GTKTerm

En primer lugar, el dispositivo (*router* o *switch*) se debe conectar al equipo mediante el cable adecuado. Para poder iniciar una sesión, hay que seguir los siguientes pasos:

1. **Configurar los parámetros del emulador de terminal**: al ejecutar la aplicación GTKTerm, podemos ver en la parte superior una barra de menús. Para configurar los parámetros del emulador, hay que elegir la opción *Port* del menú *Configuration*. Al hacer clic sobre esta opción, se abre un diálogo donde se pueden indicar los parámetros de configuración.

2. **Iniciar una sesión de terminal**: una vez que se han introducido los parámetros correctos, hacemos clic en el botón *Ok*, y se iniciará una sesión de terminal.

4.5.3. Aplicación de configuraciones a *routers* y *switches*

Como ya se ha dicho con anterioridad, muchos *routers* y *switches* gestionables poseen una consola de administración gráfica para configurarlos cómodamente. En cambio, otros no disponen de ella y requieren su configuración mediante comandos. En ocasiones el administrador de la red debe configurar un dispositivo por primera vez, en cuyo caso no tiene más remedio que ir paso por paso, añadiendo manualmente cada configuración. Pero a veces la configuración que se debe añadir es idéntica o al menos similar a una configuración aplicada anteriormente al dispositivo. En tal caso, resulta poco práctico empezar de nuevo a aplicar la configuración paso por paso, sobre todo teniendo en cuenta el volumen de trabajo que suele tener el administrador de la red. Todos los *routers* y *switches* gestionables disponen de algún mecanismo para exportar la configuración a un fichero externo a modo de copia de seguridad. Del mismo modo, disponen de una forma de importar un fichero de configuración previamente exportado.

Exportación e importación de la configuración con el *firmware* DD-WRT

DD-WRT es un *firmware* libre que se puede utilizar en *routers* inalámbricos. En un ejemplo de los muchos *firmwares* disponibles basados en una consola gráfica. Para exportar la configuración del *router* a un fichero, en primer lugar, hay que abrir la consola de administración del *router*. Suponiendo que tenemos un *router* ejecutando DD-WRT con la dirección IP 192.168.1.1, debemos seguir los siguientes pasos:

1. Acceder mediante un navegador web a la dirección http://192.168.1.1. Entonces se abrirá un diálogo pidiendo usuario y contraseña del *router*.

2. Una vez hemos entrado en la consola de administración, elegimos en el menú principal la opción *Administration*.

3. Dentro de la sección *Administration*, elegir el submenú *Backup*.

4. Hacer clic sobre el botón *Backup*. Entonces se abrirá una ventana solicitando el nombre del fichero y la carpeta donde se va a almacenar.

5. Una vez que se ha indicado la carpeta y el nombre del fichero, hacer clic en el botón *Save*.

Para restaurar un fichero de configuración previamente exportado, debemos seguir los siguientes pasos:

1. Acceder mediante un navegador web a la dirección http://192.168.1.1. Entonces se abrirá un diálogo pidiendo usuario y contraseña del *router*.

2. Una vez hemos entrado en la consola de administración, elegimos en el menú principal la opción *Administration*.

3. Dentro de la sección *Administration*, elegir el submenú *Backup*.

4. Hacemos clic en el botón *Choose file*. Entonces se abre un diálogo para seleccionar el fichero que se desea importar.

5. Una vez que se ha elegido el fichero de configuración, hacemos clic sobre el botón *Restore*. Después de esto, se muestra una barra de progreso indicando el proceso de restauración.

Exportación e importación de la configuración en un *router* Cisco

Muchos dispositivos permiten la exportación e importación de la configuración a un servidor TFTP[129]. Los *routers* y *switches* Cisco incorporan esta característica incluso en su *firmware* de recuperación para poder utilizarla en el caso de que el sistema operativo del dispositivo haya quedado dañado. Supongamos que tenemos un servidor TFTP con la dirección IP 192.168.1.100 y deseamos exportar la configuración de un *router* Cisco cuyo nombre es R1. La captura siguiente muestra una sesión de exportación de la configuración del *router* R1 hacia el servidor TFTP:

```
R1> enable
R1# copy startup-config tftp
```

---

[129] TFTP (Trivial File Transfer Protocol) es un protocolo de transferencia de ficheros muy simple comparado con FTP. A diferencia de este último, TFTP no proporciona autenticación de usuario, utiliza UDP para transportar los datos por lo que no hay control sobre la transferencia y solo admite la transferencia en un sentido.

```
address or name of remote host [] 192.168.1.100
destination filename [r1-config]
Writing startup-config...!
[Ok - 745 bytes]
```

La siguiente captura muestra el proceso seguido para restaurar el mismo fichero de configuración exportado previamente:

```
router> enable
router# copy tftp://192.168.1.100/r1-config running-
config
Destination filename [running-config]?
Accessing tftp://192.168.1.100/r1-config...
Loading router-config from 192.168.1.100 (via
FastEthernet 0/0): !!
[Ok - 745 bytes]
745 bytes copied in 13,303 secs (56 bytes/sec)
```

4.5.4. Otras operaciones con switches y *routers*

Como se indicó al principio de la Sección, el trabajo con un *router* o un *switch* se puede dar en muy diversas circunstancias. El administrador de la red debe conocer en detalle los procedimientos de recuperación de desastres de cada dispositivo. Al adquirir un nuevo dispositivo, se debe consultar la documentación en busca de los procedimientos de recuperación. Las páginas web de los fabricantes incluyen también información sobre cómo se debe proceder en caso de que uno de sus dispositivos quede fuera de servicio. A modo de ejemplo, se proponen los siguientes enlaces:

- **http://www.cisco.com/c/en/us/support/docs/*routers*/1700-series-modular-access-*routers*/22187-pswdrec-1700.html** documenta el procedimiento de recuperación de contraseña de un *router* Cisco 1700 o 1800 series.

- **https://www.cisco.com/c/en/us/td/docs/routers/access/1900/software/configuration/guide/Software_Configuration/upgrade.html** muestra el procedimiento para actualizar la imagen del sistema operativo IOS que se ejecuta en un *router* Cisco 1900, 2900 o 3900 series.

ACTIVIDADES

4.1. ¿Qué medida es una U? ¿Para qué se utiliza?

4.2. ¿Cuáles son las distancias habituales entre los perfiles de los armarios de comunicaciones?

4.3. Enumera los tipos de armarios de comunicaciones.

4.4. Busca en una tienda en Internet un armario de comunicaciones por cada tipo que enumeraste en la actividad anterior.

4.5. ¿Qué diferencia hay entre los armarios murales de doble cuerpo y los de un cuerpo?

4.6. ¿Por qué no utilizarías un bastidor en una sala donde el acceso no está controlado? ¿Qué tipo de armario utilizarías en un lugar así?

4.7. Enumera los elementos que más típicamente se pueden instalar en un armario de comunicaciones.

4.8. ¿Para qué se utilizan los *patch panels*?

4.9. En una instalación de cableado estructurado hay los siguientes elementos:

- Armario de comunicaciones IC01: contiene un *patch panel* etiquetado como P1.

- Armario de comunicaciones HC11: contiene un *patch panel* etiquetado como P3.

El puerto 1 del *patch panel* P1 del armario IC01 está conectado al puerto 5 del *patch panel* P3 del armario HC11. ¿De qué modo documentarías esta conexión en la puerta del armario de comunicaciones HC11?

ACTIVIDADES DE INSTALACIÓN DE INTERFACES

Nota sobre las siguientes actividades

Para la realización de las siguientes actividades, es necesario contar con al menos los siguientes elementos en la red:

- Una máquina con una versión cliente de Windows instalado.
- Una máquina con una versión de Windows Server instalado.
- Una máquina con GNU/Linux instalado. Una versión de escritorio será más adecuada, puesto que puede actuar como sistema de escritorio y como sistema de servidor.
- Una puerta de enlace que conecta la red con Internet. Debe proporcionar el servicio DHCP.

No es necesario que las máquinas sean físicas. Pueden ser máquinas virtuales. Existen aplicaciones gratuitas como VirtualBox o VMWare Player que permiten crear máquinas virtuales de manera sencilla.

4.1. En un equipo con Windows instalado, configura la interfaz de red con la siguiente configuración estática:

- Dirección IP: 192.168.1.10
- Máscara de red: 255.255.255.0
- Puerta de enlace: 192.168.1.1

4.2. En un equipo con Windows instalado, configura la interfaz de red por DHCP.

4.3. En un equipo con Windows instalado, obtén la configuración de red. Averigua cuál es la dirección de la puerta de enlace. Después, comprueba que tienes conectividad. Si hay conectividad, obtén la dirección física de la puerta de enlace.

4.4. En un *host* con GNU/Linux instalado, configura la interfaz de red utilizando Network Manager con la siguiente configuración estática:

- Dirección IP: 192.168.1.20
- Máscara de red: 255.255.255.0
- Puerta de enlace: 192.168.1.1

4.5. Repite la actividad anterior utilizando un archivo de configuración de texto.

4.6. En un *host* con GNU/Linux instalado, configura la interfaz de red por DHCP utilizando Network Manager.

4.7. Repite la actividad anterior utilizando un archivo de texto.

4.8. En un *host* con GNU/Linux instalado, obtén la configuración de red y comprueba si tienes conectividad. Si hay conectividad, obtén la dirección física de la puerta de enlace.

4.9. En un equipo con Windows instalado, configura la interfaz de red para usar los siguientes servidores DNS: 8.8.4.4 y 8.8.8.8. Después, comprueba que resuelves el nombre *www.google.com* desde la consola de comandos.

4.10. En un *host* con GNU/Linux instalado, configura la interfaz de red para usar los siguientes servidores DNS: 8.8.4.4 y 8.8.8.8. Después, comprueba que resuelves el nombre *www.google.com* desde la consola de comandos.

4.11. Une dos equipos Windows a un grupo de trabajo llamado ACTREDES. Después, comprueba que hay resolución de nombre NetBIOS. Para ello, desde uno de los equipos resuelve el nombre NetBIOS del otro equipo.

4.12. Crea una contraseña segura siguiendo las indicaciones del libro *Foundations of Security*.

4.13. Enumera los pasos de un procedimiento sistemático de configuración, de abajo hacia arriba. Después, enumera los pasos de un procedimiento sistemático de configuración, arriba hacia abajo.

4.14. En un *host* con GNU/Linux instalado, configura el servicio SSH. Después conéctate al servidor por SSH desde otro equipo.

> *NOTA:* Si el otro equipo no cuenta con un cliente nativo de SSH, como Windows, por ejemplo, puedes utilizar la aplicación gratuita PuTTY.

4.15. Usando SSH, transfiere un archivo desde un *host* de la red hasta un servidor SSH.

4.16. Comparte en un equipo con Windows instalado una carpeta con permisos de escritura para el usuario con el que iniciaste sesión. Después, accede a la carpeta desde otro equipo y crea un archivo de prueba en la carpeta.

4.17. En un *host* con GNU/Linux instalado, instala el servicio CUPS. Después, configura una impresora para compartirla en red. Para terminar, conecta a la impresora a través del servidor de impresión e imprime una página de prueba.

4.18. En un *host* con GNU/Linux instalado, configura un servidor DNS autoritario para el domino *actividadesredes.net*. El servidor debe resolver los siguientes nombres:

- *pcwindows.actividadesredes.net*
- *pclinux.actividadesredes.net*
- *mail.actividadesredes.net*

Finalmente, comprueba que los nombres son resueltos.

4.19. Busca con el comando *nslookup* o *dig* el servidor de correo de un dominio de tu elección. Después, comprueba que puedes iniciar una conexión contra dicho servidor de correo usando el comando *telnet*.

4.20. Busca en la base de conocimiento de tu proveedor de correo electrónico cómo configurar un cliente de correo de tu elección. Después, configúralo y haz pruebas de envío y recepción.

4.21. ¿Qué función tiene un servicio de directorio? ¿Cómo se llama la implementación del servicio de directorio de Microsoft?

4.22. Conecta a la consola de administración web de un dispositivo de comunicaciones en tu red.

4.23. Conecta mediante cable de consola a un dispositivo de comunicaciones gestionable en tu red.